经济学文集

寻 求
生产的
制度结构

Seeking
the Institutional
Structure
of Production

陈郁 著

格致出版社 上海人民出版社

前　言

　　收入本文集中最早的文章，于1987年发表在母校北京大学经济学院学术杂志，是我写的第一篇经济学学术文章。那时我毕业工作两年多，根据平日的工作实践和经济调查，讨论引进外资及其相关的外汇平衡的战略问题。最晚的文章于1996年发表在上海社会科学院学术季刊，是我写的最后一篇经济学学术文章，讨论以寻租为代表的灰色交易问题。本文集收录的二十多篇大大小小的文章，看似涉及面较广，其实还是与自己的工作实践和理论研究息息相关，完全是我早年经济研究和经济学研究的真实写照，前后跨度整整十年。

　　这十年基本可分为两个阶段。第一阶段的研究对象是有关经济政策、发展战略与体制改革，肇始于我1985年从北京大学经济学院本科毕业后，返回上海，在市政府经济研究中心从事研究工作，此后不久转到市政府经济体制改革委员会。相应地，这一阶段的研究对象先是涉及发展战略的研究，主要是引进外资；后是体制改革的研究，主要是企业改革，具体是股份制、承包制等等。

　　那时，我自诩为"三门生"，即从小学门到中学门，再从中学门到大学门，从未在社会上工作过。同学中不乏有在企事业工作过的，包括从部队考来的。在学校里，在系里，还有不少"文革老三届"的同学。所以毕业后去政府机关工作，我还是很兴奋的。现在回想起来，那时最大的益处是接触到了大量实践案例以及间或下基层调研，所有这些使我对国民经济实际运行有了相当多的了解和感性认识。一离开课堂就能够投身于改革、开放的历史洪流中，是相当幸运的。那时，新鲜的气息，包括各种新的理论思潮，扑面而来，目不暇接；工作实践中的风风雨雨，包括"南下"到改革开放最前沿地带的考察，所有这些对一个大学刚刚毕业的年轻人来说都是极具吸引力的。

或许北大人都有一些理论、学术的偏好，我也不例外，工作之余一直没有停止对经济学理论上的思考。记忆最深刻的是，20 世纪 80 年代，现代经济学传到国内不久开始普及时，影响了中央政府经济政策的选择。当时关于宏观经济政策有两派观点，一派是倡导凯恩斯主义的财政政策，认为中央政府应扩大财政支出，通过投资需求和消费需求来刺激经济增长；另一派受货币主义影响较深，认为中央政府应管好、且只要管好货币总量这个"水龙头"即可，其他的事交由市场决定。由于这两种宏观政策及其效果均有不足之处，因此成为彼此攻击的口舌。在我看来，由于那时我国市场基础几乎不存在，即宏观政策发挥作用所依赖的微观基础不存在，无论是财政政策还是货币政策，自然事倍功半。我认为，经济政策的关键是微观层面，即政策发挥作用的市场基础、市场制度。

接触到新制度经济学后，更加坚定了自己的这种信念，研究兴趣渐渐转到纯理论方面，工作单位也相应调到了上海社会科学院，从此基本摆脱了事务性的工作，潜心于学术研究。我深知，就像改革开放之初引进外资、引进名牌一样，中国经济学的建设也有赖于将世界上先进的、科学的经济学理论介绍到中国来。不能再做井底之蛙坐井观天了，需要看看最先进的经济学是什么以及国外的经济学家是如何搞研究的。为此，在第二阶段，从 1990 年起，我与许多志同道合的学友一起，翻译、介绍、出版了罗纳德·科斯、道格拉斯·诺思等人的新制度经济学著作及其理论学说。一分耕耘一分收获，至今仍然有不少业内外的朋友提起这段经历，我依然颇为自豪和满足。

的确，或许新制度经济学偏重于微观机理及市场基础、法律制度、契约精神，当时对正处于改革初始阶段的中国经济，适逢其时。我们对新制度经济学的翻译介绍、宣传推广，多年来一直受到国内经济学界的肯定，包括大部分翻译及编译作品多次再版，令人甚为欣慰。另一方面，此后，罗纳德·科斯、道格拉斯·诺思、加里·贝克尔、奥利弗·威廉姆森、尤金·法玛等人先后获得诺贝尔经济学奖，说明作为一种一般理论，新制度经济学也得到了应有的学术评价和学术地位，并影响到诸多传统研究领域。虽说二十多年过去了，往事却历历在目，我依然记得跑图书馆复印资料、甄选论文和专著、分派翻译任务等等这中间的点点滴滴，以及年三十晚上还在挑灯夜战的场景。在我看来，理想和信念是很重要的。

20 世纪 90 年代中期开始，随着兴趣的转移，我已经不动笔写经济学文章了，离开经济学界也好多年了。真是岁月不饶人，看着这本文集中当年自己写的东西，恍如隔世。好在学术研究的赤子之心并未改变，好在时代的车轮已经进入了历史新纪元。此时，将这些老掉牙的文章结集出版，权且仅当纪念，纪念那段不久前刚刚逝去的岁月。

陈　郁

2015 年 5 月长假日初稿，7 月定稿

目 录

市场演进与制度变迁

经济政策、发展战略与体制改革

市场演进与制度变迁

寻求生产的制度结构
——关于科斯和"科斯定理"

近年来，在西方经济学界享有盛名的"科斯定理"（Coase theorem）及科斯的新制度主义经济思想传播到我国，引起我国经济学界的极大关注。对于"科斯定理"的理论价值和实践意义，推崇者有之，责难者有之，有些观点几乎大相径庭。经济学家高鸿业先生的《科斯定理与我国所有制改革》一文 [①] 持典型的反对意见。鉴于对科斯理论的理解直接牵涉我国经济体制尤其是所有制改革的讨论，这里我们有必要对此进行更全面的考察。

本文认为，基于"科斯定理"是别人对科斯经济学说的归纳和概括，所以我们有必要根据科斯本人的论述来认识"科斯定理"，弄清其思想精髓之所在。无疑，这对于我国经济学界的理论研究来说是重要的。

一、科斯对"科斯定理"的表述

"科斯定理"在西方经济学界的地位已有定论，并渗透到许多研究

＊ 本文载于《经济研究》1991年第9期。

领域之中。一般认为，该定理指的是："在交易费用为零和对产权充分界定并加以实施的条件下，外部性因素不会引起资源的不当配置。因为在此场合，当事人——外部性因素的生产者和消费者——将受一种市场动力的驱使去就互惠互利的交易进行谈判，也就是说，使外部性因素内部化。该中性定理指出，拥有有关决定资源使用的产权的人，无论是外部性因素的生产者，还是消费者，交易过程的结果总是一样的。"② 这是一种对"科斯定理"较为通俗的、流行的表述。

就像许多自然科学和社会科学中的定理一样，以某人名字命名的定理其术语本身并不是（也不可能是）该人自己提出的，它往往是其思想的追随者所作的概括和总结。"科斯定理"亦如此。科斯本人认为，"科斯定理"这一术语的提出及其表述应归功于乔治·斯蒂格勒。1966 年，斯蒂格勒曾将"科斯定理"归纳为这样简短明了的一句话："在完全竞争的条件下，私人成本和社会成本将会相等。"③ 由于交易费用为零，促使垄断者也像竞争者那样行事，那么，伴随着零交易费用，私人成本和社会成本将会相等。当然，私人成本和社会成本的相等亦可以看作外部性因素的消除。由此不难看出，斯蒂格勒对"科斯定理"的表述与上面提到的那种较为通俗、流行的表述尽管还存在若干细微差别，但基本上是相同的。然而，科斯对诸如此类的表述不以为然。那么他自己又是如何表述的呢？

根据科斯的看法，他在 1959 年发表的对广播通讯进行政治经济学研究的《联邦通讯委员会》一文中就提出了业已被归纳为"科斯定理"的观点，该观点是："新发现的山洞是属于发现山洞的人，还是属于山洞入口处的土地所有者，或属于山洞顶上的土地所有者，无疑取决于财产法。但是法律只确定谁是想获得山洞使用权的人必须与之签约的人。至于山洞是用于贮藏银行账簿，还是作为天然气贮存库，或养殖蘑菇，与财产法无关，而与银行、天然气公司、蘑菇企业为使用山洞而付费多寡有关。"④ 总之，"权利的界定是市场交易的基本前提，但最终结果（产值最大化）与法律判决无关"⑤。科斯在几乎 20 年以后（1988 年）

发表的《〈社会成本问题〉的注释》一文⑥中明确指出,"这就是科斯定理的实质"⑦。

粗粗看来,科斯的表述与通常对"科斯定理"的表述(包括斯蒂格勒)似乎并无二致。其实不然,科斯并没有谈到私人成本与社会成本不一致的问题,他讨论的仅是产值最大化问题。但经济学家一般不是忽视了"私人成本与社会成本相等"与"产值最大化"这两种说法之间的差别,就是将两者视为在思想表达上可以相互替代的。我们认为,科斯的言外之意是,私人成本与社会成本是否相等,对产值最大化没有影响;而是否存在交易费用将影响到产值最大化,只要交易费用为零,产值终将最大化。例如,假定存在负的外部经济效应,当某一行为主体要为此效应承担责任时,即私人成本等于社会成本时,负外部经济效应的生产者和消费者会通过讨价还价来确定该效应的补偿价格,从而实现各自产值的最大化;当某一行为主体不必为此效应承担责任时,即私人成本不等于社会成本时,该效应的补偿价格依然会通过这种途径来确定,产值仍会最大化。在这两种不同情况下,资源配置状况不变,只不过是由不同的行为主体支付了抵消外部效应的补偿费用。当然,所有这些都是假定外部效应价格的确定是无成本的。也就是说,只要讨价还价可以无成本地进而可以反复地进行即交易费用为零时,产值最大化终将会实现。

必须指出,科斯撰写的其中隐含着被别人归纳为"科斯定理"思想的《社会成本问题》一文是有感而发的,是针对庇古的研究方法而论的。概括地说,庇古的方法是,当私人成本与社会成本不一致时,必须进行政府干预(如征税),使两者相等。既然私人成本与社会成本是否相等对于资源配置(科斯称之为"产值最大化")并不起决定作用,庇古式的分析及其结论自然是不尽恰当的。为此,科斯倡导,要在考虑到交易费用存在的前提下,对资源配置进行制度结构分析。这恐怕是科斯本人煞费苦心地表述"科斯定理"的原因之所在。

二、寻求生产的制度结构

纵观科斯几十年来发表的论文（包括《社会成本问题》在内），尽管涉及企业起源、产业组织和外部性因素等许多问题，但可以看出，对生产的制度结构探索一直是其孜孜不倦、持之以恒的研究主题。无怪乎科斯在对自己研究工作进行回忆时感慨地说："常言道，年轻人有憧憬，老年人有梦想。我的梦想就是建立一种能使我们对生产的制度结构的决定性因素进行分析的理论。"[⑧] 这亦能使我们理解为什么科斯曾要求将其论文集的中文本定名为《生产的制度结构论文集》。[⑨]

关于"制度"（institutions）一词，尽管科斯本人未曾下过严格、明确的定义，但根据一些研究"制度"的著名经济学家的论述，"制度可定义为行为规则，这些规则是有关社会、政治和经济行为的"；[⑩] "制度是一系列被制定出来的使行为主体福利或效用最大化的约束个人行为的规则、应遵循的程序和道德伦理的行为规范"；[⑪] "制度是社会中的博弈规则，进而是有关人类相互间的行为的人文的约束因素"[⑫]。被界定的和已转让的产权、已缔结的契约以及已通过的法律等均是某种人们应恪守的和应适应的制度或制度安排，其作用具体表现在对经济活动中的当事人的行为进行约束、限制。人们可以在公共土地上穿行，但不能在其上建房；人们可以在资方监督不严时偷工减料或消极怠工，但不能无故不上班；人们可以认为某项法律规定不合理，但不能触犯它。所有这些，均可看作制度因素在起作用。

当然，制度的建立和实施乃至创新并不是无代价的，它需要花费物质方面和人力方面的成本。譬如，土地产权的界定就得先对土地进行丈量；工资契约的签订就得对工作时间或工作计件进行谈判；尤其是法令，从制定到通过要经由多方当事人（包括法令的立法者、执行者和遵守者）的各个方面的努力。即使法令的制定和公布的成本不大，仅凭一纸公文就足矣，但谁来监督？这仍是个大问题。要妥善解决这一问题，并不是轻而易举的。如果拿"科斯定理"的"经典例子"来说，牛群放牧者和麦子种植者尽管对外部效应的责任承担规则（无论是牛群放牧者需赔偿牛群践踏麦苗所造成的损失，还是麦子种植者自己"消化"）非常之清楚，但到底有没有损失？有的话，又损失多大？该赔偿多少？对此，双方要达成共识并非易事。何况，即使能经过一定的努力而达成共识，确定补偿费，但当事人又会将此与为获取补偿而作的努力在价值上进行比较并扪心自问：这样做值得吗？正是在此意义上，"个人或私人组织有时不愿消除'外部性因素'，仅仅是因为这样做会得不偿失（包括由此产生的作出一些安排的成本）"⑬。

显然，市场交易费用（以及非市场组织费用）是选择制度安排的不同形式的决定因素，而且，"在决定交易费用和组织费用的相互关系的力量影响下，生产的制度结构形成了"⑭。如果说，以前人们只是对内部非市场的组织费用极为关注，并通过一系列的会计考核手段将该费用打入生产成本，由此推动组织经济学的发展的话，那么，现在看来，这是远远不够的。交易费用这一关键性概念的提出，无疑成为生产的制度结构研究的一个新起点。

早在20世纪30年代，科斯就在《企业的性质》一文中讨论了正交易费用对企业这一生产结构的影响，从而解释了企业的起源，抨击了将企业视为一个完全技术性的"生产函数"的传统观点。后者视企业为"黑匣子"或"黑箱"，投入一定的生产要素就会产出一定的产成品，而未曾考虑过企业实体（如劳资合同、工作规章等）。这种传统观点较之于科斯的理论无疑显得空洞和苍白。相反，企业与市场可以看作两种不同的可互相替代的从事经济活动的方式，究竟选择哪一种方式取决于对交易费用的权衡。这种考虑问题的思路后来也贯彻于科斯对产业组织问题的观点中。他曾说道："组织产业的途径将随市场交易费用和在企业内部组织同样的经营活动的费用之间的关系而定。"⑮

为将有关生产的制度结构的研究推向深入，就不得不对传统庇古式的仅着眼于私人成本与社会成本是否相等而忽视交易费用存在的分析方法进行理论上的和经验上的批判。"庇古的分析告诉我们，有可能想象出一个比我们所处的世界更好的世界。但问题是要设计各种可行的安排，它们将纠正制度中的某方面缺陷而不引起其他方面更严重的损害。"⑯这正是《社会成本问题》一文的主旨所在。也正是在撰写这篇文章时，通过对法律影响的分析，科斯认识到了市场交易费用和非市场组织费用的相互关系是极其复杂的，它们包括价格实践、契约安排和组织形式等诸多方面的因素。

　　遗憾的是，经济学家广泛引用和讨论的是《社会成本问题》一文的第3节"对损害负有责任的定价制度"和第4节"对损害不负责任的定价制度"，乃至集中于由这两节归纳而来的所谓的"科斯定理"。依我们看来，这两节并不是该文的主要部分或主要思想，只不过是科斯为分析法律对经济制度运行的影响、从而为贯彻分析生产的制度结构主张而设定的两种情形或例子。用科斯本人的话来说："其目的并不在于叙述在这种情形下人们将如何，而在于设定一个分析框架。更重要的是，这样做有助于阐明交易费用所起的基本作用，以及它在形成决定经济体制的制度中所发挥的作用。"⑰

三、对批评意见的批评

　　显然，如上所述，科斯不仅对别人关于"科斯定理"的表述不尽满意，而且对忽视《社会成本问题》一文的其他重要思想而仅从中片面地归纳出"科斯定理"亦有看法。也正是没有全面、透彻地理解科斯的思想，导致种种认为"科斯定理"存在许多错误的观点不是基本立论上站不住脚，就是论据不充分。

　　高鸿业先生《科斯定理与我国所有制改革》一文将西方学者对"科斯定理"的批评意见归结为这样三点：第一，"科斯定理"假设交易费用为零，而事实并非如此；第二，即使交易费用为零，还存在着"策略性行为"，这可能使社会达不到最有效率的状态；第三，"科斯定理"忽略了收入分配效应。对此我们分别讨论如下。

1. 关于交易费用为零的假定

假定交易费用为零，显然是不现实的。人们现在往往将零交易费用世界称为"科斯世界"，并将由此导出的推论的不恰当之处归罪于"科斯定理"，甚至科斯本人。而在我们看来，零交易费用世界与其说是"科斯世界"，还不如说是"庇古世界"或"非科斯世界"。因为，"截至《社会成本问题》发表时，经济学文献中几乎看不到关于不同责任规则对资源配置的影响的讨论。经济学家们尾随着庇古，谈论的是无补偿的损害，其暗含着谁产生有害影响，谁就得为之赔偿，而责任规则通常并不是经济学家十分关心的议题"[18]。在零交易费用世界里，资源配置只取决于最初的权利界定，而与作为一种生产的制度结构的法律无关。因此，在庇古式的分析中，对后者的作用可以不作任何讨论。

即使退一步说，若因袭通常的说法，将零交易费用世界称为"科斯世界"，科斯本人对此已郑重声明："科斯世界正是我竭力说服经济学家们要离开的现代经济理论的世界。"[19]科斯所做的工作只不过是要揭示："我们应该明白无误地将正交易费用引入经济学分析领域，以便研究实实在在的世界。"[20]

2. 关于"策略性行为"问题

"策略性行为"是经济活动当事人利用存在着的各种条件尽可能地使自己多得益的行为，说得通俗一些就是"要手腕"、"玩花招"之类的机会主义行为。高鸿业先生在《科斯定理与我国所有制改革》一文中就其所举的具体例子谈到了两种"策略性行为"：一种是遭受烟尘污染的居民户指望由其他受污染者出资装置除尘器而自己坐享其成的行为；另一种是排放烟尘的工厂主企图与受污染的居民户在烟尘污染的外部有害效应所造成的损失与消除该损失的成本之间进行讨价还价的行为。

我们认为，前一种更恰当地应称为"搭便车"行为，这种行为的产生有其经济、社会乃至伦理道德和意识形态等方面的因素。[21] 若将其作为一个纯经济学上的收益—成本问题，零交易费用的假定足以消除这类行为，因为"搭便车"问题在理论上说到底就是产权无法充分界定和完全实施的问题。现实中"搭便车"问题的产生正是说明存在正的且足够大的交易费用。至于后一种"策略性行为"亦可作如是观。只要假定交易费用为零，且谈判主体是理性的"经济人"，讨价还价的谈判自然能通过反反复复地进行而最终达成协议。总之，"科斯定理"的前提假定（暂不论其现实与否）已使得"搭便车"和"策略性"这类机会主义行为赖以生存的环境不复存在。与其说是机会主义行为使得"科斯定理"不适用于现实世界，还不如说是科斯正是以被人称为"科斯定理"的思想来促使人们更加注重现实世界。

另外值得一提的是，布坎南运用一种彻底的主观主义契约论正确地论证道，"搭便车"行为和"策略性行为"并不影响资源的有效配置。[22] 当然，布坎南观察问题的角度与科斯不同，他是以竞争性作为衡量效率的唯一尺度的。由于竞争性、交易费用与效率这三者之间的关系尚有待进一步全面深入地探讨，在此无法展开论述，但有一点我们可以肯定：布坎南的观点与科斯的观点尽管有差别，可在本质上并不矛盾，只是思考问题的层次不同而已。何况，布坎南极力推崇以在竞争性条件下达成的一致性（或多数性）赞同意见作为解决问题的方案，实际上正是一种影响生产的制度性安排。

3. 关于收入分配效应问题

说"科斯定理"忽视了收入分配效应，这无非是基于这样两点：一是，即使交易费用为零，产权的不同界定方式会造成不同的收入分配状况；二是，即使"科斯定理"是对的，收入分配这一极为重要的经济问题是不能忽视的。

对于前一点，科斯本人已在《〈社会成本问题〉的注释》一文的第
4 节"权利赋予和财富分配"中作出详尽的回答，在此我们不再赘言。[23]
对于后一点，我们认为，既然我们已经认识到"科斯定理所追求的只是
最低的成本和最大的产值，至于该谁来支付最低的成本和享用最大的
产值则不在该定理涉及的范围之内"[24]，即已经认识到收入分配问题与
"科斯定理"所要表述的思想不属于一个层次（而不是不重要），那么，
基于任何定理都有其一定的前提条件及由此导致的一定的适用范围，以
此来批驳"科斯定理"就显得道理不够充分。

在我们看来，收入分配首先是一定的资源配置下的收入分配，即首
先是"效率"问题，所以，若假定交易费用为零，权利界定不影响资源
配置，从而不影响收入分配，这种说法并不为过。当然，这不意味着不
应将收入分配问题作为"公平"问题来考察，不意味着不应考虑收入分
配的既定格局的社会和历史后果。甚至，即使单纯从"效率"着眼，若
按科斯的思路引进交易费用这一变量，收入分配问题（包括其他一系列
重要问题）就伴随着资源配置的不同变化而与权利的初始界定及其社
会、政治和经济后果紧密地相关联了。著名经济史学家诺思的一系列研
究成果充分地证明了这一点。[25]或许，科斯的真正意图恰在于此。所以，
他倡导要研究有成本的生产的制度结构。

由于对"科斯定理"的批评意见"多半是不正确的、不得要领的或
离题的"[26]，甚至那些同情科斯观点的人也常常误解了科斯。所有这些，
其原因在于传统式的经济分析方法在经济学家头脑中根深蒂固，而这种
分析方法只适用于零交易费用的世界。这种世界尽管被冠以"科斯世
界"，却正是科斯所要极力摒弃的。

四、结束语

无论是别人对"科斯定理"的表述也好，还是科斯本人的重新表述

也好，"科斯定理"对交易费用为零的前提假设使其本身的适用范围毋庸置疑是极其狭窄的。如此看来，难道"科斯定理"就毫无意义了吗？显然不是。

正如一枚硬币有正反两面，"科斯定理"恰恰表明："在正交易费用情况下，法律在决定资源如何利用方面起着极为重要的作用。"[27]详而言之："合法权利的初始界定会对经济制度运行的效率产生影响。权利的一种安排会比其他安排产生更多的产值。但除非这是法律制度确认的权利的调整，否则通过转移和合并权利达到同样后果的市场费用如此之高，以至于最佳的权利配置以及由此带来的更高的产值也许永远也不会实现。"[28]我们就曾将"科斯定理"这枚"硬币"的反面称为"科斯反定理"或"科斯第二定理"，并明确指出："'科斯定理'不过是'科斯反定理'或'科斯第二定理'的铺垫。"[29]而后者本来就该是前者中的应有之义。由此，权利调整对资源配置的重大影响进而在这种调整的成本较小的情况下存在着增加产值的潜力，使得经济学家不得不将权利也作为一种生产要素来考虑，而在以前这是一直为人们所忽视的。

联系到我国经济体制的改革，可以看出，改革之初，政府与企业、中央与地方等方面的权利调整较为顺利（即成本较小），生产状况突飞猛进，制度效率明显提高。随着改革进程的深入，权利调整的难度加大，迫使人们在成本与收益之间进行谨慎的权衡。在不太长的时期内出现这种反差的原因我们一时还无法说清楚，但作为生产要素的权利本身，它既有收益也有成本并要求人们对此进行权衡是天经地义的。科斯的工作作为我们从事这样的研究提供了若干可借鉴的范式和框架，而不是开出了政策药方。单单以"科斯定理"作为我国所有制改革的理论基础，并要求实行私有化，显然是不恰当的；另一方面，由此将"科斯定理"说得一无用处，也是毫无道理的。

我们愿提醒大家与我们一起注意到这一点：定理之所以为定理，是由于其思想的深刻和表述的抽象，其价值在于其理想性，而不是功利性。

注释

① 高鸿业：《科斯定理与我国所有制改革》，《经济研究》1991 年第 3 期。

② Pearce，1981，*The Dictionary of Morden Economics*，Macmillan Press，p.67.

③ ［美］斯蒂格勒：《价格理论》，施仁译，北京经济学院出版社 1990 年版，第 125 页。

④ ［美］罗纳德·哈里·科斯：《联邦通讯委员会》，载科斯：《企业、市场与法律》，盛洪、陈郁译，上海三联书店 1990 年版，第 49 页。

⑤ 同上，第 51 页。

⑥ 由于有关讨论"科斯定理"及《社会成本问题》一文的文献越来越多，连许多著名经济学家也涉足其中，迫使科斯撰写了此文，以澄清自己的思想。

⑦ R.H. Coase，1988，"Notes on the Problem of Social Cost"，*The Firm，the Market，and the Law*，University of Chicago Press，p.158.

⑧ ［美］罗纳德·哈里·科斯：《〈企业的性质〉的影响》，载同 ④ 书，第 233 页。

⑨ 引自科斯 1990 年 2 月 23 日给中国社会科学院盛洪先生的信。

⑩ T.W. Schtulz，1969，"Institutions and the Rising Economic Value of Man"，*American Journal of Agricultural Economics*，vol.50.

⑪ Douglass C. North，1981，*Structure and Change in Economic History*，W.W. Norton & Company，pp.201—202.

⑫ Douglass C. North，1990，*Institution，Institution Change and Economic Performance*，Cambridge University Press，p.3.

⑬ R.H. Coase，1988，"The Firm，the Market，and the Law"，*The Firm，the Market，and the Law*，University of Chicago Press，p.27.

⑭ 同 ⑧。

⑮ ［美］罗纳德·哈里·科斯：《产业组织：研究的建议》，载同 ④ 书，第 135 页。

⑯ ［美］罗纳德·哈里·科斯：《社会成本问题》，载同 ④ 书，第 113 页。

⑰ 同 ⑬，第 13 页。

⑱ 同 ⑦，第 179 页。

⑲ 同 ⑦，第 174 页。

⑳ 同 ⑬，第 15 页。

㉑ ［美］道格拉斯·诺思：《经济史中的结构与变迁》第 5 章"意识形态与搭便车问题"，陈郁、罗华平译，上海三联书店 1991 年版。

㉒ ［美］布坎南：《权利、效率与交易：与交易成本无关》，载 ［美］布坎南：《自由、市场与国家——80 年代的政治经济学》，平新乔、莫扶民译，上海三联书店 1989 年版。

㉓ 有兴趣的读者可参见 R.H. Coase，1988，*The Firm, the Market, and the Law*, University of Chicago Press，pp.170—174。

㉔ 高鸿业：《科斯定理与我国所有制改革》,《经济研究》1991 年第 3 期。

㉕ ［美］道格拉斯·诺思、罗伯斯·托马斯：《西方世界的兴起》，厉以宁、蔡磊译，华夏出版社 1989 年版；［美］道格拉斯·诺思：《经济史中的结构与变迁》，陈郁、罗华平译，上海三联书店 1991 年版；同 ⑫。

㉖ 同 ⑦，第 159 页。

㉗ 同 ⑦，第 178 页。

㉘ 科斯：《社会成本问题》，载科斯：《企业、市场与法律》，上海三联书店 1990 年版，第 92 页。

㉙ 盛洪、陈郁：《科斯的新制度经济理论》,《世界经济研究》1990 年第 2 期。

探索经济发展的制度因素
——论从发展经济学走向发展的制度经济学

一、发展经济学:"衰亡"或"贫困"

中国的经济体制改革已经将发展问题提到了我们的中心工作这一首要位子上,发展经济学由此成为我国经济学家的热门研究课题。当我们为发展的资金而犯愁时,"资本形成"理论似乎为我们开阔了视野,尤其是,对外开放条件下通过引进外资来弥补国内资本形成不足,"两缺口"模型似乎为此提供了理论依据;当我们从中央到地方都在描绘发展蓝图,都在制定发展战略时,"大推动"战略和"不平衡增长"战略似乎成为理论家们手中强有力的武器;尤其是,只要将 GNP 的 10% 用于积累就会实现"自我持续增长"的"起飞"理论更使我们对未来发展充满信心。

奇怪的是,当发展经济学在中国学术界兴起的时候恰恰正是其在西方学术界处于普遍不景气的时候;当我们大声疾呼要发展发展经济学时而西方学术界权威认为发展经济学已"衰亡"或"贫困"的则大有人

＊ 本文载于《上海经济研究》1992年第5期。

在。这种反差不仅根源于对理论的需求状况的不同，而且还在于彼此认识上的距离。

从学科发展的历程来看，20世纪50年代和60年代是发展经济学的全盛时期，名人名著不断涌现，而在80年代发展经济学在理论上和应用上遇到一系列困难和障碍时，议论发展经济学未来前途的悲观作家及其作品则名噪一时。他们对占主流地位的凯恩斯主义的发展理论的批评是一针见血的。在战后几十年时间里，那些主流发展经济学理论家们曾为发展中国家设计了一系列的战略，提出了各种各样的政策，遗憾的是，这些战略和政策不是由于设计者对发展中国家的国情缺乏深入的了解而变成主观意想或趋于失败，就是由于发展中国家内外部环境的变化而变成"马后炮"。持国家干预论的发展经济学家认为，由于发展中国家市场机制不健全，自然经济普遍存在，资金、技术和人才严重缺乏，国家应通过制定经济计划，干预经济的发展，以实现资源的合理配置，促进增长。事实恰恰是，发展中国家问题的症结正在于国家干预过多，由此造成低效率和不公平。基于传统发展经济学是建立在凯恩斯主义理论之上的，因此，最严厉的攻讦者极而言之，"发展经济学的消亡很可能有助于经济学和发展中国家经济的兴旺发达"[①]。这真可谓是把话说"绝"了。

无可否认，在发展经济学的主要领域内（包括商品贸易、资本流动、工业化和计划化等）对主张由国家控制经济的凯恩斯主义思潮的批判认为，其在理论上是错误的和在实践中是有害的，这是相当有道理的和卓有功效的。不过，既然发展是人类社会进步的永恒主题，那么对发展进行经济学的研究及其应有的学术地位并不因传统发展经济学忽视了对某些重要的甚至起决定性作用的发展因素而受到根本动摇。"那些相信发展经济学死了的人们完全是言过其实。当然，这并不意味着我们没有认识到，发展经济学正处在二战后取得了重大进步后的'收益递减'阶段。"[②]

本文以为，要改变发展经济学这门学科的"收益递减"状况，就必须结合微观经济学的最新进展而引入新的理论范式，只有这样，才能实现分析技术的进步，进而提高一门知识的生产函数。本文倡导的是，要对发展进行制度分析，即要探索经济发展的制度因素。

二、发展与制度：老一代发展经济学家的探讨

只要读过发展经济学经典著作的人一定会发现，在 20 世纪 50 年代和 60 年代，一些发展经济学大师（如库兹涅茨、刘易斯和舒尔茨）在论述发展问题时都着重强调了制度对发展的促进作用。对发展进行制度分析在发展经济学中就能找到若干分析思路和理论火花。

库兹涅茨这位 GNP 之父毕生研究的是各国经济的增长，这种增长指的是人均或每个劳动者平均产量的持续增长，这种增长绝大多数常常伴随着人口增长和结构的巨大变化。

有人认为，在人均收入变化、技术变化和结构变化方面，"尽管库兹涅茨提供了许多见解和线索，但他实质上没有对一个时代向下一个时代过渡的性质和对不同发展背景下成功或失败的原因进行考察"[③]，"因此我们有必要分析社会在走向现代经济增长的过程中是如何自我组织的"[④]。

我们认为，这种评语对发展经济学未来研究方面所持的立场、观点是非常正确的，但这种评语或许非常适合于作为后来者的霍林斯·切纳里的某些工作，对于库兹涅茨则有失公正，因为库兹涅茨已明确认识到，虽然在某些年代，有助于发展的创新在很大程度上属于技术性的，但利用创新所带来的增长潜力常常需要许多社会创造，即要改变经济组织方式以诱导人们参与经济活动并相互合作。在一个时代中，任何循序渐进的经济增长都与技术进步和社会变革这两方面的共同作用密不可分。这种增长的冲动尽管有些是由重大的技术创新所带来的，但每个社会在采用这种技术时必须调整现有的制度结构。这就意味着整个社会组

织的巨大变动，新制度的产生和旧制度的逐渐淘汰。在历史大变革过程中，各种经济组织和社会集团的相对地位将发生变化，而且还伴随着社会观念的改变并克服旧观念对发展的阻力。⑤以后他说得更直接明了："我们更感兴趣的是经济结构改变对其他社会制度的影响。"⑥看来，库兹涅茨有时被人归入制度经济学派这就不足为怪的。

经济结构的变化对制度的影响在整个发展过程中是一环套一环的，可以形象地将它们看作是发展中的"链环"，因此，这种影响也是种"连锁效应"，即只要在一个"链环"上发生某种变化就会波及下一个"链环"，并使之发生相应的变化并影响到再下一个"链环"。

例如，在经济发展过程中，随着固定资本投资的增加和雇用工人人数的增多，工厂的生产规模就扩大了，成为一种大型的和综合型的生产单位，生产经营活动无法由一个业主或由一个家族内的少数几个成员来完成，要广泛地面向社会接收和录用大量的劳动力和管理人员，然后在组织内部进行合理配置。这种职位的指派不是看被指派者的出身，而是看其受教育程度和工作能力等。这时，社会上通行的道德标准是看人的成就，人与人之间的关系强调契约性而不是血缘。现代社会的这种制度性特征至少要求有这样两个前提条件或至少会产生这样两个结果：第一，个人在法律上是完全自由的，他具有能完全支配自己劳动的权利。若没有这种权利，那么，个人就不会对自己的人力资本进行投资。没有这种人力资本投资，经济发展必将受到某种程度的不利影响。第二，由于强调了个人的社会能力，强调了人力的质量，这就必然会对某个社会的人口出生率产生一定的影响，从而使之下降。而这样两个结果必然会使教育制度、卫生保健制度、社会福利制度乃至社会观念发生一系列的变化，伴随这种变化的是旧制度的消亡和新制度的产生。

除了库兹涅茨之外，老一代发展经济学家中另一位值得一提的是刘易斯。他在《经济增长理论》这本高屋建瓴的名著中以四分之一的篇幅专门讨论了经济发展的制度问题。不仅像库兹涅茨那样，他强调了一定的经济增长要求有一定的制度变迁，而且明确提出，制度为经济活动界定了范围，其究竟是促进还是限制经济增长，这取决于制度本身是否对人们从事经济活动的努力进行了保护、是否为专业化提供了机会，以及是否允许人们自由地进行经济活动。宗教、奴隶制、家庭和农业组织等均是经济发展中的一些具体的制度安排。尽管制度变化是否是经济变迁的首要的或唯一的原因还有待探讨，但经济增长与制度变迁之间存在着一致性。"一旦经济增长开始，它就肯定会动摇旧制度，并创立更加适应于进一步增长的新制度。"⑦

可以看出，库兹涅茨和刘易斯对发展与制度关系的论述是极其概括和粗略的。他们只是提出了经济发展的结构变化会导致制度变迁这一非常一般性的观点，尽管这在发展经济学中并不多得且值得称道。但是，为什么在发展与制度之间会产生"连锁效应"？而且，这种"连锁效应"又是怎样进行传导的，换言之，具体的传导机制是什么？对这类问题的回答在老一代发展经济学家中当首推舒尔茨。他的探讨相对而言又前进了一大步。

针对将制度抽象地看作是既定的从而认为可以将它忽略不计和尽管认识到制度的易变性但将它看作是外生的这样两种观点，舒尔茨明确指出，我们需要的是"一种将制度作为经济范畴内的对动态经济增长作出反应的变量来处理的方法"。⑧根据这种方法，对发展与制度的关系问题的研究可以纳入价格理论或一般均衡理论的框架内。

当一个经济是种传统经济时，它就会长期处于一种均衡状态。发展中国家的传统农业就具有这样的均衡特征，尽管传统农业"贫穷而有效率"。⑨随着推动经济增长的因素（如新的技术和新的生产要素）的引入，这种均衡状态就会逐步地被打破，因为新的要素的引入往往导致要素和产品的相对价格发生变化，这就给传统经济中的人们提供了巨大的和充分的寻求发展的物质激励。为了利用现实存在的发展机会，实现增长，人们就会进一步去寻求一系列的制度安排。在此意义上讲，发展过程中的（包括发展前的）价格均衡或不均衡与制度均衡或不均衡是一致的。例如，在许多亚洲国家，随着农产品价格的上升、新的谷物种子的获得和大量廉价的肥料的供给，农业中就出现了一种增长的契机，这种契机将诱使农民要求对制度进行调整。具体说来，他们将会要求扩大信贷量；为实现这一目的，他们会组织合作社；他们还会要求增加租佃契约的灵活性，等等。[10]

由于人是推动经济发展的能动力量，因此，经济发展的实现首先必须使人具有正的物质激励，这种激励只能通过价格因素反映出来。只有在此条件下，人们才不仅会去利用机会——为经济增长提供的机会，而且会去创造机会——为制度变迁提供的机会。相对价格的变动是所有这一切变化的基本经济力量。认识到这一点，无疑对发展研究开辟了一个新天地。

三、诱致性制度变迁：新一代发展经济学家的贡献

当代研究经济发展与制度变迁问题并作出重大理论贡献的除了一些经济史学家以外，就是新一代发展经济学家（如拉坦和速水佑次郎）。他们把由于相对价格的变化而引起的制度变迁概括为"诱致性制度变迁"，并由此提出了一个有关制度的需求和供给理论。

说到"诱致"或"诱致性"这个词，人们很容易会想到在现代经济增长理论中的"诱致投资"这个概念。众所周知，诱致投资是指由于国民收入或消费的变动而引起的投资。例如，随着收入的增加，投资也会增加，这样的投资就被叫做诱致投资。显然，从诱致性这个意义上讲，这样的投资是自发的和内生的。对诱致性制度变迁亦可作如是观。当新技术或新生产要素的引入导致相对价格变化从而引起的制度变迁就是诱致性制度变迁。这种类型的制度变迁带有自发性和内生的，是制度的需求者和供给者认识到了存在潜在的收益并由此而采取一系列的实现这种潜在收益的行动使然。总之，制度的变迁是对经济发展中的变化着的因素作出的反应或适应，这种反应或适应的作出是为了更进一步地促进经

济发展。

　　诱致性制度变迁能为许多发展中国家的情况所证明。例如，在菲律宾，农业租佃和劳动力市场制度的变迁就是对变化着的要素禀赋和新收入流的需求的变化作出的反应。⑪又如，在泰国，商业化农业的增长和地租相对于其他要素收益的上升导致了产权制度的根本性变化。地价上涨使得对能够更加明确界定土地产权的制度安排的需求增加了。土地所有者和新制度安排的供给者（政府）也发现，对需求的移动作出制度上的反应是大有好处的。⑫所以，从需求上讲，制度变迁与技术变迁的原因是极为相似的。"土地（或自然资源）价格相对于劳动力价格的提高诱致了用于减少对由土地的无弹性供给所导致的有制约的生产技术变迁，同时也引致了导致能更准确地界定与配置土地的产权的制度变迁。劳动力相对于土地（自然资源）的价格的提高，导致了能使资本替代劳动的技术变化，同时也导致了能增进代理人的生产能力并增进工人对他自己的就业条件进行控制的制度变迁。"⑬

　　至此我们可以得出这样的结论：既然制度亦是一种促进发展的因素，所以，已经发展起来的有关增长的因素的分析框架自然也能用于分析制度这种因素。而且在这种分析过程中，制度因素已经被视作增长函数中一个自变量，完全可以将它与劳动、资本和技术等其他生产要素等量齐观；经济增长是包括制度在内的所有这些生产要素向量的函数。这只是从需求角度进行的分析，是很不够的，还得再看看供给方面的问题，因为制度是一种社会产品，其不仅有需求，还有供给，只有当制度的供给满足对其的需求时，制度变迁才会实实在在地发生，才会推动经济发展和社会进步。

　　供给方面的考虑更多的是考虑到成本因素。制度的变迁不仅会影响资源的使用，而且其本身就是一种耗费资源的活动。例如，在 19 世纪后半期美国开发西部边疆的运动中，金矿大发现及其蕴藏量极为丰富使得对法律制度的需求与日俱增，普遍要求对私人采矿权进行明确界定。不过，要使法律条令对私人采矿权所作的规定较为明细，采矿者必须付出一定的成本。由于当时不存在可以借用的现存的有关的矿产法，这就意味着对私人采矿权进行法律规定是一项新生事物，从事新生事物的成本在经济学上被称为"学习成本"——这是第一笔成本。同时，为了对立法者、司法者和有关的执行者施加影响以促使新的法律制度的产生，采矿者还需花费"游说疏通支出"——这是第二笔成本。此后还有第三笔成本，即采矿者应纳的税金。⑭由于从一般意义上讲，制度的产生和存在既会带来收益，也得付出成本，而且，制度变迁总是意味着从旧制度转变到新制度，显然只有在收益大于成本的情况下，才会产生制度的有效供给。

如果制度变迁的潜在收益为数巨大，为之所必须支付的成本是人们承担得起的，因为即使成本承担者一时没有足够的资金，那他们也会想方设法去筹集这笔款项并先行付出以使在不久的将来能获得更大数量的收益。在此情形下，制度的供给会很快地形成，即制度变迁会很顺利地进行。

考虑到潜在收益的大小只是问题的一个方面，另一方面是设法降低制度变迁的成本，其中一个重要的因素是借助和利用社会科学知识的进步来实现制度变迁成本的降低，因为说到底，社会科学知识就是有关社会制度的环境、安排和操作的知识。就像制度变迁和技术变迁的需求之间在理论上存在相似性一样，两者的供给也存在相类性，即"正如当科学和技术知识进步时，技术变迁的供给曲线会右移一样，当社会科学知识和有关的商业、计划、法律和社会服务的专业知识进步时，制度变迁的供给曲线也会右移。进而言之，社会科学和有关专业知识的进步降低了制度发展的成本，正如自然科学及工程知识的进步降低了技术变迁的成本一样"⑮。

结合需求和供给两方面的考虑，在此我们可以把制度创新理论或诱致性制度变迁理论总结如下：（1）对制度创新或变迁的需求的变化是由资源禀赋的相对变化和技术变化诱致的；（2）社会科学知识的进步和文化禀赋会对制度创新或变迁的供给产生影响。在对发展进行经济学的研究时，我们必须责无旁贷地考虑到资源禀赋、文化禀赋、技术和制度这样四个要素。由于这四个要素是彼此影响和相互作用的（见图 1）⑯，我们还必须更进一步考察这四个要素之间的关系究竟如何。

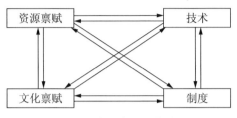

图 1　四个要素之间的关系

截至目前，已有许多经济学家从各个方面研究和验证了发展过程中这些要素间的互相作用、互相影响的关系。例如，马克思主义者强调的是技术变迁和文化变迁的影响，而以研究"东方专制主义"和"亚细亚生产方式"著称于世的卡尔·威特福格尔强调的则是资源禀赋和技术对制度的影响；产权经济学大师阿尔曼·阿尔钦和哈罗德·德姆塞茨为历史学家建立起了制度对资源禀赋的影响的范式，而以研究"西方世界的兴起"著称于世的道格拉斯·诺思和罗伯特·托马斯则在他们的范式上首先考察了资源禀赋对制度的影响，而且还进一步考察了制度对技术的影响；另外，以研究"集体行动的逻辑"著称于世的曼库·奥尔森却独辟蹊径，详细分析了制度对技术采用和资源配置的影响和作用。可以确信，从技术采用和制度创新角度来研究中国经济的发展亦是大有前途和前景辉煌的。⑰

四、不是结语的结语：政府在经济发展中到底起什么作用？

在本文的第一节我们就谈到：对传统发展经济学的批判以及认为发展经济学处于贫困之中是基于对这样的认识的责难，即认为政府是全能的；它不仅了解经济发展的"长线"和"短线"，而且会由此采取主动行动和制定一系列的工业化、计划化以及资本化战略。错误的观点往往建立在错误的前提之上。政府干预经济的前提就是在一些发展中国家并不存在市场或者只存在"市场失灵"，由此政府作为一种替代物能有效地使一些私人成本不等于社会成本或私人收益不等于社会收益但对发展是很关键的部门得到长足发展。如若考虑到政府干预的成本和控制的效率，显然一旦碰到私人成本或收益不等于社会成本或收益的情况时，就循着"庇古逻辑"让政府出面干预，并非是一种良策。有意思的是，当代的"市场失灵"理论，恰恰证明是"政府失灵"。

难道政府在经济发展过程中就无任何作用可言了吗？显然不是。政府最重要的职责是进行制度建设，尤其是那些有助于市场发育和完善的制度。原因是：

第一，制度及制度安排是一种公共物品，这意味着制度一旦形成和确立，每个人都能从中获得好处，即可以利用现存制度来达到自己的目的，而且一个人在享用这种公共物品时并不排斥他人也可享用之，但是，每个人在获得好处的同时并不为这种公共物品的生产直接支付成本，可每个人都会指望他人为某种制度安排作出努力，这就是广为人知的"搭便车"行为。所以，在历史上和现实中，许多有利于经济发展的制度都是由政府来供给的。

第二，尽管在理论上不能排除或可以证明公共物品可以私人生产[18]，可作为一种公共物品的制度完全由私人来供给必定要让生产者有明确的现实收益或潜在收益，在此情形下，制度变迁就是我们在上一节中详细讨论的诱致性制度变迁，但是，"如果诱致性创新是新制度安排的唯一来源的话，那么一个社会中制度安排的供给将少于社会最优水平"[19]。所以，由政府进行制度建设可以弥补其中的不足。

无论是从个人推动制度变迁（通过市场），还是从国家进行制度建设（通过政府）来看，我们寻求的都应是一种促进发展的制度。——这就是本文的结论。

注释

① Deepak Lal，1983，"The Poverty of 'Development Economics'"，*The Institute of Economic Affairs*，p.109.

②③④ ［美］G.拉尼斯：《发展经济学：下一步迈向何处？》，载耶鲁大学经济增长中心：《发展经济学的新格局—进步与展望》，中国社会科学院经济研究所发展经济研究室译，经济科学出版社 1987 年版，第 4、6 页。

⑤ ［美］西蒙·库兹涅茨：《现代经济增长》，戴睿、易诚译，北京经济学院出版社 1989 年版，第 4—6 页。

⑥ ［美］西蒙·库兹涅茨：《各国经济增长：总产值和生产结构》，常勋等译，商务印书馆 1985 年版，第 366 页。

⑦ ［美］阿瑟·刘易斯：《经济增长理论》，梁小民译，上海三联书店 1990 年版，第 178 页。

⑧⑩ Theodore W. Schtulz，1969，"Institutions and the Rising Economic Value of Man"，*American Journal of Agricultural Economics*，vol.50.

⑨ ［美］西奥多·舒尔茨：《改造传统农业》第 3 章 "传统农业中生产要素配置的效率"，梁小尼译，商务印书馆 1987 年版。

⑪⑯ Vernon W. Ruttan and Yujiro Hayami，1984，"Toward a Theory of Induced Institutional Innovation"，*The Journal of Development Studies*，vol.20，4，pp.213、216.

⑫ David Feeny，1987，"The Exploration of Economic Change：The Contribution of Economic History to Development Economics"，Alexander J. Field ed.，*The Future of Economic History*，Kluwer Nijhoff Publishing，p.108.

⑬⑮ ［美］弗农·W.拉坦：《诱致性制度变迁理论》，载［美］罗纳德·哈里·科斯等：《财产权利与制度变迁——产权学派与新制度学派译文集》，刘守英译，上海三联书店 1991 年版，第 336、338—339 页。

⑭ Gary D. Libecap，1978，"Economic Variables and the Development of the Law：The Case of Western Mineral Rights"，*Journal of Economic History*，vol.38，2，p.341.

⑰ 林毅夫：《制度、技术与中国农业的发展》，上海三联书店 1992 年版。

⑱ ［美］罗纳德·科斯：《经济学中的灯塔》，载罗纳德·科斯：《企业、市场与法律》，上海三联书店 1990 年版，第 149—173 页；Harold Demsetz，1970，"The Private Production of Public Goods"，*The Journal of Law and Economics*，pp.293—306。

⑲ 林毅夫：《关于制度变迁的经济学理论：诱致性变迁与强制性变迁》，载同 ⑬，第 394 页。

产权不受保护制度下的资源浪费

——我国经济学译著中重复劳动案例分析

一、引论：本文的研究视角

制度创新以及由此对产权的保护其根本目的是为了保证投入资源的生产效率，这一命题的逆否命题理当成立，即：当投入资源的生产效率不能得到保证时，也即存在资源的浪费时，想必既存的制度没有对产权进行有效的保护。本文试图以知识产权中的翻译权为题来说明这一命题及其逆否命题，具体事例是中国对西方经济学著作的翻译活动。在该事例中，资源浪费表现为翻译的"重复劳动"。尽管在对其他社会科学著作的翻译领域中该现象也极为严重[①]，但本文不拟涉及，因为笔者坚信本文的分析框架和基本观点是完全适用的。另外，有关翻译权的制度安排本身就是对原作者和出版者的权益进行保护，但由于受题目所限，本文也不拟涉及。

* 本文载于《经济研究》1993年第6期。本文在定稿过程中曾在1993年2月3—5日北京召开的"体制变革理论研讨会"上得到樊纲、胡汝银、茅于轼、盛洪、王利民、杨晓维、张曙光和庄建华等的有益评论，并对初稿作了较大修改，特此致谢。

二、版权制度及对翻译权的保护：一个概观

1.《伯尔尼公约》

制度变迁理论首先解决的是对制度的需求问题，说明了调整产权的努力是相对价格变化的结果（拉坦，1991）。知识产权制度的演进亦然。阿尔钦和德姆塞茨在讨论产权的一般范式时曾给出了一个有关《伯尔尼公约》的例子。他们论述到，1926年荷兰电话公司用其通讯设施为荷兰国内付费的用户转播英国、法国和德国的广播节目，由于这些国家拥有广播节目版权的所有者没能从荷兰的公司那里得到补偿，这就在法律上提出了一个不寻常的问题，即资源一旦生产出来后是不是就自动地提供给了另一个国家。对该问题争论的结果便是1928年的《伯尔尼公约》（阿尔钦和德姆塞茨，1992）。

《伯尔尼公约》自缔结之后曾经过多次的增补和修订。就目前的公约来看，对经济权利的保护体现为其中的第8—14条，涉及翻译权、复制权、改编权、传播权和编辑权等多项。公约的第8条明文规定，受保护的知识产品的专有权中包括翻译权，翻译权位于受保护的诸项经济权利之首（参见《保护文学艺术作品伯尔尼公约》）。

由于《伯尔尼公约》最初是根据欧洲工业化国家的标准和要求制定的，考虑到发展中国家的经济能力和教育方面的需要，使之能较容易地获得受版权制度保护的知识产品，所以在1971年对该公约进行了修订，其中之一是相对放宽了未加入公约的发展中国家的翻译权，这种安排被称为"优惠条款"（参见世界知识产权组织国际局，1991）。

2. 中国的翻译权制度及其不保护的后果

由于中国一直没有加入《伯尔尼公约》，并作为一个发展中国家，

中国在相当程度上享受到了"优惠条款"所带来的好处，所以除了中国香港和中国台湾的著作版权之外，外国人的著作版权（包括翻译权）在中国内地长期以来是不受保护的。从 1992 年 3 月起，根据中国政府与美国政府就知识产权问题达成的双边贸易协议，中国政府开始对美国的著作版权予以保护。从同年 10 月起，由于中国正式加入《伯尔尼公约》，开始对外国人的著作版权予以全面保护。

在中国长期实行对翻译权不进行保护的制度的时期，中国的确在教育、科研和文化交流以及其他有关方面获益匪浅，但是，在这种制度下，由于译者可以随意翻译某本外文著作和出版者可以随意出版该著作的中文本，这导致了在经济学界重复翻译出版同一作者的同一版本的同一本著作，浪费了大量的投入品，何况翻译出版资源在中国是很稀缺的，极有限的。本文将这种现象概括为"重复劳动"。

三、重复劳动：定义与例证

1. 重复劳动的定义

为了对翻译中的重复劳动情况作更为详尽的分析，并将非重复劳动从中排除出去，必须对重复劳动作出更为明确和贴切的定义。在此，我们不妨假定：

（1）某书外文本为 A，其中文本为 B。（2）A 有两种版本 A_1 和 A_2，它们分别在时间 t_1 和 t_2 出版，其中 $t_2 > t_1$。（3）B 也相应有两种版本 B_1 和 B_2，它们分别在时间 t_1' 和 t_2' 出版，其中 $t_2' > t_1'$。如果，（4）A_2 较之 A_1 有较大的变化，如进行了较大的改写，增添了许多新的内容或体系作了较多的调整等。那么，（5）B_2 较之 B_1 也有较大的变化。

并且，如果下列条件得到满足，即（6）$t_2' > t_2 > t_1' > t_1$，那么，B_2 就不属于重复劳动，例如即将出版的萨缪尔森的《经济学》（第 12 版）的中文本就属此例，尽管早在 10 年前就出版了该书第 10 版的中文本。这是因为，尽管有了 B_1，但 B_2 仍是有价值的；并且是在有了 B_1 后才有了 A_2，从而才有了 B_2，因此不存在直接根据 A_2 而生产 B_2 的条件。

注意，条件（6）是很关键的，它是判定这类情况是否是重复劳动的一个标志。当条件（1）—（4）均成立时，若只满足条件（5）而不满足条件（6），那么也应视作存在重复劳动。例如斯蒂格勒的《价格理论》的两个中文本尽管满足条件（1）—（5）[②]，但显然不满足条件（6），故两个中文本中明显存在重复劳动。

还有一种情况也应从重复劳动中排除出去。当 B_1 和 B_2 尽管是根据同一个 A 生产出来的，但 B_2 基本上是直接利用和完善了 B_1 时[③]，显然在翻译中不存在重复劳动。例如，科斯的论文集《企业、市场与法律》中的《企业的性质》一文是对已有的中译文的利用和完善，《财产权利与制度变迁——产权学派与新制度学派译文集》中科斯的《社会成本问题》一文是对已有的中译文的利用。

除了上面这两种情况之外，只要同一本外文书 A 有两个中文译本 B_1 和 B_2，那么其中必然出现了重复劳动。当有三个中文译本时，重复劳动量就要相应增加一倍。[④]

2. 重复劳动的例证

随着中国经济的改革与开放，中国经济学界也日益繁荣起来，其中一个重要方面就表现在从 20 世纪 80 年代起对西方经济学著作的翻译出版上。由于在此领域原先存在许许多多的空白点，翻译工作起初很少"撞车"。但从 80 年代中期开始，从西方经济学著作中文本的出版所反映的情况看，翻译出版领域中存在着大量的重复劳动。

在给出有关重复劳动的具体例证之前，有必要在此作两点说明：

第一，在前面一小节对重复劳动进行界定时，我们已经可以从某些例子中看出，尽管本文分析的是对西方经济学著作的翻译，但对西方经济学论文的翻译中可能也存在重复劳动问题。实际上情况确实如此。例如，科斯的《社会成本问题》和《经济学中的灯塔》、阿尔钦和德姆塞茨的《生产、信息费用与经济组织》、德姆塞茨的《产权论》以及舒尔茨的《制度与人的经济价值的不断提高》等论文国内就有了两三个不同的译文。由于有关这方面有待检索的文献浩如烟海，出于技术性的原因，本文仅就此提及一下而暂且存而不论此中的重复劳动问题，但问题的性质是完全一样的。

第二，即使本文单单注重于经济学著作翻译中的重复劳动问题，也似应将列举的对象的范围作一定的限制，即以少数几家出版社出版的西方经济学著作中文本为例。原因如下。随着中国经济学界和出版业的繁荣，近 10 多年来国内出版西方经济学著作中文本的出版单位不断涌现，已不再像以前一个很长的时期内仅有一两家出版单位从事于这项事业，一两家出版单位"一统天下"、"独领风骚"的格局已被完全打破。除了下文将重点作为说明问题的两家出版社之外，其他出版社在出版经济学著作中文本的过程中也存在大量的重复劳动的现象。例如，托达罗的《第三世界的经济发展》、钱纳里等的《发展的型式》、诺思的《西方世界的兴起》、亨德森等的《微观经济理论的数学方法》和卡特等的《理性预期》均出现了两个不同的中文本。尽管从学术研究的全面性和公正性角度看，有必要对所有出版西方经济学著作中文本的出版社的有关情况作全面调查，但出于调查成本方面的考虑，这项工作一时实难铺开，故在此仅以两家有代表性的出版社出的书为例。

经过反复权衡和多方面调查，我们以商务印书馆和上海三联书店这两家国内出版西方经济学著作中文本质量最权威、数量最多的出版社为例来说明重复翻译问题，具体情况见表 1、表 2 和表 3。表 1 和表 2 分别概括了来自这两家出版社的例证，说明的是，在表中所列举的这些著作里，这两家出版社与其他出版社在出版同一本书的中文本的过程之中存在重复劳动。表 3 则概括了这两家出版社之间在出版表中所列举的这些著作的过程中出现了重复劳动。

表 1　来自商务印书馆的例证

作者及著作	中文本数（包括其他出版社在内）
布劳格：《经济学方法论》	2
弗里希：《通货膨胀理论》	2
科尔奈：《增长、短缺与效率》	2
米德：《国际经济政策理论》第 1 卷《国际收支》	2
萨缪尔森：《经济分析基础》	2
西蒙：《人工科学》	2
斯蒂格勒：《价格理论》	2

表 2　来自上海三联书店的例证

作者及著作	中文本数（包括其他出版社在内）
布坎南：《自由、市场与国家》	2
克鲁格：《汇率决定》	3
梅耶等：《货币、银行与经济》	3
麦金农：《经济发展中的货币与资本》	2
索罗：《增长理论》	3
拉尔：《"发展经济学"的贫困》	2

表 3　商务印书馆和上海三联书店出版同一本书的例证

作者及著作
卡莱茨基：《社会主义经济与混合经济增长论文集》
缪勒：《公共选择》
诺思：《经济史中的结构与变迁》

在产权不受保护的制度下，从总体上看存在重复劳动以致出现资源浪费这是毋庸置疑的，但具体落实到行为主体上看，指摘某人或某出版社是不尽客观和公道的。他们都是"经济人"，都在现有的资源约束和制度约束条件下使行为最大化。问题还在于产权制度本身；什么样的制度导致了什么样的行为。

当然，这里也没有（也无法）具体列举这样两种情况：一是，有些出版社出于经济上和名声上（而不是制度约束上）的考虑，在见到其他出版社出了某本书后而没有将同一本书的译稿发排、印刷或出版，但重复劳动却在所难免，且这给译者和出版者均造成不小的损失，使两者的努力都没有获得应有的报酬；二是，一些出版社翻译出版计划是在产权不受保护制度下制订的，尽管有些属重复劳动的书目前还没有正式出版，将来——在产权保护制度下——是否出版不得而知，但翻译中的重复劳动的出现势成必然。若再考虑到这样两种情况，问题还将更严重。

四、重复劳动的经济分析

前两节我们分别描述了中国对翻译权没有进行保护的产权制度及作为其结果的翻译中的重复劳动现象。本节试图继续从事这样两项工作：一是，对该现象进行规范性的经济福利分析，以从理论上揭示产权不受保护制度所带来的资源浪费或效率损失；二是，对该现象进行市场结构分析，以进一步说明资源浪费或效率损失的直接性的经济原因。

1. 经济福利分析

一般认为，制度变迁及其结果主要有以下四种类型：生产效率的提高、收入的再分配、经济机会的重新配置，以及经济优势的再分配（Bromley，1989）。第一种提高生产效率的制度变迁也被称作诺思—利伯开普模型，其最重要的特征是扩大了人们的选择集。[5] 在此，我们主要是根据这一模型来进行经济福利分析。

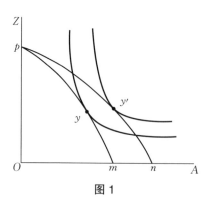

图 1

如图 1，我们假定：

（1）全社会只生产两类产出品

A 和 Z，两者的产出数量分别由横轴 OA 和纵轴 OZ 表示；

（2）不保护产权和保护产权的两种不同的制度分别为 I_1 和 I_2，pm 和 pn 分别为 I_1 和 I_2 的生产可能性边界；

（3）pm 和 pn 与一组无差异曲线中的两条分别相切于 y 和 y' 点。

对于以上假定及其图示我们进一步说明如下：

第一，可以认为，当严格遵守假定（1）时，Z 可被看作是社会所生产的仅有的两种产品中的另一种，当放宽假定（1）时，Z 可被看作是除 A 之外的所有其他产品。

第二，产权保护与否仅仅涉及 A 的产权问题，所以制度变化（$I_1 \rightarrow I_2$）是与 Z 无关的而与 A 是相关的，故 pm 和 pn 与纵轴 OZ 只有唯一的一个交点 p，而与横轴 OA 有两个交点 m 和 n。

第三，根据诺思—利伯开普模型，较之不保护产权的制度（I_1），保护产权的制度（I_2）会扩大社会的选择集，这意谓着在 I_2 下，投入与 I_1 下同量的资源，社会的生产可能性空间会扩大，即生产边界会向外移，故 pn 在 pm 的右上方。

第四，y' 点表示的社会福利水平高于 y 点表示的社会福利水平。

结合本文研究的问题，不难看出，A 可以看作就是本文所讨论的知识产品——经济学译著。在对翻译权不保护的产权制度下，社会福利所达到的水平（y 点）低于本可能达到的水平（y' 点），一部分资源明显被浪费掉了。换言之，这部分资源本可用于他处而来生产社会所需要的其他一些产品，在这里，这类产品就是我国经济学界所需要的其他一些尚未翻译过来的西方经济学著作的中译本。

2. 市场结构分析

根据传统的产业组织理论，市场结构问题中的一个重要方面就是垄断和竞争条件下的进入问题。依照一般的理论解释，在垄断条件下，存在着较高的进入壁垒；在竞争条件下，进入壁垒很低或几乎没有。[6]从垄断走向竞争是社会主义经济由计划体制走向市场体制的关键一步，它会对各经济行为主体产生极为强烈的激励因素。但是，在这种激励因素的驱使下，并在市场开放的条件下，即在行政性的或管制性的进入壁垒撤除条件下，很可能会产生过度进入问题。某一产业或某一行业的过度进入往往伴随着其他产业或其他行业的进入不足，这表现为资源配置存在结构性不当问题，从而导致资源的浪费。⑦

过度进入问题在本文讨论的范围内则表现为：随着西方经济学著作中文翻译出版这一产业由垄断转变为竞争，又由于翻译出版权不能在制度上获得保护，进入壁垒几乎不存在，从而产生了以重复翻译出版为代表的社会资源的浪费问题。之所以称这种情况是资源浪费，是因为过度进入往往导致生产同等数量的产品花费了过多的资源投入品，增加了全社会的生产成本。

为分析该问题，在此，我们不妨假定：第一，图书市场不是分割性的，这意谓着某一图书一旦印刷出版后，它就能通过不断的增添印数而满足整个市场的需求；第二，图书作为一种特殊商品，它是可以无限印刷的。⑧

在作出以上两点假定后，我们看图 2。

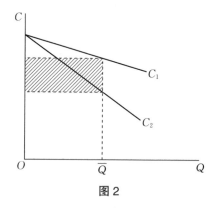

图 2

注：（1）横轴 OQ 表示产品 A（即本文所讨论的知识产品——经济学译著）的数量；

（2）$O\overline{Q}$ 代表市场对 A 的总需求量，且它是一定的；

（3）纵轴 OC 表示 A 的生产成本；

（4）C_1 是 I_1 的成本线，C_2 是 I_2 的成本线。

我们可以看出：由于较之对翻译权进行保护的产权制度（I_2），对翻译权不进行保护的产权制度（I_1）下出现了重复翻译出版现象，使得生产同量（$O\overline{Q}$）的产品而花费了更多的成本，故 C_1 在 C_2 的上方。由此，在生产同量产品时，I_1 的生产成本要大于 I_2 的生产成本，图 2 中阴影部分的面积就是 I_1 所导致的过度进入所带来的资源浪费量。

还须一提的是，从出版者角度看，中国的图书市场存在着一个通病，就是图书印刷都是小数量的，尽管这与政府对图书价格的管制有关 ⑨，但在本文看来，如果就西方经济学著作的中文本而言，产权制度是最根本的。

五、对有关理论问题的进一步说明

以上我们只是对产权不受保护制度下的重复劳动问题进行了正面的论述和举例。本节有必要对有关理论问题作进一步的说明，对可能存在的疑问作下澄清，以力求避免产生歧义，同时也显示一下本文的基本理论倾向。

1. 信息沟通与产权

无可否认，中国在西方经济学著作翻译出版中之所以存在重复劳动，是因为诸多翻译者和出版者之间缺乏信息沟通，他们均不知道自己的劳动是重复的。一般而论，难道谁不想成为首创者而宁愿成为重复者呢？但是，信息的沟通是要花费一定成本的。在中国经济学著作翻译领域中要搜寻有关的信息以避免重复劳动，其成本之大是可以料想得到的，因为几乎没有信息沟通的渠道。

问题严峻之处是，即使在一定成本（或几乎没有花费什么成本）之下，实现了信息的沟通，过度进入所导致的重复劳动现象依然会存在。人们之所以不愿承担这笔微薄的信息搜寻成本，是因为这种成本是私人性的，但在私人付出了这种成本并避免了重复劳动之后所产生的收益则是社会性的。私人成本不能从社会收益中获得补偿。成本和收益在私人与社会之间的分野使问题的解决难上加难。而人们之所以在几乎没有花费什么成本之下就得到了可以避免重复劳动的信息时，仍然"置若罔闻"，是因为这时的翻译权是公共性的。

从产权的一般理论来说，当对翻译权不进行保护时，人人都可以随意翻译出版某本西方经济学著作，这意谓着翻译权为公共所有。公共权利就是社会否认国家或私人去干涉任何人行使其权利（德姆塞茨，1989）。"公共权利的困难在于它无助于精确考核任何人使用资源所带来的成本。拥有公共权利的人们会倾向于以全然不顾行为后果的方式去实现这些权利。"（阿尔钦和德姆塞茨，1992）因此，当翻译出版某本西方经济学著作有私人价值时，翻译者和出版者都有动力去"捷足先登"而主观上根本就不想去进行信息沟通。而且，一旦准确地获知某本西方经济学著作已有人在译或译完和已有某家出版社在出或已出，依然从事供给方面的努力，这一点已为我国经济学术翻译出版界的现实所证明。[⑩]

总之，"在某些情况下，过度进入也许是有关的进入者信息不灵……的结果。不过，并非所有的过度进入都必定同（此）因素有关。某些过度进入状态往往是……进入者预先有意识地作出过度进入决策的结果"（胡汝银，1988，第250页）。

2. 政府管制是否有效

当私人成本和收益与社会成本和收益不一致时，即存在外部性问题时，政府管制被认为对经济活动的有效进行能起到一定的作用。针对这种市场失灵情况下由政府来解决问题的庇古方案，科斯提出了相对应的以产权界定为基本特征的市场解决方案（科斯，1990）。市场失灵主要涉及外部性、公共物品和交易费用问题，何况这三个问题会因时因地而发生变化，如果要简单地对两种方案作出泛泛的、笼统的、非此即彼的选择，这是不可能的，也是不合理的。但就本文所讨论的主题而言，由于翻译权的界定成本、转让成本和实施成本很低（尤其是与产权不受保护制度下的社会资源的浪费量相比），科斯方案在解决中国对西方经济学著作翻译中的过度进入所导致的重复劳动问题上，完全是可取的。

根据科斯方案，在产权（翻译权）明确界定并获得法律保护下，为使资源配置有效率（制止侵权性的重复翻译出版），可由法庭作为第三方来实施产权。法庭的判决会要求侵权方对受侵害方作出赔偿，并可能进行货币金额较高的惩罚，从而既保障了产权所有者（最初的版权所有者和通过契约安排形式获得翻译出版权的所有者）的权益，又有助于社会资源的合理配置（消除翻译中的重复劳动）。

也许有人会问，如果在理论上存在政府管制和法庭判决同样有效率的可能性，那么为什么不可以通过政府管制来消除翻译中的重复劳动呢？我们认为，对于本文所讨论的方案，这种可能性在现实中是不存在的。首先，要达到解决问题的同样有效，政府管制成本要远远大于市场交易成本（广义地看，法庭判决的实施成本只是其中的一部分）；其次，即使两种解决问题的方案的成本是可以忽略不计的话，依靠政府管制来解决问题可能是无效的（当然成本和问题的解决与否是相关的）。中国的现实恰恰证明了这一点。

几年前在中国，出于对翻译中的重复劳动问题及其不利后果的考虑，政府管制曾被作为一种相应的解决方案，并试图让政府具体行政机构（如国家新闻出版署）来执行有关规定。该规定要求各出版社应将计划翻译出版的外文著作详情上报、审批和备案，由政府来统一规划、协调（即实现信息的沟通），以避免重复劳动。该方案的执行情况极不理想。主要是，各有关出版社认为，一是上报、审批和备案的手续繁琐，还要拖以时日（即成本相对较高），以致很少有出版社认真执行管制条令，这说明了由出版方付出的管制成本影响了管制的绩效；二是，即使不执行有关的管制条令，并不会受到相应的惩罚，即不会受到相应的损失，这说明了政府管制的效率低下。

显然，只有通过产权保护才能解决重复劳动问题。

3. 竞争、垄断与效率

在第四节第 2 部分中对重复劳动进行的过度进入为特征的市场结构分析时，已提及竞争与垄断问题，在此还须对该问题作进一步的说明，因为从表面上看对翻译权进行保护的制度似乎对翻译出版业设置了进入壁垒，从而影响了竞争。从这个貌似正确的观点可以引申出这样三个推论：一是，由于存在制度性的进入壁垒，从而就不利于某些经济学著作中文本的供给者的最大化行为的实现，如译者无法以翻译成果来实现自己的学术目的（主要是评职称等）和出版者无法以译著的出版来实现为自己在出版界奠定地位的目标；二是，知识产权的保护可能减少了以学术文化交流为目的的知识产品的"引进"；三是，不利于保证翻译产品的质量，因为翻译竞争对手减少了。

笔者以为，这三个推论明显是站不住脚的。因为供给者实现自己的最大化行为的应有之义是，他们并不是必定要钻制度性的"漏洞"而进行过度竞争，相反，如果他们能通过获取得到保护的版权来生产某书的中文本，那他们就不单单是简单意义上的"首创者"。更有利于他们实现彼此的最大化行为的是，他们还是"唯一者"，这无疑会更有助于供给者达到各自的学术目的和出版目标。此其一。其二，知识产权的保护仅仅是阻碍了浪费资源投入品的重复"引进"，因为根据第四节第 1 部分中的经济分析，在保护性制度下，同量劳动会"引进"更多种类的知识产品，这是由于获取学术著作的翻译版权的成本是很低廉的。其三，无论是产权保护还是产权不保护，翻译质量问题永远是存在的，而且在任何一种产权制度下，解决此问题的途径是同一的，如为了提高质量，人们可以与译者进行私下交流、切磋，或者公开撰文与译者进行商榷、争鸣，较之重新翻译，这是达到目的之社会成本较小的选择，除非已有译本几乎一无是处。但即使这样，发出责难之声的不仅是产品的消费者（读者），还应是产品的发明者（原著者和原出版者）。

在对这三个推论作出了反驳性意见之后，让我们再来看看那个认为产权保护影响了竞争的观点。我们不得不承认，产权保护制度下进入壁垒的确存在。不过，我们还得试问一下：进入壁垒、垄断、竞争与效率之间究竟是什么关系？如何来看待这种关系？

根据德姆塞茨的"所有权进入壁垒"的理论，进入壁垒随产权的存在而存在。进入壁垒的撤除可能会损害已进入者而有利于新进入者，而这种对一方的损害与对另一方的有益并不就是合理、正当的。问题不在于要进行权利保护，因为权利保护是永远存在的，不是保护了新进入者（即保护了其进入的权利），就是保护了已进入者（即保护了其所谓的"垄断性"权利）；问题恰恰在于应该保护哪一方，即保护的基准点是应该通过对一方权利的保护来提高总体效率，增进社会福利（Demsetz，1982a）。从一般意义上讲，竞争并不排除垄断（尤其是竞争的结果），在某种程度上，权利垄断正是权利竞争的必然产物。[①]没有时间维度和没有法律维度的完全竞争以前不存在，将来也不会有。为保证总体效率和提高社会福利，产权的界定和保护是至关重要的，而阻碍过度进入的所谓"非市场制度""完全能在界定和保护私人行动权利的过程中发挥作用"（德姆塞茨，1992）。

六、小结

本文以中国对西方经济学著作翻译中存在的重复劳动这一个案为例，论述了产权不受保护制度下出现的资源浪费问题。本文的分析是以产权受保护制度下的情况作为参照物的，因为没有参照物就没有比较，没有比较也就没有鉴别。现在，中国已加入了《伯尔尼公约》，已对包括翻译权在内的各种版权实行了全面保护。为了对中国的制度变迁进行更为深入、细致的理论探讨，有必要对制度变迁后出现的情况（主要是这一变迁对经济主体的行为影响）作相应的分析以及与本文有关的检验。由于这一变迁刚刚实现，至今时间极为短促，使得对制度变迁前后情况的比较这项工作一时无从进行。但无疑，研究任务还有待继续。

注释

① 仅举几例就足以说明问题，例如，麦克法夸尔和费正清（编）的《剑桥中国史》第14卷和第15卷（共三册），到目前为止就分别出了两个中译本；亨廷顿的《变动社会的政治秩序》出了三个中译本；罗尔斯的《正义论》出了两个中译本；等等。

② 这个例子实际上与条件（3）有抵触，但为使讨论简便起见，对这一无关宏旨的差别忽略不计，何况这一差别更加有力地说明了重复劳动的存在。

③ B_2 是否可直接利用 B_1 是值得探究的，但在此不作讨论。

④ 受客观条件的限制，本文没有对重复劳动作数量上的估算，即没有具体计算重复翻译的字数。若要作这样的工作，不妨可以这样来进行：在字数上，当 $B_2 < B_1$ 时，B_2 的字数就是重复劳动量；当 $B_2 > B_1$ 时，B_1 的字数则是重复劳动量。由于翻译，尤其是出版，有一定的时延，一时就无法明确判定是 B_1 还是 B_2 真正属重复劳动，而上面提出的这种计算重复劳动量的方法无疑能在总量上确保作出计算，但同时又避免了这一判定上的难题。

⑤ 有关将经济史学家诺思和利伯开普的制度变迁理论概括为诺思—利伯开普模型，参见 Bromley（1989）。

⑥ 这种说法其实并不恰当。第五节第3部分还将涉及对与此有关的内容的讨论，在此姑且沿用之。

⑦ 国内学者对该问题最早的论述是（尽管与本文讨论的问题不同而且分属我国的不同历史时期）：与某些工业部门的过度进入相伴随的，必然是一定时间和一定程度上的工业资源配置的刚性和生产要素的就业不足，从而是社会资金的闲置和浪费（胡汝银，1988，第249页）。

⑧ 何况，某一图书印数的增大以至占领整个市场，无论对供给者（包括著译者和出版者双方）还是对需求者（即作为消费者的读者）来说，都是大有好处的。对供给者来说，如果是在版税制安排下，有关当事人各方的收益分享份额都将增大；即使退一步而言，在稿酬制安排下，出版者则将获得更多的收益。需求者的获益是建立在书价随着印数的递增而递减这一条件上的，如果这一条件成立，边际读者面对的边际书价就相对较低。

⑨ 有关对中国图书的小数量印刷的政府管制方面的原因的详细分析，参见陈昕、杨龙和罗靖（1990）。

⑩ 一个更能说明对公共产权"捷足先登"地使用的例子是，国内一些出版社在中国从 1992 年 10 月起对翻译权进行全面保护之前，纷纷迅速地出版了一些没有获得翻译出版许可的西方经济学著作，如果不是为恐要受到制度上的约束，这些中文本的出版恐怕还要搁置一些时日。

⑪ 推而广之，专业化是劳动分工的必然产物，而在某种意义上讲，专业化或许就是垄断的同义语。

参考文献

［美］阿尔钦和德姆塞茨：《产权范式》，陈郁等译，《经济发展研究》1992 年第 3 期。

Bromley, D., 1989, *Economic Interests and Institutions*: *The Conceptual Foundations of Public Policy*, Basil Blackwell.

［美］罗纳德·哈里·科斯：《社会成本问题》，载［美］罗纳德·哈里·科斯：《企业、市场与法律》，盛洪等译，上海三联书店 1990 年版。

陈昕、杨龙和罗靖：《中国图书业经济分析》，学林出版社 1990 年版。

［美］德姆塞茨：《产权论》，陈黎译，《经济学译丛》1989 年第 11 期。

Demsetz, H., "Barriers to Entry", *American Economic Review*, March。

［美］德姆塞茨：《竞争的经济、法律和政治维度》，陈郁译，上海三联书店 1992 年版。

胡汝银：《垄断与竞争：社会主义微观经济分析》，上海三联书店 1988 年版。

［美］拉坦：《诱致性制度变迁理论》，载［美］罗纳德·哈里·科斯：《财产权利与制度变迁——产权学派与新制度学派译文集》，刘守英等译，上海三联书店 1991 年版。

世界知识产权组织国际局：《伯尔尼公约与世界版权公约的比较分析》，载翟一我和陈昭宽编：《版权讲座》，东方出版社 1991 年版。

《保护文学艺术作品伯尔尼公约》，载郑成思：《版权公约、版权保护与版权贸易》，中国人民大学出版社 1991 年版。

制度变迁、市场演进与非正式的契约安排

——1986—1990 年上海股票交易的一个案例分析

一、导论

　　现代制度经济学近些年来的重大进展已加深了人们对制度变迁与市场演进的认识。总的来讲，制度变迁的大方向是为了不断地减少市场交易费用，使各种资源的所有者在交易过程中实现自己的行为最大化，与此同时，也使资源流到使用价值最大的当事人手中，从而推动经济增长（诺思和托马斯，1989）。根据制度变迁的一般理论，制度安排有两类：一类是基础性制度安排（fundamental institutional arrangements），另一类是第二级制度安排（secondary institutional arrangements）。在一个渐进性的历史变革过程中，在基础性制度变迁之前，很有可能发生的是第二

＊ 本文载于《经济研究》1995 年第 7 期，重印于张曙光编：《中国制度变迁的案例研究》（第一集），上海人民出版社 1996 年版。本文初稿的写作在与盛洪、张曙光、方绍伟和卢文荣的讨论中获益匪浅。在 1995 年 6 月 5 日召开的"中国制度变迁的案例研究理论讨论会"上，两位评述人张军和张平以及李晓西、茅于轼、宋光茂等发表了有益的评论。尤其是盛洪提供了重大的修改意见。另外，郭宇峰在资料收集方面提供了帮助。该项研究得到北京天则经济研究所的资助。在此一并致谢。

级的制度变迁。"这种背离、修改或者绕开现存基础性制度安排的变化会不断地产生压力,从而导致对基础性制度安排进行更根本性的修改。"（North and Thomas, 1971）

由于基础性制度安排具有公共物品的性质,第二级制度安排具有私人契约的性质,所以具有公共选择性质的制度安排的确立需要多个人之间的一致同意,或需要由政府来推动,它比两个人之间达成契约性安排要困难得多。所以,与基础性制度安排相伴随的变革过程所需要的费用,要大大超过以契约形式为代表的第二级制度安排相伴随的费用。政府的法律规章制度和私人的市场契约安排,非常类似地对应于基础性制度安排和第二级制度安排（盛洪,1983）。

本文拟用上述这个理论框架来分析、研究20世纪70年代末、80年代初以来中国正在发生的制度变迁过程中的一个具体案例——1986—1990年上海的股票交易。

本文的研究目的是:（1）概略性地描述作为中国现阶段股票市场及其有关制度安排变迁的典型案例的上海股票交易的历史过程。必须指出的是,我们将1986年作为研究的起始点,因为在这一年的9月,上海设立了第一个用于股票交易的营业柜台,尽管在这之前两年上海就公开发行了股票,但在此期间,只存在一级市场（即发行市场）而没有两级市场（交易市场）;而将1990年作为本文的研究终点,因为这一年12月上海证券交易所正式成立,这意味着一个基础性制度安排已经形成,相应地,作为本文研究重点的私人契约安排[①]已不复存在。（2）在描述和总结上海股票市场的演进和有关的制度变迁的过程中,我们强调了柜台交易存在条件下的股票私下转让行为及其完成过程中的疏通行为。在我们看来,这种行为是属于私人契约安排的内容的,而本文的目的恰恰是证明这种安排在整个市场演进和制度变迁中的作用。由此,（3）从经济学理论中进一步刻画私人契约行为,尤其是与市场演进和制度变迁的关系。

本文的结构如下:第二节叙述柜台交易及自由定价条件下产生的股票私下转让;第三节叙述价格管制条件下股票私下转让行为的加强;第

四节是作进一步的经济学分析；第五节是结论。

二、柜台交易、价格差异和股票的私下转让

1. 柜台交易的特点及其产生

从历史上看，股票除了在高度组织化的市场——证券交易所内进行交易外，还有一种柜台交易（over-the-counter transaction）。尤其在高度组织化的市场阙如（missing）条件下，柜台交易会大行其道。

简单地讲，柜台交易是指这样一种交易过程：在投资者通过证券商买进或卖出股票时，证券商借助于交易柜台买进投资者想出售变现的股票，并把这些买进的股票转售给想购买的投资者（白瑞明，1990，第71页）。柜台交易较之交易所一般具有这样三个特点：（1）交易柜台分散于各处，规模大小不一，有时甚至小到只有一两间门面，营业员只有几个人，这与证券交易所中央大厅人员繁多、人声喧杂的情形形成鲜明对照。（2）柜台交易的成交价格是协议价格，即由证券自营商与客户协商确定。自营商采取的是净价方式，不收取佣金，他赚取的是买卖之间的差价，即他卖给客户的价格要高于买进的价格。而证券交易所的价格是拍卖价，经纪人不断报告买卖价，买卖双方通过竞价来确定成交价格。（3）柜台交易适于小额零散的投资者，因为它对交易数额没有任何限制，而证券交易所一般要达到一定数额才能进行交易。[②]

在上海出现第一个交易柜台前大约两年的时间，上海首次公开发行股票。1984年11月14日，经中国人民银行上海市分行批准，上海市第一家公开发行股票的企业——飞乐音响公司发行股票50万元，并由原中国工商银行上海市分行静安信托分部（"静安信托"）[③]首次办理代理发行业务（《上海证券年鉴（1992）》，第371页）。第一次公开发行股票后，股票持有人就开始提出转让要求，并进行了一些自发的实际转让。对此，中国人

民银行上海市分行及时作出了相应的规定：持有人要转让需自找对象，并到代理发行者那里办理转让手续。其转让价格为市人行统一规定的票面金额加银行活期储蓄利息。这是最早的股票转让活动（王华庆，1993）。显而易见，这种股票转让活动是极受约束的。一是，转让价格受到限制；二是，要完成转让只有到唯一的原代理发行者那里办理过户手续。原发行代理只是一个过户机构，尚起不到交易中介的作用。

为了对逐渐出现的股票交易要求作出回应，1986 年 9 月 26 日，经中国人民银行上海市分行批准，第一个公开发行股票的代理者"静安信托"成立专门的证券业务部，公开挂牌代理买卖股票。这是上海第一家经营证券柜台交易业务的机构，由此出现了最早的股票柜台交易活动（《上海证券年鉴》(1992)，第 371 页）。对于转让价格，市人行仍作了规定：票面金额加上至成交时预测的股息和红利（王华庆，1993）。在不到一年的时间里，开设股票交易柜台的从原先的"静安信托"这一家增加到工商银行虹口证券业务部和交通银行、建设银行、农业银行、上海市投资信托公司、爱建金融信托公司等 9 家（《新闻报》[④]，1987 年 7 月 11 日，9 月 22 日）。

2. 随行就市、价格差异与股票私下转让的出现

随着股票柜台交易的兴起，中国人民银行上海市分行于 1987 年 1 月 5 日制定并自 1987 年 1 月 15 日起试行《证券柜台交易暂行规定》（以下简称《规定》）。《规定》的第 7 条中明文指出："经营证券柜台交易的金融机构受托后，根据委托人委托日期先后予以登记，通过公开挂牌等方式帮助物色对象。对象落实后，按价格优先和时间优先原则填具成交单予以成交（《中国证券法规规章汇编》(1981—1992)，1992，第 180 页）。这项规定的实际含义是：放开股票交易价格，实行随行就市。

根据上面对柜台交易特点的论述，可以发现，它是一种在各个分散场所进行的直接交易，价格由协议确定，而且政府放开了股票（协议）交易价格，实行随行就市，这就使得交易不再是一种"非人格化

的交易"（non personal transaction）而是一种"人格化的交易"（personal transaction）。交易的当事人各方可以利用个人掌握的知识或信息来形成对自己有利的协议价格。市场的不完全⑤为"地下"交易和私下转让创造了条件。

尽管股票的私下交易始于何时现在很难作出一个准确的判断，但在1987年已有一定规模是显然的。根据《新闻报》报道，在1987年的一段时期以来，坐落在上海市市中心西康路上的我国第一家证券交易有形市场的门口，"'黄牛'⑥活动猖獗，已经从开始时的躲躲闪闪的'门外交易'，发展到现在公然截住来此出售证券的顾客，强行收购……"（《新闻报》，1987年7月28日）。

股票私下交易活动的出现，"黄牛"起了很大的作用。原因在于："这伙'黄牛'对各个证券交易点每天的牌价十分清楚。他们利用价格的差异倒卖倒买，获取暴利"（《新闻报》，1987年7月28日）。尽管政府多次动员力量对这种以"黄牛"为代表的私下交易活动进行打击、取缔，但这类活动总是会"死灰复燃"。还是《新闻报》这家在一个特定的历史时期成为反映上海股票交易的权威报纸说出了个中原委："柜台交易分散后，各家自订收入价和卖出价，难于体现（证券交易）一个时点一个竞争价的原则。信息不灵，流通不畅，价格难称公开"（《新闻报》，1987年10月3日）。

关于最早的股票私下转让过程中私人的契约安排的历史资料几乎没有，因此，其中的具体细节我们也不甚知晓。但是有一点是肯定的：最早的股票私下转让活动的出现，完全是价格因素或市场因素造成的。分散的柜台交易所带来的市场的不完全，从而带来的价格上的差异，使股票交易过程中出现了一批半职业化的"二道贩子"。他们借助于自己在价格信息上的优势，一度在股票交易这个新兴市场中"谋生"。至此，当我们引入信息费用这个概念时，可以发现，股票私下交易的买方的所得如果正是卖方所失的话，那么这一块收益或成本恰恰是信息收益或信息成本。如果卖方要自己占取这块收益的话，那么他必然要在各个交易网点之间进行奔波，付出相应的信息搜寻费用。当市场均衡时，成本与收益正相等。

为此，笔者整理了 1988 年 1 月 7 日至 1990 年 2 月 1 日《新闻报》上每周刊登一次的"上海证券柜台交易所行情"的有关数字后发现，在这两年的时间内，各个证券交易柜台的卖出和买入价格几乎都存在或大或小的差异。最具有代表性的是 1989 年 12 月 28 日那一天：位于西康路 101 号的"静安信托"，其真空电子器件公司股票挂牌买入价 101.10元，卖出价 102.70 元，而位于武昌路的工商银行虹口信托公司（以下简称为"虹口信托"）的买入价是 98.80 元，卖出价是 103.20 元；飞乐音响公司（一般称为"小飞乐"）股票，"静安信托"的买入价是 50.50元，"虹口信托"的买入价是 49.80 元，而万国证券公司挂牌的买入价是48.00 元；延中实业公司股票，"静安信托"的买入价为 50.80 元，"虹口信托"的买入价为 50.00 元；飞乐公司（一般称为"大飞乐"）股票，"静安信托"的买入价为 101.80 元，而"虹口信托"的则是 99.50 元。那一天，所有 6 种挂牌交易股票中唯有豫园商场股票在买入和卖出价上没有差异（《新闻报》，1989 年 12 月 28 日）。

当然，股票私下交易的最后完成，还得到开展柜台交易业务的金融机构办理过户手续。在这方面，"黄牛"有着自己的"神通"。对此，我们将在下一节中论述。

三、价格管制、内部疏通与股票私下交易

1. 政府对价格的管制

上海股票私下交易在 1990 年下半年达到了顶点。这次股票私下交易高潮的来临，直接缘自于深圳的"冲击波"。在 1990 年夏季之前的若干年内，上海股票柜台交易是自由定价，股价无任何限制，但反映上

海股市发展的静安股价指数的波动幅度，仅在 100 点上下限 20% 的范围内波动。尤其在 1989 年 6 月，由于受社会政治因素的影响，股价跌至面值以下，如 100 元面值的电真空股票跌至 92 元，还无人敢接。到 1989 年 7 月底，静安股价指数降至最低点 89.36。与此同时，深圳股市却由"冷"转"热"。也就是在 1989 年，冷落多时的深圳股市，突然如梦初醒。股票由"灰姑娘"摇身一变顿时成为"皇帝的女儿"，出现了人人争购股票的热潮。据业内人士分析，深圳股市的反转，与实力雄厚的金田股票上市有关。原计划发行 100 万股的金田股票，5 天内全部售完，最后应股民的要求，又增加发行了 70 万股。从此深圳股市结束了沉寂的态势，进入了多头市场时期（应健中、赵磊、刘亚军，1992，第 28 页）。多头市场一旦起动，就像一头脱缰的野马，"横冲直撞"。这时，股民狂野，股价飙升。在 1990 年上半年的某个短短的 20 天里，深圳首批上市的 3 种股票平均涨了 76 倍。深圳股价暴涨的原因，主要在于股票严重地供不应求。据分析，当时深圳公开发行的股票面值为 2.7 亿元，而 40 万名市民手中握有的资金达 50 亿元以上，再加上从港澳流入的购股资金，对股市供给构成了巨大的压力（应健中、赵磊、刘亚军，1992，第 28 页）。

而这时的上海股市仍保持着过去 5 年来的超稳定状态。面值 100 元的电真空股票，买入价和卖出价也只有 124 元和 126 元。终于在 1990 年五六月间，深圳"冲击波"冲到了上海。一大批深圳客进入上海[⑦]，带来十万八万的都只能算是"小意思"，腰缠七位数的也为数不少。1990 年 7 月，上海股市终于被炒热，场外股票私下交易火爆异常。据《新闻报》的报道："这几天，上海股票市场'热'得出奇，仅本月 25 日一天，静安证券业务部成交的股票就达 90 万元以上，相当于今年上半年股票交易总量的十分之一。豫园商场股份有限公司每股票面为 100 元的股票，竟能以 300 元成交。……本市股票市场出现暴涨之势，是受深圳等地客户大批涌入的影响。"（《新闻报》，1990 年 7 月 28 日）

股票的暴涨以及由此导致的私下交易，引起了政府管理层的注意，媒介也披露，"有关方面已有防微杜渐之举"（《新闻报》，1990 年 7 月 26 日）。果不其然，1990 年 8 月 3 日，中国人民银行上海市分行给各证券公司、各专业银行信托投资公司和爱建金融公司这些开有股票柜台交易的单位下达了《关于加强股票市场管理的通知》（以下简称《通知》）。《通知》立足于价格干预和取缔场外交易，指望以此遏制股票暴涨局面，杜绝股票私下交易。具体是：

> ……各柜台每天代理买卖的成交价格，必须在金管处（指市人民银行金融管理处——引者）加权平均价格上下 3% 的幅度内浮动。各柜台自营卖出股票的价格，也不得突破金管处下达的代理买卖加权平均价格上下 3% 的幅度。
>
> 股票代理买卖业务必须在场内进行，委托买入方在委托柜台买入股票时，必须填清自己可接受的价格幅度，并全额交付委托保证金（不计息）；委托卖出方在委托柜台出卖股票时，必须将股票交柜台代保管，并填清委托卖出的价格幅度。柜台根据"价格优先，时间优先"原则促成成交，所有未经柜台办理委托的场外交易，柜台一律不予接受，不得办理过户。（《中国证券法规规章汇编》（1981—1992），1992，第 206 页）

通过地方法规这种制度安排来对市场进行干预，是政府在集中市场化的基础性制度安排阙如情形下一种必然选择，也可视作是对以前这类制度安排所作的适应性调整。对于场外的私下交易，政府历来是反对的，因此，在这方面并没有什么新内容，只不过是更为强调，或者规定得更加细致、具体而已。

在价格控制方面则不然。大家还记得前面的论述，1987 年 1 月 5 日中国人民银行上海市分行制定并于同年 1 月 15 日试行的《证券柜台交易暂行规定》的基本含义，就是放开股票交易价格，实行随行就市。有意思的是，《规定》最后一条（即第 12 条）明文写有"未尽事宜由中国

人民银行上海市分行随时修订之"这类的话。因此，现在法规的适应性
调整不能不体现了政府的一番苦心。

2. 内部疏通

现在我们需要问的是：在基础性制度安排没有确立之前，针对场外
股票私下交易为代表的这类交易当事人之间的私人契约安排，政府的努
力是否有作用？

首先看价格管制方面的问题。随着 1990 年 8 月 3 日的《通知》下
达后，上海股市依此实行了对成交价格"涨停跌停"的措施，各类股
票均以前一天的平均成交价为基准，当天成交价上限以上浮 3%为"涨
停"，下限以下浮 3%为"跌停"。由于这时股票上涨势头强劲，每天
3%幅度的上涨限制情况下，绝少有人愿意以柜台挂牌价抛售，结果只
会是"有行无市"。看一看 1990 年 11 月至 12 月《新闻报》上每周 3 次
刊登的"上海股票行情"，就证实了这一点。因为在这两个多月的时间
里，"上海股票行情"栏中各种股票只有买入价数字，而没有卖出价数
字。不过此时场外的私下交易却依然火红。

在"有行无市"的情形下，千里迢迢来沪的深圳客岂能空手而归？
于是，以深圳炒手为代表的"强龙"与上海本市"黄牛"为代表的"地
头"一拍即合，相互合作，四下搜罗股票，然后各得其利。一时间，上
海各证券营业点门庭若市，高价收买股票的叫买声，讨价还价的叫喊
声，不绝于耳。甚至不同的派系为抢买股票而骂街斗殴。股票私下交易
的双方是这样来对付 3%的限价措施的：买卖双方先在场外谈好价格，
然后，大模大样地去柜台按限定挂牌价合法地办完手续，出了门，再由
买方私下将差价贴给卖方（应健中、赵磊、刘正军，1992，第 32 页）。

其次看取缔场外交易方面的问题。谁都知道，股票私下交易活动的
产生，是由于这类活动的参与者（主要是买方），能通过种种手段使在
不合法交易中得到的股票，依然能进行过户，从而变为合法的股票。

1990 年 8 月 22 日，中国人民银行上海市分行为打击股票私下交易

颁布了新的措施。措施规定，凡是私下成交或指定卖出对象的股票，证券机构一律不准办理过户手续。11 月 21 日，中国人民银行上海市分行、上海市工商行政管理局和上海市公安局又联合发布了《关于取缔有价证券非法交易活动的通知》，该通知措辞之严肃，立场之鲜明，为数年来有关证券市场的地方法规中之最。其中主要有这么几条：

> 经批准上市、上柜的有价证券，必须通过经人民银行市分行批准可经营证券交易业务的机构进行交易，严禁证券持有者擅自买卖各种有价证券。

> 买卖记名有价证券，持有者必须凭成交单、居民身份证及原留印鉴在指定机构过户。严禁证券购买者拦截行人强行索买他人的有价证券；严禁证券出售者兜售各种有价证券。

> 严禁证券经营机构工作人员不按规定程序出售各种有价证券，或为股票非法交易者及交易不合程序者提供过户或"更名"便利。

> 违反上述规定的，由公安、工商行政管理机关和人民银行上海市分行依法从严处理。(《中国证券法规规章汇编》(1981—1992)，1992，第 210—211 页)

然而，在高额利润的诱引下，过户虽难，但总有些神通广大、里里外外有门路的人操起了过户的行当。"过户专业户"应运而生，有的更自称为"过户公司"。据记载，当时私下交易活动中将各类交易物分为这样三类：一是，股票和印鉴、身份证、息折卡（以上均为过户必需）俱全，此为上品，无过户麻烦，按场外市价收；二是，只具有印鉴和股票，或只具有身份证和股票，此为次品，交易价比黑市价低 10 元；三是，只有股票，此为最次品，比起次品，再低 20 元[8]（应健中、赵磊、刘正军，1992，第 33 页 ）。上述三种按规定都不能过户的股票一到"过户专业户"手中，便能起死回生。就拿最难处理的最次品来说，这种股票已不知经过多少人辗转过手，可是通过内部疏通依然能实现过户。

1990 年 12 月 19 日，上海证券交易所的成立，结束了上海股票柜台交易的历史。从此以后，证券公司的柜台不再直接经营股票买卖，股票交易全部集中在证券交易所以委托、竞价的方式进行买卖，并将原来分散的股票过户业务全部收归证交所。股票的私人交易活动由此开始逐渐销声匿迹了。上海股市由一个柜台交易伴随着"黑市"交易的阶段走向了"白市"。[9]

四、私人契约安排在制度变迁中的作用

在前几节我们详细描述了 1986—1990 年上海股票交易中的私人契约安排。在本节中我们打算进一步分析它在制度变迁中的作用。

1. 学习与制度变迁

制度变迁研究的基本点是这种变迁是渐进性的。因此，在整个变迁过程中，人们更多的是在"边干边学"（learning by doing）。既然制度变迁取决于现存的知识存量，那么，现存知识存量的变化肯定会对制度变迁的时间因素起重大影响。如果知识存量增长了，制度变迁相对会提前；如果知识存量减少了（或停止增长了），制度变迁相对就会延后或推迟。所以，诺思（1991）强调了学习与制度变迁之间的关系。诺思所强调的这种关系是我们分析私人契约安排在制度变迁中的作用的基本理论依据。

在此，我们将学习对制度变迁的效应归结为有关制度变迁的收益和有关制度变迁的成本这两方面知识存量的增长。我们以下的具体分析将从收益与成本两方面展开。我们认为，既然在"边干边学"过程中人们有关收益和成本的知识存量会发生变化，那么制度变迁的收益和成本相应地在时间维度（dimension）上也可能发生变化。另外，由于制度变迁与技术变迁具有相似性，制度本身作为一种生产性要素也存在着需求与

供给两个方面（拉坦，1991），我们完全有理由刻画出某一制度变迁的收益和成本。在这里，这种制度变迁就是上海证券交易所的建立。

2. 私人契约安排对制度变迁的收益的影响

为了简明、直观起见，我们用图 1 来说明这一问题。图中的横轴表示时间（t）维度，纵轴表示收益（R）和成本（C）维度。R_1 为制度变迁的收益的时间轨迹，在一般情况下，它是一条先呈下降后呈上升趋势的曲线。[⑩] 假定制度变迁的成本既定，为一常数 C_1[⑪]，那么，制度变迁的前提条件是 $R_1 = C_1$。成本线 C_1 与收益线 R_1 的交点在横轴上的射影为 t_1 点。这意味着至少在 t_1 点（或者在横轴上右边的点），制度变迁才会发生。

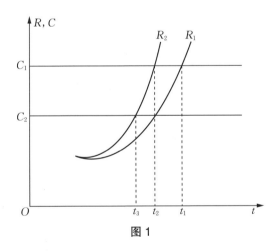

图 1

根据制度变迁理论，私人契约安排会引致基础性制度变迁。我们认为，这种引致效应在此表现为作为一种第二级制度安排的私人契约交易对基础性制度安排的收益的影响。在本文中，这种收益效应可归结为在证券交易所建立之前股票的私下契约交易使人们认识到尽快建立证券交易所的必要性。人们认识上的这种要求在柜台交易开办不久的几天内就存在。据《新闻报》1986 年 9 月 30 日报道，那时人们就认为，由于柜台交易创造了条件，所以必须建立进行集中交易、集中竞价的证券交易所。一年后，随着私下交易的进一步兴起，这种呼声也进一步加强（见《新闻报》，1987 年 10 月 3 日）。从理论上看，制度变迁的收益的一部分就由私下交易参与者从中所得到的收益构成。

尤其到 1990 年私下交易的全盛时期，这种收益达到了最大值。而且在此时期，这部分收益不单是由直接参与私下交易的买卖双方所得的收益构成，它还应包括内部疏通活动的收益（尤其是提供这种服务的人所得的收益），这可以看作是私下交易的间接收益。

另外在私下交易的全盛时期，交易双方之间出现了许多纠纷，而且这些纠纷最终并没有都以"私了"的方式解决，由此产生了许多社会问题，如打架斗殴等。从这一角度看，制度变迁的收益可能还需加上解决社会问题所产生的社会性收益。

如上这些收益，构成了基础性制度安排（证券交易所）对第二级制度安排（私下契约交易安排）的替代收益，这种收益是原先进行的基础性制度安排的设计中所无法观察到的。因此如图 1，在时间维度上，制度变迁的收益曲线就由 R_1 转移为 R_2。R_2 与 C_1 的交点在横轴上的射影点 t_2 就可能成为实际上的制度变迁的时间选择点。

3. 私人契约安排对制度变迁的成本的影响

在上面讨论私人契约安排对制度变迁的收益的影响时，我们假定制度供给的成本固定。在此，我们放宽这一假定，认为在制度变迁的"边干边学"过程中，由于非正式契约安排的出现，随着时间的变化，人们对制度的供给成本的认识也会有变化。

在 1984 年上海公开发行第一种股票时，人们就认为应建立规范的证券交易所。尽管当时政府认为，发行股票的主要目的是为了筹措资金，而不是上市交易，但要求建立证券交易所的呼声一直没有间断过，而且日益强烈。[12] 在此情形下，为什么证券交易所在短时间内没能建立起来呢？根据笔者的观察，主要原因是，政府即使在认识到了建立证券交易所的必要性之后，仍然认为这样做的成本巨大。政府的这种考虑是有道理的。首先，从相对成本角度看，那时发行股票的企业很少，股份制尚处于试点阶段。完全可以料想到，为了几种股票和几家上市公司，建立证券交易所的成本相对有多么大。有意思的是，由于当时股票挂牌交易量很少，政府方面还有谁来进行大量的股票买卖这方面的担心。何况，证券交易所这种制度安排是一种"公共物品"，属于服务性行业，一旦建立，具有成本递减和收益递增的特性。其次从绝对成本角度看，股票交易和证券交易是改革以后出现的"新生事物"，它的管理以及电脑网络的建立的确需要大量的投资。

柜台交易的实行以及运转了一段时间之后，人们在"边干边学"过程中逐步摸索到了一些经验，掌握了一部分有关的知识和技术，电脑网络也慢慢形成了，这就在成本减少方面为证券交易所的建立创造了条件，直至其最终的建立。

上述这些变化在图 1 中简单地表现为成本线由 C_1 转移到 C_2，C_2 与 R_1 的交点在横轴上的射影点 t_2 就可能成为实际上的制度变迁的时间选择点。为了简化起见，我们将 R_2 与 C_1 和 C_2 与 R_1 的交点在横轴上的影射刚巧描绘为同一个点 t_2。

如果我们将私人契约安排对制度变迁的收益和成本两方面的效应叠加起来，那么，制度变迁的前提条件是 $R_2 = C_2$。R_2 与 C_2 的交点在横轴上的影射点 t_3，可能是实践中真正的制度变迁的时间选择点。

五、结论

1. 经验总结

通过以上对 1986—1990 年上海股票交易历史经验的分析，我们可以得出如下若干结论：

（1）以股票私下交易为代表的私人契约安排产生的直接经济原因，

在 1990 年之前，主要是价格差异以及由此导致的信息搜寻费用，而在 1990 年下半年，则是由于政府对价格的管制。在政府的价格管制情形下，"黑市"交易就自然而然地扩大了。

（2）在柜台交易开办不久，由于做不到一个时点一个竞价，便给股票私下交易活动创造了条件。这时，要求设立证券交易所，进行集中交易、集中竞争的呼声就已存在。然而，证券交易所并不能马上出现，说明了基础性的制度安排的确立不是轻而易举的。

（3）在 1990 年下半年股票私下交易达到顶点时，政府抛弃了若干年前作出的允许自由竞价的规定，转而对价格进行严厉的管制，这说明整个制度变迁过程是相当复杂的，而这集中体现在政府这个角色上。政府的具体行动内容可能存在反复，但从目的来看，政府是希望减小制度变迁、尤其是基础性的制度安排确立前后对市场的震荡幅度。

（4）在基础性的制度安排没有确立之前，即证券交易所没设立之前，第二级的制度安排油然而生，即以股票私下交易为代表的私人契约安排出现了，其中，包括为这种私人契约安排服务的内部疏通活动。由于这种契约安排是私人性的，是不受政府或法律限制的，所以在经验中曾出现过一些诸如欺诈、行骗和纠纷之类的问题，而且大部分最终都以"私了"的方式解决。但从总体上讲，参与私下交易活动的人都大受其益。⑬

2. 理论总结

根据以上对私人安排在制度变迁过程中的作用的分析，我们可以得出如下若干结论：

（1）在制度变迁的渐进性历程中，由于存在大量的"边干边学"之类的事情，知识存量的增长对制度变迁的促进作用，主要表现在对成本和收益两方面有了新的认识，从而分别使得制度的供给曲线下移和制度的需求曲线上移，以至于制度变迁的时间选择可能提前，这就是诺思说的第二级制度安排对基础性制度安排的压力作用乃至引致作用的具体体现。

（2）成本和收益概念不是永恒不变的，相反，它们都具有时间维度。从制度是至关重要（institution matter）的角度看，有什么样的制度，就有什么样的成本和收益。由此我们可以进一步引申出这样的结论：与其说成本和收益概念具有时间维度，还不如说人们随着时间的变化对成本和收益的考核或度量（measurement）也会发生变化，从而制度变迁中的成本和收益概念具有人格化特征。

（3）人们对制度变迁的成本和收益方面的认识是一种制度知识，它构成了人们的"意识形态"。因此，像诺思（1991）那样，考察"意识形态"对制度变迁的影响是大有道理的，也是必需的。这有助于我们从福利经济学的高度具体研究、探讨有关制度这一公共物品的社会偏好，即社会无差异曲线。

（4）诺思（1991）曾强调制度变迁的"路径依赖"（path dependence）和制度变迁道路选择的"锁定"（lock-in）。联系本文对私人契约安排的讨论，可以这样认为，由于缔约活动（contracting）具有独特性[14]，人们一旦选择了某种变迁道路，就会受到其中非常特殊的契约安排的制约，从而就会沿着这条道路走下去。本文讨论的私人契约安排的作用和意义可见一斑。

3. 一个有待继续的问题

大家还记得，1990 年下半年上海股票私下交易规模空前，一方面是由于南方大量资金的涌入，另一方面是由于市场行为主体得到了这样的信息：证券交易所年底开业。证券交易所这项基础性制度安排的确立引致市场的狂热，证明了理论家所说的制度的生产性，即一定的制度安排可能带来一定的经济增长。市场的扩长和经济的增长带来了其中私人契约安排的大量的涌现，这是否意味着基础性制度安排对第二级制度安排可能也有引致作用？进一步推而广之，在中国经济从计划向市场转型过程中或者实现了这种转型之后，还会出现市场性的私人契约安排吗？

注释

① 严格地讲，凡是不符合政府有关法律规定的私人之间的契约安排都是安排。它所包含的内容是相当宽泛的，如证券交易所成立之前私人之间股票的私下转让和证券交易所成立之后证券经营公司与客户之间的私下协议，都是私人契约安排。受研究题目的限定，本文只研究前者，因此这里所用的"非正式契约安排"一词仅以前者为限。之所以在此作如此说明，是为了指出私人契约安排的存在是个极其广泛的经济现象，它只能是相对于某个历史时期而言的。对此尚需作更全面的研究，这样或许才能得出更一般的结论。当然这也表明本文的研究还是很有意义的。

② 回想起来，的确在上海股票柜台交易条件下，投资者哪怕是买卖一两股股票都可以。当然，那时的股票还没有拆细，每股的面值就是 100 元，柜台交易价几乎都是好几百元，这使得一般投资者无法大笔买进或卖出。有意思的是，上海证券交易所成立后虽以一手（100 股）作为买卖最低的数额或最小的基本单位，但为了解决历史遗留的持有 100 股以下的投资者要求交易手中的股票的问题（主要是卖出问题），证券交易所特意在一个地方开设零股（指小于 100 股）交易业务。

③ 这家机构先后改名为中国工商银行上海市分行静安证券业务部和中国工商银行上海信托投资公司静安分公司，但本文中均简称为"静安信托"。这家机构在上海股票市场发展史上地位非同一般。在上海证券交易所成立前，即还没有用"上证指数"来反映股市行情时，用的就是"静安指数"。

④ 在 1990 年 12 月上海证券交易所成立之前，股份制和股票交易尚处于"试点"阶段，上海市人民政府禁止了三家主要报纸《解放日报》、《文汇报》和《新民晚报》报道任何有关股票交易的活动，一家不甚知名的地方报纸《新闻报》有幸成为反映股票交易活动的唯一媒体。

⑤ 这里的"市场不完全"主要指交易场所的分散这种"不完全"，下节讨论的价格管制也是一种"市场不完全"，它主要指不能自由定价所造成的"不完全"。尽管"市场不完全"最终都表现在价格形成机制上，但在此顺便将两者作一区分是为了说明价格不完全形成的原因不同。尤其严格来看，下节的讨论可以包含本节的内容，但更强调了政治对价格的干预。

⑥ 在一般的新闻报道和大众言谈中，"黄牛"一词带有贬义，而在本文中则是当中性词来使用的。

⑦ 准确地讲，还有其他南方来的炒手，如广西客（《新闻报》，1990 年 7 月 26 日）。

⑧ 有意思的是，"黑市"中的行话将此三类与蟋蟀赌博中的蟋蟀相比拟，分别

被称为"双枪双须"、"单枪单须"和"无枪无须"。

⑨ 严格地讲,股票"黑市"交易是在证券交易所成立以后不到一年的时间内才完完全全消失的,这是因为自证券交易所成立一直到第二年的 9 月,先后采取了(1)先过户、后交割,(2)电脑自动过户,(3)全面调换股票账户这样三大举措(应健中、赵磊、刘正军,1992,第 41—42 页)。

⑩ 对制度变迁收益的时间轨迹曲线的描述见樊纲(1991)。

⑪ 这是一个简化了的假定。如果我们将成本曲线画成一条呈向下倾斜的直线尽管更接近现实一些,但只不过是使如下的讨论略复杂一些罢了,对结论没有任何影响。

⑫ 20 世纪 80 年代中后期,笔者本人在上海市人民政府经济体制改革办公室工作时接触过上海最早一批企业改制及其发行股票的有关事宜。根据笔者本人的工作经验,当时对发行股票的作用主要存在这样两种观点:一种观点认为发行股票是为了筹集企业资金;另一种观点认为这是为了改变企业的运行机制。持后一种观点的人竭力主张尽快建立证券交易所,使股票公开上市交易。的确,如果做不到这一点的话,即股东不能以"用脚投票"的话,发行股票以改变企业运行机制的目标就实现不了。这种观点后来日趋占上风。

⑬ 即使在现在上海股市中,若某人有着这一段历史经历,那也完全是件光彩、自豪的事情。

⑭ 缔约活动的独特性指的是这种活动结果个个不尽相同,即使对于作为缔约对象的同一种生产资源,缔约结果也因时因地因人而异。有关的详细研究见 Libecap(1989)。

参考文献

《新闻报》,1986—1990 年。

《中国证券法规规章汇编》(1981—1992),中国法学丛书编辑委员会、上海市股份制企业联合会编,1992 年版,内部资料。

《上海证券年鉴》,上海人民出版社 1992 年版。

白瑞明:《银行证券投资》,中信出版社 1990 年版。

樊纲:《论改革过程》,载《中国经济论坛》编委会编:《改革、开放与增长——〈中国经济论坛〉1990 年学术论文集》,上海三联书店 1991 年版。

Gary D. Libecap, 1989, *Contracting for Property Rights*, Cambridge University

Press.

Douglass C. North and Robert Paul Thomas，1971，"The Rise and Fall of the Manorial System：A Theoretical Model"，*Journal of Economic History*，31（4）.

［美］道格拉斯·诺思和罗伯斯·托马斯：《西方世界的兴起》，厉以方、蔡磊译，华夏出版社 1989 年版。

［美］道格拉斯·诺思：《经济史中的结构与变迁》，陈郁、罗华平译，上海三联书店 1991 年版。

［美］道格拉斯·诺思：《制度、制度变迁与经济绩效》，杭行译，上海三联书店 1991 年版。

［美］拉坦：《诱致性制度变迁理论》，载［美］罗纳德·哈里·科斯：《财产权利与制度变迁——产权学派与新制度学派译文集》，刘守英译，上海三联书店 1991 年版。

盛洪：《收入分配相关和交易费用相关及其他》，《经济研究》1993 年第 11 期；重印于盛洪编：《中国的过渡经济学》，上海三联书店、上海人民出版社 1994 年版。

王华庆：《上海股票市场的运作与发展》，《经济研究》1993 年第 6 期。

应健中、赵磊、刘正军：《中国股市走势》，上海三联书店 1992 年版。

制度安排与劳动供给

一、导言

尽管资源配置的效率问题在任何经济中几乎都存在，但它在公有制经济中可能表现得更为严峻一些。国内已有学者将公有制经济中的低效率归因于供给方面的低效率①，其中，劳动供给就是一个重要的方面。本文基本赞同这一观点。但本文以为，在社会主义计划经济体制下，有必要仔细分析"在职闲暇"问题，而不是像现代经济理论那样单单注重于"工作"与"闲暇"的替代或权衡（trade-off）。这样，我们就会得出一些极富启发性的结论，有助于对社会主义经济的生产结构的认识和研究。之所以如此，是因为本文立足于这样的一般理论：制度安排一旦作出就会对劳动供给产生影响，随着制度安排的变迁，劳动供给行为也会发生相应的变化。

本文拟通过对劳动者时间资源的配置问题的考察来进行这一分析。可以相信，分析对象是特定的，适用范围却是宽泛的。

---

* 本文载于陈昕主编：《社会主义经济的制度结构——上海三联书店 1992 年经济学论文选》，上海三联书店 1993 年版。

下面，首先结合对时间配置问题的贝克尔模型的分析和讨论，提出本文研究逻辑赖以为基础的若干假定；然后建立起一个两部门资源配置模型，旨在说明效率与低效率的内含及彼此之间的区别，为以后的分析作铺垫；接着依此转而对传统计划制度安排及该安排下劳动供给行为进行描述，提出了劳动者追求"在职闲暇"最大化的假说，认为该假说所概括的内容是低效率问题的根源；再接着联系到对传统计划体制的改革及所导致的制度安排的变迁，分析一下劳动供给方面发生的变化。

二、前人的研究与本文的假定

人，都是经济人，都是理性人，都想使自己的效用最大化。但效用最大化是有限度的，要受到资源存量的约束。

时间是最稀缺的资源。它既是一切生产性活动（工作）的投入品，也是一切消费性活动（闲暇）的投入品，即是一切人类活动的投入品。资源配置的效率问题，说到底，就是时间配置的效率问题。

对时间的配置理论进行了开创性研究的是美国经济学家加里·贝克尔（Gary Becker）。他注意到："纵观历史，花在工作上的时间从未超过花在其他活动上的时间。即使1周工作6天、1天工作14小时，仍有一半的时间用于睡觉、吃饭和其他活动。经济的发展已经导致日常工作时间大幅度下降，……结果，非工作时间的配置和效率比起工作时间的配置对经济福利更为重要；可经济学家却把注意力集中于后者，而对前者的关注则相形见绌了。"[2] 所以要研究非工作时间的配置问题。

为将非工作时间纳入配置理论或生产理论框架中，他认为，非工作时间，说得更确切的是，对非工作时间的消费也是生产性的，因为"他们生产出来的许多基本商品直接进入人们的效用函数。有一种这类商品就是看戏，它取决于演员、剧本、戏院和戏迷的时间投入；另一种是睡觉，它取决于床，房屋和时间的投入"。[3]

人们为得到效用满足，需要用市场上购买到的商品和时间来生产满足自己需要的物品。由于人们利用时间的能力不同，导致这种生产具有不同的可能边界，从而与不同水平的无差异曲线相切，所以，人们各自最终实现的效用满足水平不同。

他的模型可用图 1 表示。如图，Z_1 和 Z_2 分别表示要生产的、用来满足效用需要的两种物品；S 和 S'（为两种生产可能性线，$S = p_1 b_1 z_1 + p_2 b_2 z_2 + L(z_1, z_2)$，$S' = p_1 b_1 z_1 + p_2 b_2 z_2 + L'(z_1, z_2)$，其中，$b_1 p_1$ 和 $b_2 p_2$ 分别为在市场上购买的两种作为生产投入的商品及其价格，L 和 L' 表示不同的利用时间的能力，即不同的时间生产函数。显然，S 与 S' 的不同在于其第 3 项的不同，即利用时间的能力不同。从而 S 和 S' 与一组无差异曲线有两个不同的切点，分别为 P 和 P'。

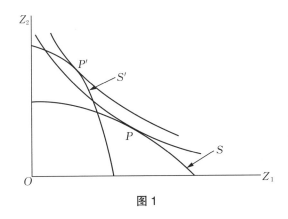

图 1

贝克尔模型有着一系列的假定前提。

第一，由于时间配置点取决于"工作"和"不工作"（或"闲暇"）的相对价值，时间配置点的变动就源于市场价格的相对变动，尤其是工资率的变动；

第二，只要市场价格发生变化，人们就会作出反应，充分利用时间资源，这意味着，在一定的利用能力下，时间的配置是有效率的；

第三，由于时间配置是充分的、有效率的，"工作"和"闲暇"在一生产可能性线上是完全可替代的。

　　上述这些假定的前提条件完全符合资本主义市场经济的状况。也正是在这些前提条件下，贝克尔将效用满足水平的不同归因于时间利用能力的不同。

　　显然，贝克尔模型的前提条件在传统社会主义计划经济中是不现实的。在传统体制下，价格不是易变的，尤其是工资率，它是固定的，导致即使在一定的时间利用能力下，时间的配置也不是有效率的，从而，"工作"和"闲暇"在一生产可能性线上并不是完全可替代的。

　　为建立一个社会主义两部门经济模型，我们不妨如下作出两个与贝克尔模型不同的前提和假定：

　　（1）价格，尤其是工资率，为固定的。

　　（2）人们潜在利用时间的能力是一样的（因此，我们在下文图2上只需画出一条生产可能性线）。

　　另外，我们还作出三个与贝克尔模型相类似的假定，并具体阐述如下：

　　（3）由于人的效用是所参与的一切经济活动的产出品的函数，又由于经济活动可分为生产性的和消费性的这两大类，产出品由此可相应地分为"工作"和"闲暇"。

　　（4）时间是唯一的一种资源投入，人们面临的选择问题就是如何对时间存量进行组合来生产出自己所需要的、进入自己效用函数的物品，就是将时间（如1天24小时，1周168小时）多少用于工作、多少用于闲暇。

　　（5）时间组合的选择取决于工作和闲暇的价值。工作的价值表现为报酬收入，即工资，闲暇的价值表现为效用满足。

三、基本理论模型

　　根据如上假定④，我们可以建立一个纯粹的两部门经济模型（Ⅰ），其中：唯一的投入要素是时间（T），两种产出品分别是"工作"和"闲暇"，分别记作 W 和 L。如图2所示，横轴和纵轴分别表示这两种产出品的数量，PP' 是生产可能性线。PP' 线凹向原点 O，说明边际生产率递减，或边际替代率递减。

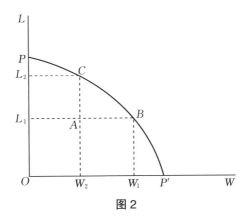

图2

显然，PP' 线上的任何一点（如 B 和 C）不仅都有可能，而且是有效率的，时间都得到了充分配置（或没有闲置。）B 和 C 及其在 W 和 L 两轴上的映射 [（W_1，L_1）和（W_2，L_2）] 的不同只不过是对应了不同的工资率。随着工资率的不同方向变化，资源配置点既可能由 $B \rightarrow C$ [5]，也可能由 $C \rightarrow B$。前一种情况的发生缘于工资率的降低，后一种情况的发生缘于工资率的提高。

而在 PP' 线的下方，如 A，就是无效率或低效率点，因为：与 B 相比，在维持 L_1 的条件下，有潜在的可能将更多的 $T（= W_1 - W_2）$ 投入 W；与 C 相比，在维持 W_1 的条件下，有潜在的可能将更多的 $T（= L_2 - L_1）$ 投入 L。

现在，让我们引进工资率这个变量（记作 r），并结合效用函数来进一步深化上面的讨论。

根据假定（5），工作的价值表现为报酬收入，即工资，闲暇的价值表现为效用满足。由于后者无法直接度量，所以，它可间接地表示为闲暇的机会成本，即闲暇的影子价格。由于从理论上讲，在时间存量一定且利用时间的能力一定条件下，工作和闲暇是具有替代性的，闲暇的机会成本也就是将闲暇的时间转而投入工作时所可能得到的报酬收入。由此，时间配置的价值最大化就是工作和闲暇的边际价值相等时的那一点，具体落在生产可能线上的哪一点，这取决于工资率。

在我们的两部门模型中，效用函数是指对 W 和 L 的偏好程度，故：

$$U = U(W, L) \tag{1}$$

由于 W 和 L 都取决于 r，因此有：

$$\begin{aligned} W &= f(r) \\ L &= g(r) \end{aligned} \tag{2}$$

将式（2）代入式（1），得：

$$U = U[f(r), g(r)] \tag{3}$$

式（3）意味着，如果 r 是个可变量，U 函数说到底就是对 r 的偏好状态，市场 r 由此调节着经济活动和资源配置，人们最终权衡的结果可能是 B 点抑或 C 点，而不可能是 A 点；出现配置点落在 A 上的情形无非意味着市场 r 并不在起作用（not matter or no working）。

至此，我们可以得出这样两点启示：（1）低效率问题并不意味着闲暇增多和工作减少（$B \to C$），进而言之，对闲暇最大化的追求不构成低效率的源泉；（2）低效率问题的产生实际上意味着一部分时间被浪费掉了，即它既没有用于 W，也没有用于 L，在图 2 中，表现为 $A \to B$ 或 $A \to C$ 这两个过程均没有实现。这正是传统社会主义计划经济体制下低效率问题的症结之所在。换言之，在该体制下，实际可能发生的过程是：$B \to A$ 或 $C \to A$。

四、传统制度安排下的劳动供给

为说明上一节末尾留下的问题必须联系传统社会主义计划体制对

劳动工资所作的安排，这种安排是劳动供给行为的制度性决定因素（institutional determinants）。

在传统体制下，实行的是一种固定工资制，并辅之以严格的考核制度，这种考核制度完全是以计时为基础的。一般而言，每天8小时的工作时间是"铁定"的，8小时以外（16小时）的闲暇时间也是有保障的。但由于信息费用为正或存在"理性有限"，评价工作绩效的考核制度本身也存在绩效问题，即其考核、度量的准确度问题。考核肯定是不完全的。可以直观地讲，考核制度的准确性大小与该制度本身的操作费用呈正相关。用于考核的资源愈多，就能度量到被考核对象愈多的特征和属性，就愈能提高考核的准确性；反之亦反是。

通常情况下，计时工资制比计件工资制更"经济"，因其操作费用较低。⑥ 这意味着，计时工资制对绩效的衡量和测度的准确性就相对较低，考核会更不完全。不完全程度加大使得逃避责任行为增多，工作努力程度下降，广泛出现"出工不出力"、"消极怠工"和"偷懒"之类的现象，这类现象可概括为"在职闲暇"（on-the-jobleisure），其数量等于$W_1 - W_2$（如图2中）。

闲暇是一种财富。不过，"在职闲暇"却不是（准确地讲，不全是）。"在职闲暇"时间的支配权并不属于行为主体。他（或她）既不能真正享受这种"闲暇"，也不能对此进行替代性的活动。他（或她）不得不低效率地"坚守岗位"——无论是从生产活动还是从消费活动来看均是如此，因为计时工资制尽管对行为绩效的考核很不完全，但正是由于这种制度在计时，它能有效保证对工作者实行为时间上的"看"或"管"。监督者往往会这样宽宏大量地对被监督者说："你可以上班做点其他的事（当然是工作之外的事），但不能迟到，也不能早退，更不能旷工。"遗憾的是，大部分这类"其他的事"也并不是被监督者真正愿意干的。他（或她）会把一张报纸从头至尾、颠来倒去看上好几遍，会彼此津津乐道地交换着同一种或无价值的信息。他们之所以这样做，就是因为"无所事事"，用他们自己的话来说，就是"消磨消磨时光罢了"。真的是"无所事事"，真的是想"虚度光阴"吗？显然不是，只是不得已而为之。

如果我们退一步地将"在职闲暇"称为潜在闲暇的话，潜在闲暇显然没有变为现实闲暇，这就意味着真正的闲暇的损失或减少，其数量等于 $L_2 - L_1$。[⑦] 从理论上讲，这种情况出现意味着，时间配置的价值最大化并没有实现，工作报酬固定的做法是其制度性基础。在这种制度安排下，W 和 L 并不是充分的替代的。

对此，我们还可以这样来反证：若"在职闲暇"成为一种真正的、具有财富意义的闲暇，即将"在职闲暇"与 8 小时工作之外的闲暇等量齐观，那么，这就意味着在 $B \rightarrow A$ 之后又发生了 $A \rightarrow C$。资源配置点最后落在 C 上。如上节所述，C 点亦是有效率的。这不就是说低效率问题不复存在了吗？这明显相悖于人们对生活的感受，自然不应对此苟同。

可见，传统体制的制度性特征包含了 $B \rightarrow A$ 和 $C \rightarrow A$ 这样两个过程，而不单单是为国内学者广为关注的 $B \rightarrow A$ 这个过程。[⑧] 强调 $C \rightarrow A$ 这个过程在我们看来是极富分析价值和理论意义的。

在此情形下，传统体制的特征恰恰是：r 是固定的，为一常数，且"在职闲暇"不能转为真正的闲暇，所以，U 函数不能简单地写成式（1）。由于 $W = W' + L'$，其中 W' 为"实际工作"，L' 为"在职闲暇"，且 L' 不能并入 L，所以，$T = W + L = W' + L' + L$。由此，U 函数应写成：

$$U = U(W', L', L) \qquad (4)$$

"权衡"和"替代"在这里无非意味着对收入、工作和闲暇的权衡和替代。由于收入既定且与 W' 和 L' 无关，又 L 为常数，所以，若式（4）是可微的话，根据如上所述，则有：

$$\left.\begin{array}{l} \dfrac{\partial U}{\partial L} = 0 \\[2mm] \dfrac{\partial U}{\partial W'} < 0 \\[2mm] \dfrac{\partial U}{\partial L'} > 0 \end{array}\right\} \qquad (5)$$

式（5'）表明，劳动者根据自己的偏好有减少 W' 和增加 L' 的倾向。所以传统体制下，劳动者追求的是"在职闲暇"最大化。[9]当 $W'=0$ 时，L' 取最大值（ $=W$ ）。根据上面所述，由于 L' 实际上并不是一种真正的财富，相反倒是潜在福利的损失，所以，L' 最大之时也就是效率最低之日。

在图 2 中，劳动者的这种最大化行为表现为：A 点向 L 轴水平移动。当 A 点落在 L 轴上与 L_1 重合时，$W'=0$，$L'=W=W_1$。但这是，潜在 $L=OP$，可实际上，L 仍保持 L_1 的水平，从而，潜在福利损失倒取最大值，其等于 $OP-L_1$。

当然，这是种极端的例子，在现实生活中是不存在的。实际情况是，L' 的取值一般在 O 至 W_1 之间，相应地，效率损失的取值在 L_1 至 P 之间。究竟取什么值，这得取决于制度安排的具体细节。

在此，我们可以提出一个更直观明了的两部门经济模型（Ⅱ），如图 3 所示。

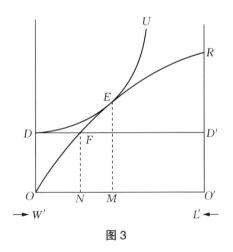

图 3

其中，唯一的资源投入仍是时间（ T ），不过它不是自然时间（如 1天 24 小时），而是规定的所谓工作时间（1 天 8 小时）；要素投入方向不是一般意义上的"工作"和"闲暇"，而是我们赋与了特殊意义的"实际工作"（ W' ）和"在职闲暇"（ L' ），W' 和 L' 均在横轴上变化，只是 W' 以 O 为原点，L' 以 O' 为原点，这意味着，从 O 到 O' 表示 W' 增加和 L'

减少，从 O' 到 O 则表示 L' 增加和 W' 减少；纵轴均表示收入水平；DD' 线为传统体制下的工资固定线，所以是根横线；曲线 OR 为正常情况下的工资线或收益线，可以认为它就是我们理论上反复强调的"按劳分配"线；DU 线是我们作了特殊处理的无差异曲线，表示人们对 W' 或 L' 与收入的一定偏好，意味着收入低、少工作、多偷闲和收入高、多工作、少偷闲在效用上是等价的。

显然，在正常情况下，人们应将 OR 与 DU 的切点 E 作为自己的选择点，E 在 OO' 轴上的映射 M 决定时间 T 的分配状况，OM 为 W'，$O'M$ 为 L'。可由于 DD' 线而不是 OR 线在起作用，人们倾向于选择 D 点，这就是我们所讲的劳动者追求"在职闲暇"最大化。不过，劳动供给的这种行为倾向在现实生活中并不会完全实现。传统体制虽说不能对劳动供给进行全面的考核、监督，但它会提出一个"硬指标"。这个"硬指标"对劳动实际供给的影响尚难一时辨明，但在理论上可以近似地看作：劳动者会选择 OR 与 DD' 的交点 F 在 OO' 轴上的映射 N 点来分割时间 T，ON 为 W'，$O'N$ 为 L'，因为在 F 点，固定工资与正常情况下劳动的报酬相等[⑩]，劳动者和计划执行者均认为该点是可接受的。

五、制度安排的变迁与劳动供给的变化

从 1979 年起对传统体制的全面改革已经至少在两个方面对劳动者追求"在职闲暇"最大化努力产生了影响。

为了对付劳动者追求"在职闲暇"最大化的行为，传统体制尽管基于监督、实施和惩罚等项费用支出的考虑而默认了一部分的"偷闲"行为，但它对工作绩效好坏的要求有一个基本限度，这是由于监督者不能彻底让劳动者"放任自流"，他得完成科层组织内上级压下来的"任务"，这种"任务"在一个基本限度内具有一定的"硬度"，如指令性计划指标。随着对传统计划体制改革的历程不断向前推进，指令性计划

指标逐渐减少，指导性计划指标逐渐增多，以及"增量改革"的实行及其"波及效应"，对劳动者工作绩效的约束也相对变弱了。显然，若不辅以其他相关的配套办法，劳动者追求"在职闲暇"最大化的行为努力会有所加剧。这已为改革后许多国营企业中的工作松弛现象所证实。此其一。

其二，传统体制的运行往往与当时流行的"意识形态"相匹配。倡导"工人当家做主"和"发扬主人翁精神"等口号是为了对劳动者进行"精神鼓励"，之所以这样做，是因为考虑到单单靠强制性的考核、监督手段作用有限而采取另一种较为经济的解决问题的办法。不过，"意识形态"要发挥作用其前提条件不仅多而且较严格，其中之一就是"必须克服搭便车问题"[⑪]，换言之，人们得普遍接受它并化为行动指南。如若有人行为表现与之不符且得不到应有的惩罚，那么，这种行为就具有极强的"示范效应"和"传递效应"。一旦这种行为迅速蔓延和波及面较广，计划实施者和监督者就会"束手无策"，因为"法不责众"嘛！何况，改革后，要求人们多作贡献而少计较得失的"意识形态"本身已明显不再为人们所接受。如果说"意识形态"也是种制度安排的话，那么，劳动者追求"在职闲暇"最大化的努力又有了一种实现的可能。

前几节的分析充分表明，尽管劳动供给的选择点的具体位置在理论上和经验上均有待进一步确定，但劳动者对"在职闲暇"最大化的追求必然使得实际劳动供给点位于生产可能性线的下方，在图 2 中，我们已假定该点就是 A。依据图 2，我们画出图 4，显然，由于传统体制下 A 点的"刚性"及其所导致福利损失，因此：第一，经过 A 点劳动生产可能性线 PP'' 低于潜在生产可能性线 PP'；第二，相应于前者的无差异曲线低于相应后者的。低水平的生产函数（PP'' 线）和高水平的生产函数（PP' 线）这两种情况分别"反映了激励系统受到了较严重的制约……和这些制约因素不复存在。由此看来就必须变革社会制度以扩展商品生产空间"。[⑫] 所以，我们面临的问题和可供选择的途径依旧是：（1）$A \rightarrow B$；或（2）$A \rightarrow C$。前者的含义是，提高工作报酬，减少"在职闲暇"；后者的含义是，变"在职闲暇"为真正的闲暇，增加劳动者的财富。可以相信，在这两种力量的合力作用下，劳动供给点最终会落在潜在生产可能性线 PP′ 上的 CB 段，从而与高水平的无差异曲线相切。

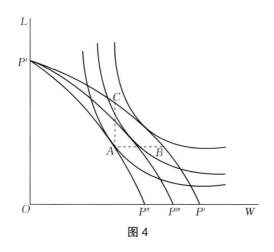

图 4

为了适应改革中所面临的严峻的问题，对劳动者进行激励，我们逐步改变了传统的固定工作报酬制，强调了奖金等附加报酬的激励作用，应该说，这对于提高劳动者工作努力程度，减少"在职闲暇"是有一定的作用的。但是，它不可能实现 A → B 这个全过程，原因是：第一，劳动报酬制度的改革是种人为的"计划调整"，而不是非人格化的"市场调整"；计划调整者不是全能的，不可能知道 B 这个调整政策的标的。第二，生产要素市场依旧是"被封闭的"，劳动力和管理才能不能完全流动。所以，若我们在此不考虑"工资攀比"和"利益刚性"效应，"在职闲暇"只是在一定程度上被缓解了一些，即消失了一部分，但另一部分恐怕依然故在。⑬ 对后一部分的处理，我们可以用 A → C 这个过程来解释一二。根据前面的论述，A → C 的过程就是使"在职闲暇"的时间真正地为劳动者所有的过程。

众所周知，对于劳动者追求"在职闲暇"最大化这个顽症，我们良策并不多，于是，与其让劳动者消费这种"非驴非马"的"在职闲暇"，还不如由劳动者自己作出一项抉择：干脆通过请病假或事假而去享受真正的闲暇。之所以称为"真正的",是因为随着计划外劳动职业市场的初露端倪及进一步发育成长,劳动者可以根据自己的效用函数作出一种替代性的选择,如从事某种"第二职业"。这样,"在职闲暇"的存在对效用或福利的损失状况又进一步得到缓解,具体数额又进一步得到弥补。

当随着上述这些一系列的制度安排发生变迁时,显然,在图 4 中的 A 点上会产生两种基本运动力量,一种水平向右($A \rightarrow B$),一种垂直向上($A \rightarrow C$),最终的合力结果使配置点既不落在 B,也不落在 C,而是在曲线 BC 段上的某一点。这样,传统体制下生产可能性线 PP'' 在新的历史进程中会朝外移,逐渐变为 PP' 线,资源潜能得到充分发挥。不过,或许现实的进程并非是这样理想,实际的资源利用线可能介于 PP'' 与 PP' 之间,如 PP''',从而与中等水平的无差异曲线相切。即使这样的结果,也比原来的效用水平要高,生产空间也变大了。

毋庸讳言,从本文研究问题的角度看,我们对传统体制改革后的许多做法基本持肯定态度。因为,上面所涉及的一些具体制度安排的变化至少使某一种物品的生产可能性边界得到了扩大。这种变迁是生产性的,或曰:这是一种能提高生产效率的制度操作。[14]

注释

① 胡汝银:《短缺归因论》,《经济研究》1987 年第 7 期;《再论短缺的供给方面原因》,《经济研究》1991 年第 7 期;《低效率经济学:集权体制理论的重新思考》,上海三联书店 1992 年版。

② Gary S. Becker, 1965, "A Theory of the Allocation of Time", *The Economic Journal*.

③ 同②。

④ 实际上在这里暂时放宽了假定(1),何况,联系到假定(5),这种放宽是必然的。

⑤ 在本文中，符号"→"表示从某点移动到另一点。

⑥ Steven N.S. Cheung, 1983, "The Contractual Nature of the Firm", *Journal of Low and Economics*, vol.62.

⑦ 严格地讲，"在职闲暇"并非都不能转化为财富，其中部分时间还是有效用价值的。如利用工作时间第一次看某张报纸就如此，我们不妨将这有价值的部分时间记作 L^*。所以，闲暇的潜在损失或减少实际应为：$L_2 - L_1 - L^*$。但显然 $L^*/L_2 \to 0$，且 $L^*/L_1 \to 0$，$L_2 \gg L^* \ll L_1$，故闲暇的损失或减少可以简单地如文中那样记作 $L_2 - L_1$。这样的处理丝毫不会影响本文对问题的讨论。

⑧ 例如，潘振民和罗首初：《社会主义微观经济均衡论》，上海三联书店 1988 年版，第 125—130 页；胡汝银：《低效率经济学：集权体制理论的重新思考》，同 ①，第 98—100 页。正是由于没有注意到这个过程及其实现的可能性，导致他们在"在职闲暇"与一般意义上的闲暇等量齐观，或者说是将前者混同于后者，从而简单地讨论闲暇与工作的此消彼长问题。这样做，明显是不甚合适的。尽管他们都注意到固定工资制这一问题的根源。

⑨ 国内已有学者提出这种观点，见樊纲等：《公有制宏观经济理论大纲》，上海三联书店 1990 年版。

⑩ F 点具有重大的理论分析价值，因为它涉及要素和收益的平均分配和边际分配这一基本问题。

⑪ [美] 道格拉斯·诺思：《经济史中的结构与变迁》，陈郁、罗华平译，上海三联书店 1991 年版，第 59 页。

⑫ Harold Demsetz, 1989, "The Social Variable in Economic Analysis", in Harold Demsetz, *The Organization of Economic Activity*, *Volume II*：*Efficiency*, *Competition*, *and Policy*, Basil Blackwell Ltd., p.43.

⑬ 若考虑到"工资攀比"和"利益刚性"效应，政策调整的效应恐怕要大打折扣，后者不是被前者抵消，就是作用极有限，从而导致"在职闲暇"消失了极小一部分而剩下的部分极大。

⑭ 关于提高生产效率的制度操作（institutional transactions）的讨论，参见 Daniel W. Bromley, 1989, *Economic Interests and Institutions*, Basil Blackwell Ltd., pp.130—131。

资源配置方式转变过程中的灰色交易

一、灰市交易的定义及其成因

灰市交易或灰色经济，指的是介于"白市"（地上经济）和"黑市"（地下经济）之间的第三种经济形态。或者说，灰色经济是那类处于完全合法和完全不合法之间的经济活动。说它合法，可没有明确的法律、法令来证明这一点，即使做到了这一点，但又总是感到它不合理；但说它不合法（或违法），也没有明确的法律和法令来证明这一点，不是不存在关于这方面的法律和法令，就是它本身或许就是一个人们的价值判断和道德觉悟问题。

尽管在西方市场经济中也存在这种经济形态，但灰色经济更多地表现在社会主义国家。在原苏联，国营商业被称为"红市场"，自由市场为"黑市场"，而那种靠关系或"后门"购到商品的交易方式为"灰

＊ 本文载于《上海社会科学院学术季刊》1996年第1期。本文根据为亚洲研究所（上海）所作的课题研究报告修改而成。在课题研究过程中，陈琦伟、樊纲、曹远征、石小敏、张幼文、张曙光和张宇燕等提出了有益的建议和评论，孟铁平和徐风雷帮助收集资料，一并在此致谢。

市场。"① 可见，灰色经济这个词一经产生，它就烙上了权力和关系的色彩。试想，没有一定的权力（或关系）的人怎么能从事这类的交易活动呢？

应该说明的是，尽管从事灰色交易的人是在"以权谋私"，但往往指的是"以公权谋私利"。如果某人作为某个实体的老板，他"以私权谋私利"就不在此列。② 即使他把钱都赔光了，实体倒闭了，也是他自己的事。

由于灰色经济的最大受益者是拥有一定权力的人，所以它在市场体制尚未形成和政府对国民经济高度干预的情况下最容易产生。用标准的经济学语言来说，政府对微观经济活动的干预实际上在很大程度上就是一种经济管制（regulation）。这种管制会带来租金，同时也促使人们去争夺租金。有时候争夺租金的活动采取完全合法的形式。③ 市场的缺位（missing）是灰色经济产生的一个条件，另一个条件是法律不健全并存在很多漏洞。

灰色经济在我们传统体制的短缺条件下业已存在，它一般表现为得到某种短缺商品而"拉关系"、"走后门"所产生的经济活动。但这部分活动无论从量上还是从质上看均是极为原始的、有限的无足轻重的，是与我们在这里要研究的从计划经济到市场经济过渡过程中产生的灰色经济的社会影响和经济影响是无法比拟的。由于过去十多年来，我国经济一直处于"双轨制"下，且法制极不完善，给灰色经济提供了优越的生长土壤。时至今日，灰色经济已成为我国国民经济运动中不可忽视的一个组成部分。

现阶段中国灰色经济活动涉及面相当广泛。从企业这一层面上看，企业管理者出让国有土地并将收益进行体外循环④，以及进行名目繁多的"灰色消费"⑤。从政府这一层面上看，"块块"为了寻租，放任对自然资源的过度开采⑥；"条条"为了寻租，平添生产环节⑦；更为严重的是金融部门私自拆借资金。⑧

从理论上讲，中国灰色经济活动之所以如此"猖獗"，是因为存在着这样两个条件：一是行为主体有通过从事灰色经济活动来增加自我利益的动因；二是客观上存在着可以进行灰色交易的空间，或者说，存在着巨大的可用灰色交易占有的租金。

1. 灰色交易的行为动因

从某种意义上讲，灰色交易是种合法的寻租活动。对灰色经济的分析可以纳入寻租理论的框架。在寻租理论中，寻租者都是通过自己所掌握的合法权力来寻求租金的，这往往指的是政府官员。

传统上认为，政府官员是为公众服务的，社会利益和公众利益就是他们的行为指南。这种观点在相当长的时期内，无论在中国，还是在西方，都根深蒂固。"父母官"和"公仆"是中国不同历史时期内人们对政府官员的"美誉"；而西方则把政府称为"民有的"、"民治的"和"民享的"，认为私人性的经济活动是与政府这个所谓公共部门之内的活动迥然不同的。前者是受私人利益支配的，而后者则为公众利益所导向。

随着人们认识的深入，人们发现，尽管不能完全排除政府作为一个整体要为全体人民和整个社会服务，但是政府这一整体是由个人组成的，其中的个体是完完全全的理性经济人。他们不但有独立的自我利益，而且会想方设法使自己的利益最大化，甚至他们选择到政府这个公共部门而不是到企业这类私人部门中去工作，都是认为他们在政府中更容易实现自己的个人利益最大化。一句话，人都是经济动物。⑨

一旦打破了政府官员头上神圣的光环，我们就可以看到：中国目前灰色经济活动甚嚣尘上的部分原因是，随着中国经济体制的改革，在大量权力下放和分散的同时，原有的一套制约和监督权力的机制和手段在很大程度上、在许多方面被废止或放弃了，又未能及时建立或采用一套新的机制和手段。特别是放权让利中各种利益矛盾和利益冲突使许多新的制约和监督权力的机制和手段难以建立。在政府方面，缺乏一套制约经济权力的经济法规。原有的约束行政权力的规章制度和约束经济权力的财经制度已残缺不全，新的制度建立了一些，但很不完善，这就给掌握人财物实权的人留下了很大的自己可以擅自做主的范围。由于办事往往既不规则又不公开，审批往往既无条件又无程度，这就为某些握有人财物控制权的人滥用权力，通过灰市交易获取个人好处留下了大量空间。⑩

自私自利的行为动因加上手上握有的权力，使得目前相当一部分政府官员热衷于灰市交易。在寻租这个意义上讲，政府官员从事灰色交易是个世界性问题，并不是中国仅有的。不过，由于中国所有制结构的原因，中国的大多数企业是国营企业，许多企业的管理者也从事灰市交易和寻租活动，这倒是在世界上不多见的，可以说是中国的一个"特色"。国有企业的厂长、经理名为企业家，但实际上深深烙上政府行政附属物的印记。由于这类企业与政府有着"剪不断、理还乱"的千丝万缕联系，企业家的行为与政府官员的行为有很多的相同之处，都希望使自己掌握的权力越多越好。从进行灰色交易和寻租活动的动因这方面看，企业管理者与政府官员完全一样。

值得强调的是，企业管理者与政府官员在这方面有一个重要的不同点，那就是：企业管理者的活动是在所有权与经济权两权分离这个条件下进行的。从一般理论上讲，只要两权分离，那么，拥有经营权的人的行为必然偏离拥有所有权的人对其行为要求的标准，因为双方的利益存在差异。⑪根据委托人—代理人理论，企业或国有资产的委托人关心的是企业或国有资产的增值，而作为代理人的企业或国有资产的实际经营者关心的是自己的货币收入和工作性消费最大化。对于经营者的货币收入，可以通过种种手段使之规范化，包括制定科学、严格的奖惩措施等。总之，经营者的货币收入可以定死。但是经营者的非货币收入——工作性消费并不能用这样的办法轻而易举地划定一个标准。这类支出你很难说是必要的或不必要的。在这个方面，经营者拥有较大的擅自作主的权力。他往往会想方设法多消费掉一些企业利润。目前我国经济中灰色消费是其典型例证。企业经营者的行为条件尽管与政府官员的不同，但他们的行为后果都是一样的：一是侵蚀了国有资产，二是浪费了社会资源。

2. 巨大的可以占有的租金的存在

尽管租金（rent）有许多种定义，在这里，我们则主要指的是垄断租金。根据权威的解释，"垄断"是对竞争进行人为的或者并非是自然不可避免的限制，从而增加垄断租金，使有垄断地位的人能获得转移支付的好处，使这类人的财富得到增长。[12] 由于出现垄断，缺乏竞争，资源的价格便低于市场均衡价格。这意味着供给量不能满足需求量，意味着有较多的人去竞争较少的产品，这自然会导致购买时的困难，即为获取资源使用权的人在支付了较低的价格后还要支付一定的费用。这种费用对购买者来说是种交易费用。理论上可以证明，短缺也好，价格管制也好，它们在后果上和数量上给购买者带来的交易费用的增加是同等的。[13] 对寻租者来说，由购买者支付的交易费用便构成了他可以占有的租金。

在价格双轨制条件下，由于经济高速增长时期对资源的需求很大，故牌价与市场之间差距很大，从而形成了一个巨大的可以占有的租金量。据初步匡算，1987年牌市差价高达2000亿元以上（其中商品价差在1300亿元以上，利差约为200亿元，汇差约为500亿元），约占整个国民收入的20%。[14] 又根据调查研究的估计，1988年国家控制商品的价差总额在1500亿元以上，国家银行贷款的利差总额在1138.81亿元以上，进口所用牌价外汇的汇差总额在930.43亿元以上，三项合计的差价总额在3569亿元以上，约占当年国民收入的30%。若再加上除此三项之外有可能构成租金的其他杂项，如关税流失、税收流失、地租流失、进出口许可证体现的价差、亏损企业的补贴等，则高达4000多亿元，占当年国民收入的40%左右。[15]

虽说这是对几年前我国租金总量的估算，而且这样的估算还有不尽完善之处，但它至少反映了问题的严峻性，也说明了通过灰色交易收入的总的可能规模。

可能是一回事，现实是另一回事。如果和 R_p 表示潜在的租金规模，R_q 表示现实的租金规模，N 表示实在寻租的人，即有：$R_q = f(R_p, N)$。

由于上式是正函数关系，那么可以得出这样的结论：尽管我们目前没有对现在租金规模的估算数字，但可以肯定现在寻租的人比几年前大大增多了，即 N 变大；另外，由于租金的存在会随着经济市场化程度的加大而变少，且可以肯定目前我国经济的市场化程度比几年前要高了许多，这主要意味着尽管价格双轨制还存在，但由于不断地使一些产品（主要是一些大宗的生活资料，如粮食、食用油等，以及生产资料，如煤、钢材、石油等）走向市场，那么 R_p 会较之几年前要少一些。由此观之，现实的租金规模所代表的国民收入的流失，可能还是相当大的（即 R_p 小了，但 N 大了），几年前的数字仍然可供我们在观察问题时作参考。

二、三种资源配置方式的比较

中国经济体制改革的目标之一实现资源配置方式的转变。从理论上讲，通过（完全的）计划的资源配置方式与通过（完全的）市场的资源配置方式是两个"极端"形式。我们现在正经历着的是种带有这两种"极端"形式的资源配置方式，尤其是双轨制这种形式。尽管灰市交易不能完全代表这种方式，但至少可以看作是在制度变迁过程中一种颇具代表性的行为。这里我们不妨将作为资源配置方式之一的灰市交易（尽管其具有过渡性）与那两种"极端"形式分别作一比较。根据理论特性，我们将（完全）计划化的资源配置方式称为通过排队配置资源的方式，与之完全对立的则是市场化资源配置方式。

1. 通过灰市交易配置资源与通过排队等候配置资源两种方式的比较

在改革前的传统体制下，总需求大于总供给，对短缺物品的配置是通过排队等候来实现的，需求者若要获得某种资源便得早早地去"排队"，所有用于排队的等候的时间可以看作是这种资源配置方式的成本。在这种体制下尽管还有其他的成本，但为简明起见，假定时间是唯一的一种成本。在目前的灰市交易条件下，需求者为获得某种资源或物品，不必再像从前那样早早地花时间去排队等候，只需付出一定的在灰市交易费用便能达到目的。对于灰市场上的供给者来说，需求者付出的这种交易费用便构成或转化成了他们的收益。从均衡状态看，需求者付出的这种交易费用与在排队等候体制下付出的时间的成本在价值上是相等的。即如图 1 中阴影部分的面积既可看作是灰市交易费用也可看作是排队等候的时间成本。图中，P_1E 是通过市场配置资源条件下的价格线，P_2F 既是灰市交易条件下的也是通过排队等候配置资源条件下的价格线。问题在于需求者获得同一种资源或物品的成本数额相等，他们并没有受到价值损失。但相形之下，供给者却获得了一定的收益，而在排队等候体制下他们则没有得到什么。尽管在理论上供给者有利用排队等候体制来使自己获取收益的可能，但由于那时行政纪律极为严格，人们基本上还是规规矩矩的，几乎不敢"以权谋私"。

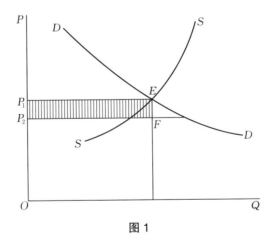

图 1

对比之下可以看出，作为资源配置的方式，排队等候所耗费的时间是没有生产率的，它白白消耗掉了社会的实际资源。张五常教授将这种现象概括为"租金价值的消散"。⑯ 而灰市交易却使这部分时间转化为现实的财富，只不过这部分财富（表现为竞争性需求者所支付的交易费用）被垄断供给者占有了而已。从这个角度看，灰市交易对资源配置的效率更高于排队等候对资源的配置的效率，即社会财富多出了一块。⑰
显然，灰市交易的存在是有其合理的一面的。当然，在提高效率的同时
存在着公平问题。

2. 通过灰市交易方式配置资源与市场化配置资源方式的比较

灰市交易这样配置的方式比起经济体制下排队等候这种配置资源的
方式来说，在效率上是个进步，但比起完全市场化的配置资源方式，它
有不少缺陷：

一是灰市交易不能保证资源流到使用价值最大、生产效率最高的人
的手中。尽管灰市也是一种市场，但这种市场是带有某种程度的封闭性
的。灰市交易的参与者虽说花费市场交易费用，但若没有一定的关系是
无法进入灰市的。也就是说，灰市的进入者是有一定限制的。如果灰市
中有竞争机制在起作用，但这种机制只能保证将资源交给在进入灰市的
所有人中对他来说使用价值相对较大、生产效率相对较高的那个人，而
不是像在完全市场化体制下（如采取公开拍卖的方式）能将资源交给全
社会中那个使资源的使用价值最大、生产效率最高的人。

二是市场化解决问题的办法（如公开拍卖）不仅能进一步提高资源
配置的效率，而且能解决收入分配方面的社会公平问题。当采取公开拍
卖这类市场化方法时，拍卖资源使用权的结果使需求者支付费用归政府
所有，政府将这笔收入用之于社会即意味着归社会所有，而不是像灰市
交易中归政府中的某个作为寻租者的官员所有。较之其他方式，市场化
方法在处理这类问题时无疑既能保证效率又能保证公平。

三、资源配置方式的转变

根据如上所述，灰市交易是一种从计划向市场经济过渡过程中的中
间形态，它的存在是有其经济因素上的必然性的。由于我们采取的是渐

进式的改革道路，不是一步到位地走向市场经济，不采用"休克疗法"，那么，这就不可避免地允许那些掌握权力和拥有关系的人在这个历史变革过程中借此获取好处，这也是渐进式改革战略所付的社会成本。

樊纲教授曾提出"改革净成本"概念。[18] 根据他的论述，如图2，曲线 N 为改革下经济的净收益的时间轨迹，曲线 O 为不改革下经济的净收益的时间轨迹，改革净成本为 C，$C = \int_{t_0}^{t_0'} [O(t) - N(t)] dt$。在此，我们可以类似地把 C 看作是渐进式改革所付的社会成本。

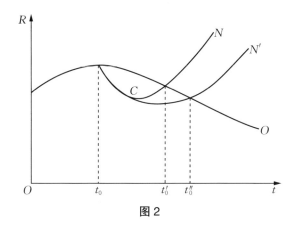

图2

问题是，我们应当刻不容缓地抓住一切机会加快市场化进程，不能使灰市交易这种中间形态在整个经济中占有很大比重的状况长期持续下去。如果做不到这一点的话，图2中曲线 N 会变成曲线 N'（N' 为引者所加），即它与曲线 O 的交点在时间 t 轴上的影射点 $t_0'' > t_0'$，这意味着改革后的体制净收益超过改革前的体制净收益的时点要向后移，因为 $\int_{t_0}^{t_0''} [O(t) - N'(t)] dt > \int_{t_0}^{t_0'} [O(t) - N(t)] dt$。这说明进一步改革的成本要加大；尤其是，灰市交易这种过渡形态或中间形态本身变成了常态并达到某种程度上的均衡，再要打破它就会变得很困难，就会花费为数巨大的代价，这种代价甚至不下于"休克疗法"的代价。这就很可能葬送我们渐进式改革大业。这就是本文得出的理论含义。

本文的政策含义是，为了尽快实现资源配置方式的转变，为了尽快消除灰市交易：（1）加速经济的市场化。这似应主要包括放开价格，如外汇等资金价格。由于价格管制是产生灰市交易的主要原因。（2）建立现代企业制度。主要内容是：培育企业家管理才能市场，实行企业所有者与企业管理者之间的委托—代理制。通过这样的做法可以消除国有企业厂长经理们身上的政府行政官员的色彩，强化对他们的激励机制。值得强调的是：这更应包括银行方面的现代企业制度，即实行商业化经营。（3）从政府这一层面上看，推进公务员制度也是其中的应有之义。以上这三方面亦构成改革的目标——市场经济的基本内容。除此之外，尤其是在向市场经济的过渡阶段，承认改革存在净成本，所要做的工作是尽可能地减少这种成本，为此可通过产权制度的改革来做到这一点，具体是：（4）对资源使用权进行公开拍卖。由于种种原因，国家不可能取消对所有产业的管制措施，但为了保证效率，又兼顾到公平，并有利于向市场经济过渡，可以将政府每年发的一定数量的各种许可证进行公开拍卖，如进出口许可证、各类车辆牌照以及某些物资和资金供应指标等。（5）对垄断权利拥有者进行"补偿"。与公开拍卖有关的是，可以将拍卖得到的款项一部分用于对原来具体行使垄断权利的人或集团进行"补偿"。改革的这些年来，我们一直强调维持既存利益格局，进行"增量改革"，从而减少改革推进的阻力，这个办法是与此相吻合的。（6）应该看到，有些资源的使用权可以通过拍卖方法来实现市场化操作[19]，有些则不行[20]，所以还必须对产权进行重新界定。

注释

① 樊纲：《灰市场理论》，《经济研究》1988 年第 8 期。

② 有关的讨论，见樊纲（主笔）：《公有制宏观经济理论大纲》，上海三联书店 1990 年版；雷鼎鸣：《贪污经济学与中国危机》，载徐滇庆、雷鼎鸣、张

欣编:《中国经济改革——分析、反省、前瞻》,香港中文大学出版社 1991
年版。

③ [美] A. 克鲁格:《寻租社会的政治经济学》,《经济社会体制比较》1988 年
第 5 期。

④ 据有关部门测算,全国每年发生的这类土地交易在 50 万起以上,交易房地
产面积上亿平方米,交易金额达 400 亿—500 亿元,由此导致的国有地产收
益流失每年有 200 亿元以上,见《经济日报》1992 年 11 月 25 日。1992 年,
属全国土地使用权出让收入 520 亿元中,进入中央和地方财政预算管理的
才 10 亿多元,仅占出让总收入的 2%,98%国有土地出让收入没有进入财政
"盘子",形成体外循环,见《中华工商时报》1993 年 8 月 23 日。

⑤ 如"1 万元钓一次鱼"、"5 万元出一趟国",见《经济日报》1992 年 11 月 25
日。此外还有"公款送礼"、"公费上学"、"公费电话"等,见《粤港信息
报》1993 年 7 月 26 日。

⑥ 例如广东省的稀土开发,见《粤港信息报》1989 年 3 月 15 日。

⑦ 例如铁道部的物资(钢材)供应,见《经济日报》1992 年 11 月 25 日。

⑧ 例如,中国农业银行居然同南方某市一家分行,将外汇私自拿到香港开设财
务公司,以高息贷款赚取高额利润,赚了钱不是上缴国家,而是归他们的小
钱柜。而外经贸部门还认为这家财务公司赚钱又多又快,经营有方,给予表
扬。农业银行的资金,本来是用于农业投资和收购农业副产品的,他们私自
将大笔的外汇调到香港牟取高利,那么农民出售农副产品时只能收到"白条
子",又有什么奇怪! 见《信报财经新闻》(香港)1993 年 8 月 25 日。这类
违章拆借资金全国总量上究竟有多少,尚未见统计。不过从 1993 年金融紧
缩政策实行后反馈出来的一些材料来看,数目是惊人的。河北省到这一年 8
月 10 日收回各类拆出资金 40 亿元,北京市到这一年 8 月 11 日的数字则为
42 亿元,河南省应收回违章拆借资金 18 亿元,河北省的数字则为 29 亿元。
见《金融时报》1993 年 8 月 20 日。

⑨ 公共选择理论这类问题有深刻的分析,见 A. Downs, 1957, *An Economic
Theory of Democracy*, Harper & Row; J. Buchanan and G. Tullock, 1962,
The Calculus of Consent: Logical Foundations of Constitutional Democracy,
University of Michigar Press; W. Niskanen, 1971, *Bureaucracy and
Representative Government*, Aldine-Atherton; A. Breton, 1974, *The Economic
Theory of Representative Government*, Aldine-Atherton; [美] 曼瑟尔·奥尔
森:《集体行动的逻辑》,陈郁、郭宇峰、李崇新译,上海人民出版社 1995
年版。

⑩⑭ 胡和立:《廉政三策》,《经济社会体制比较》1989 年第 2 期。

⑪ 有关这个问题，见 Michael C. Jensen and William H. Meckling，1976，"Theory of the Firm：Mangerial Behavior Agency Costs and Ownership Structure"，*Journal of Financial Economics*，October。

⑫ 见［英］伊特韦尔、［美］米尔盖特和纽曼编：《新帕尔格雷夫经济学大辞典》（第4卷），北京经济科学出版社1992年版，第150—153页。

⑬ 盛洪：《分工与交易》，上海三联书店1992年版。

⑮ 胡和立：《1988年我国租金价值的估算》，《经济社会体制比较》1989年第5期。

⑯ Steven N.S. Cheung，1974，"A Theory of Price Control"，*Journal of Law and Economics*，April.

⑰ 有关的讨论，见 Lui，F.T.，1985，"An Equillbrium Quening Model of Bribery"，*Journal of Political Economy*，93，pp. 760—781.

⑱ 樊纲：《论改革过程》，《改革、开放与增长——〈中国经济论坛〉1990年学术论文集》，上海三联书店1991年版；重印于盛洪编：《中国的过渡经济学》，上海人民出版社1994年版。

⑲ 条件是资源存量是有限度的，如注④、⑥、⑧中提到的土地使用数、稀土开发数和资金使用权。

⑳ 如注③、⑦所涉及的那些行政性权利。

公有制经济的性质

一

公有制经济的现实运行问题，即"是什么"的问题，历来为经济学研究者所瞩目。如何超越条条框框的"标准"定义，或者说，在定义之下剖析定义内涵的现实表象，是经济学研究进步的一个标志。樊纲、张曙光等著《公有制宏观经济理论大纲》[①]（以下简称《大纲》）为此作了极有意义的探索。它较之以往的一些研究给人以耳目一新的感受，并启迪经济学工作者去思考一系列新的问题。

本文主要联系该书第 1 篇"模型设定：公有制经济"的内容[②]，即有关行为主体、行为目标和利益矛盾等问题，提出一个不同于《大纲》、但可与之互相补充的分析框架。之所以这样做，是基于以下几方面具有相互关联性的考虑：

第一，顾名思义，"模型设定：公有制经济"这一篇是《大纲》的

＊ 本文载于陈昕主编：《公有制经济运行的理论分析——上海三联书店 1991 年经济学论文选》，上海三联书店 1991 年版。

"假设"，也是全部分析的概念基础和逻辑起点，对《大纲》的评判不能脱离这部分内容，尽管此后各篇（或各章）都均有相对独立的分析价值和评判价值。

第二，公有制经济的基本问题，如行为主体及其目标和利益矛盾等，更多地属于微观经济学内容，由于受研究课题的限制，《大纲》对这些问题只作了假设，而没有（也不必）讨论。有必要针对这些问题提出若干初步的分析框架。

第三，这些问题构成了公有制经济现实运行的本源。问题本身尽管细微，但影响却不容忽视。既然经济学者已经尝试用现代经济学去分析公有制宏观经济问题，那么，难道不应该更进一步地去分析一下作为其基础的微观问题吗？[③] 何况在我们看来，公有制经济的微观问题比宏观问题更重要，且更具有决定性意义。

总之，本文讨论的是《大纲》的"假设"。关于对"假设"讨论的重要性，罗纳德·科斯在《企业的性质》这篇影响了整整一代经济学家的论文中，开门见山地说道："过去，经济理论一直因未能清楚地说明其假设而备受困扰。在建立一种理论时，经济学家常常忽略对其赖以成立的基础的考察。然而，这种考察不仅对于防止因对有关理论赖以成立的假设缺乏了解而出现的误解和不必要的争论是必不可少的，而且对于经济学在一系列不同假设的选择中作出正确的判断也是极为重要的。"[④]

我们是不是可以套用引文的第一句话而相应地说：过去，公有制经济理论一直因未能清楚地说明其假设而备受困扰。如果这种说法尚有一定道理的话，那么就有必要对"假设"进行研究。

在进行正式的分析之前，有必要对两个技术性问题作一说明。

（1）分析方法问题。本文采取的是经济学的制度分析法。不仅要分析制度的历史选择，而且要分析制度的现实安排。制度经济学的许多理论（如产权理论、交易费用理论和制度变迁理论等）的工作都不能不使人从中获得若干益处。当然，获益应是综合性的。

但对制度的研究，尤其是制度的选择和设计，应该考虑意识形态在其中的作用。⑤尽管制度变迁中选择的变量可以是非经济的，可选择本身却永远是经济学的主题。既要选择，就要相对经济或节约，也就是要使成本减少和收益增加。但本文对作为制度安排的意识形态不作讨论。

必须指出的是，本文所讲的是经济学意义上的制度，指的是主体间的关系，它与马克思主义经济学着重研究的"生产关系"相近似。

（2）分析对象问题。本文的分析对象主要是理论上的和传统上的公有制经济，即是种"纯粹"的公有制经济而不是改革后的公有制经济，尽管后者极有分析价值。

那么，从哪里开始呢？我们知道，现实的利益冲突缘起于"现实"的主体目标，要分析前者就必须分析后者，但主体行为目标在公有制经济产生或确立的那天起就通过一系列的制度性契约安排而被内在性地规定了，所以，我们首先应分析公有制经济的产生问题。

二

根据《大纲》的叙述，"所谓公有制或公有权概念，主要由以下的一组经济关系构成：

第一，一群人共同占有他们所拥有的全部生产资料，用其进行社会生产；其中每个人对于占有对象都具有平等的、无差别的权利；任何个人原则上无法声称他对这一经济中资产的某一部分或对某一特殊资本物品拥有特殊的权利，原则上不能将其用于个人的特殊目的……

第二，……平等的、无差异的公有权，表现为资本收入索取权的平等和无差异——任何个人之间的收入的差别，原则上只能由其劳动贡献的大小造成，而不能由劳动以外的因素造成，即不能由拥有资本多少的差别造成……

第三，大家共同占有生产资料进行生产，共享资本的收益，同时也共同分担资本的风险和损失……

第四，在公有制经济中，由于每个劳动者都拥有公有权，因此他法定地拥有与生产资料即资产'相结合'进行生产活动并取得劳动收入的权利，也就是说，具有就业的权利。这决定了公有制经济从内在逻辑上说必然是'充分就业'的。"⑥

我们可以将上述四组经济关系简单概括为"共同占有"、"共同收入"、"共同分摊"和"共同劳动"。显然，这些说明是非常正确的。它对一系列的公有制形式（不仅仅是现代社会主义国家所有制，还包括诸如原始部落所有制、古代公社所有制和古代国家所有制⑦等）进行了简洁明了的抽象归纳。但这仅仅不过是种说明或定义，问题是：被说明或定义的这一切是如何产生或实现的？

为寻找形式上不同的公有制在产生上的共同性，并考虑到问题的历史因素，我们有时不妨将话题扯得远一些。

在原始部落公有制下，生产力很落后，人们靠狩猎、捕鱼、畜牧和耕种来维持生计，这是以存在大量未被开发的动物资源和土地资源为前提的。自然资源存量的充裕使得对其的占有天然带有共同性。同时，分工也很不明确，它仅限于产生于家庭内部的自然协作，社会结构也只限于家庭的扩大，如父权式的酋长制。"共同收入"、"共同分摊"和"共同劳动"均在家庭式或家族式的制度安排下通过习俗、礼仪、禁忌和神话等实现。共同体内的每一个成员都信奉而且恪守这些实现方式，其行为一方面由其导向，另一方面又受其制约。如果将这些简称为习俗性方式的话，如果契约的主要作用是对主体行为进行导向和制约的话，那么，原始部落公有制的产生和实现是通过习俗性契约来完成的。

由于人口的不断增加和自然资源存量的相对减少，以及分工的发展，若干个部落就通过契约实现对资源的共同占有并组成为一个公社。当分工的发展由于同样的原因要求在不同公社间进行时，便由同一个民族的若干公社通过契约实现对资源的共同占有，从而出现了国家。当然，许多古代公社和国家所有制的产生依靠的不仅是习惯性契约，可能还有强制性或暴力性的因素，如战争征服。对此，马克思和恩格斯曾精辟地指出："（古代公社和国家）这种所有制是由于几个部落通过契约或征服联合为一个城市而产生的。"⑧

有必要说明一下，马克思和恩格斯着眼于契约的缔结过程，从而契约与征服相对应。本文则着眼于契约的缔结结果，它可包融不同的过程（无论是习俗性的或自愿性的，还是强制性的或征服性的），强调的是契约的一般性及其所确立的关系，且这种关系是缔约的任何一方都得遵守的。正是在此意义上，本文讲的契约可以看作是一种行为的经济、法律和政治维度。契约本身是中性的，就像制度变迁一样，既有强制性，也有自愿性。

注意到各种前社会主义公有制形式的契约性还不足以作出对现实公有制经济起源于契约的完全令人满意的解释，因为我们至少还要从理论上和历史上解决这样两个均属于公有制经济产生意义上的问题：一是，为什么公有制经济内部⑨必然（而不仅仅是可能）具有契约性？二是，什么因素促使其必然具有契约性？对前一个问题的回答涉及公有制经济的制度安排，而后一个问题则涉及选择这种制度安排的成本—收益方面的考虑或计算。

科斯已经破译了企业这只"黑匣子"，证明了企业的契约性质。⑩在一个企业内部（注意，我们再一次强调"内部"这个词），生产要素的流动不受制于市场价格机制的导引，而是为企业中的一个权威——企业家——的命令所指挥。企业内部的生产活动不是专业化的，而是非专业化或纵向一体化的，企业实际上是一个"契约连结"⑪。

公有制经济的内部关系很像"科斯企业"中的情形。在那里，生产资料和劳动力均不是商品，更谈不上它们要求市场定价了。所有生产要素的投入和产出活动均接受来自一个至高无上的权威——作为公有权主体的国家——的指令。生产的纵向一体化表现为一系列追求非专业化的倾向，如人们常说的"大而全"、"小而全"。"条条"也好，"块块"也好，均好像是"科斯企业"中的一个生产职能部门。一切经济活动都讲关系，而这种关系是在公有制经济产生时通过契约给定的。当然，这里的讲关系，并不是日常生活中所说的"拉关系"、"走后门"，而是一种高级的制度性关系。"共同占有"、"共同收入"、"共同分摊"和"共同劳动"既然是这所有一切关系的最终归纳和终端，自然也是通过契约给定的，它们是行为主体信奉或默认并且遵守的准则，是不是法律的"法律"。

"'企业'可能小到两个要素所有者之间的契约关系，如果一系列的契约允许扩散，它又大到整个经济"。[12]公有制的情形正是这种如果变为了现实，即一系列契约关系扩散到了整个经济。整个经济是个超级企业或巨型公司，是个大托拉斯。[13]人们通常所说的公有制或社会主义"企业"实际上并不是企业，而只是生产工厂或"车间"，因为它的"对外关系"从垂直方向上看，不是谈判—交易的关系，而是命令—服从的关系；而从水平方向上看，则关系本身变得子虚乌有了。就组织结构而言，公有制经济内不存在市场性组织，只存在科层组织，厂长、经理仅是科层组织内上级对下级的任命和委派。企业之不存在，遑谈企业家！不过，就一般意义而言，若企业家的功能是指挥生产要素的配置和承担风险的话，那么，公有制经济中的企业家只有一种非人格化的形式，那就是公有权的实际主体——国家。

既然如上所述，那么伴随着主体间的行为从交易到关系的转变，作为制度安排及其一部分内容的行为规则自然由谈判走向契约。剩下的问题是，为什么社会要选择这种制度安排？要从经济学意义上回答这个问题，我们不得不借助于制度变迁理论。

需要说明的是，制度变迁理论更多地是种史论，它并没有涉及当代现实的公有制经济。借助的是理论方法和分析逻辑。不过，理论方法和分析逻辑是贯穿在作为实例的历史事实中的。在此我们不妨看一看道格拉斯·诺思是如何分析庄园制的："……中世纪初期，庄园之间没有或很少有社会经济联系。……在庄园以外旅行要冒很大的风险，这使得在需要时通过人口流动适应经济需要较之通过货物定期流动要有效得多。因此，一个个村落都是完全自给自足和封闭性的。

这些情况使公共物品的提供成为当地的一桩大事。海上抢劫和盗匪活动相当普遍；北欧海盗、马札尔人和穆斯林的入侵虽不经常却随时都有可能，这使地方防御成为首当其冲的事情。迫切需要有军事技术娴熟和装备良好的人来保护那些不擅长作战和孤立无援的农民。这就是公共物品的典型例子，因为不可能保护一户农民而不保护他的邻居。在此情形下，强制性统治必须战胜每个农民让其邻居支付费用的动机，而领主的军力便提供了所需要的这种力量。凭借同样的力量，领主或显贵还充当争端调解者，而最终的办法是实施地方法或习惯法。这样，他作为保护人的另一个作用便是提供公正"。⑭

　　这是一方面，另一方面是：

　　"对这一背景而言，古代庄园的契约安排现在可以看作是当时的一种有效安排。之所以选定农奴的义务是为其领主和保护人提供劳役这一投入品分摊安排，是因为给定贸易品所含交易费用升高的限制，它是最有效的。物品市场几乎完全不存在，再加上存在一个不完全的劳动市场，这些都保证了投入品可以按低于其他契约安排的交易费用加以分摊。……古代庄园的'巧妙'组织因此可以理解成在普遍不具备市场经济时的一种适当的反应"。⑮

　　显然，庄园制契约安排之所以有效率从而被选用是因为：一是当时的历史环境要求统一提供保护和公正这类公共物品；二是市场经济的普遍不存在。总之，人民希望进入庄园或城堡，并自愿接受这种契约安排是根基于对此作的成本—收益计算，它能使之行为效用最大化。从产生意义上讲，"诺思庄园"可以看作是一个"科斯企业"或"国家"。⑯

　　我们在此无意（也不应）对庄园制经济与公有制经济作庸俗的、功利的和非历史的比较。我们寻求的只是各种经济形态产生意义上的以及在经济分析中可操作的制度因素。⑰这种因素强调的是主体间的关系。而且，各种不同的因素应能够用统一的经济学语言或术语来表述。例如，公共物品的提供，市场交易费用的决定及其考虑，契约的缔结及其具体安排，等等。我们认为，这些均可以成为分析公有制经济制度安排的具体内容。从这一点出发，我们发现，问题可能会变得较为明朗了。

选择公有制契约安排的原因是：第一，几十年来饱受战争、动乱和社会不公之苦的人民对保护和公正这类公共物品的需求极为强烈，希望能到一个"科斯企业"、"诺思庄园"或马克思和恩格斯所说的"城市"里去安身，自愿接受来自一个权威的指令，并勤勤恳恳、兢兢业业地劳动和工作，因为几十年的经验证明，由于市场不完善，使得各种物品的考核、衡量无法进行，游离在外或生存于稀缺市场或阙如计划的环境中的成本是非常高昂的。作为契约安排内容的一部分，人们把仅有的私人财产——土地——交出去，变为公共财产，由中央计划权威统一调度。作为回报，人们不仅得到保护和公正这类急需的公共物品，而且得到承诺和保证，大家"既有饭吃，又有工做"。

第二，公有制经济的诞生，若单纯从生产的发展和社会分工进步的角度是无法解释的。因为，根据经典作家的论述，只有当生产力和劳动分工的发展使得生产关系与之不相适应时，才有必要打破旧的生产关系，建立新的生产关系。不过，通常对生产力水平的强调更多地是注重生产成本。实际上，既然我们要强调生产关系，强调制度安排，我们就没有理由回避和忽略操作这些生产关系和制度安排的成本——交易成本。也正是它使得公有制经济的产生突破了传统理论的界限。

三

"企业"已经产生，但它所承担的功能（主要是收益和风险两方面的）又是如何在其内部（或在人民与国家之间）进行分配的呢？较小的"科斯企业"尚且要回答这个问题[18]，巨大的"伊利里亚企业"（"社会主义公有制企业"的代称）更应该回答这个问题。因为这个"企业"毕竟太大了，不仅当初的契约安排肯定是不完全的，而且契约安排已经明确的条款和项目也会走样，甚至发生变异，而作为"企业家"的国家会发现对此"鞭长莫及"。

　　为分析公有制经济内在规定性的分配和公有制这种契约安排的具体实施，我们认为，对经济行为主体进行分解是必要的。《大纲》对此迈出了重要的一步，即将国家分解为"计划者"与政府两部分。[19]在这里，我们对人民作这样的分解：人民＝所有者＋劳动者。公有制经济的基本特征要求我们这样做。两者实际的功能或扮演的角色可以分别界说如下：

　　"所有者"，其扮演的角色仅仅是获取应得的经济收益——租金，它是一种抽象的存在。它对资源或要素的配置的具体计划及其调控"不闻不问"；只有自己的特殊利益，它是国家服务的对象。现实中的人民作为公有权最终拥有者的一切规定，都包含在"所有者"范畴之中；

　　劳动者，由所有参加公有制经济活动和工作的每个个人组成，相形之下是最实实在在的，也是行为最短期化的。它付出自己的劳动，获取相应的工资。现实中的人民作为公有制经济"共同劳动"的规定性，都包含在"劳动者"这一范畴之中。

　　下面，我们先考察这两种行为主体与国家的关系。

　　公有制经济内部行为主体彼此间的关系是不能通过价格机制来确定的，也就是说，市场是失灵的。原因除了公有制经济本质上的规定性之外，还有技术性原因，即就企业（无论大小）内部而言，从交易费用角度考虑，无论是一个永久性契约，还是一系列短期契约，都是不适用的，生产活动只能实行纵向的一体化。交易费用因素使契约具有不完备性，这种不完备性是市场失灵的一个重要原因。[20]具体说来，契约的不完备主要是由以下两点决定的：一是经济生活中的不确定性意味着存在大量可能的偶然性因素，要了解和确定这些偶然性因素的费用是非常高昂的；二是契约的绩效，如要考核或衡量一个劳动者从事某项工作的能力处于何种水平，其费用也是非常高昂的。因此，在契约实施过程中，要完满地了解当事人是否违约往往是困难的。[21]这表现在公有制经济中劳动工资的决定方面，就是决定劳动者工资收入的国家无法准确地了解劳动者是否"各尽所能"，而劳动者自己也无法准确地了解国家是否

"按劳付酬"。因此，唯一的解决办法就是采取固定工资制。

一般而言，劳动者比国家更害怕风险，这是因为，劳动者作为人力资本的所有者不像作为实物资本的所有者——国家那样能通过对资产进行组合而使风险得到分散。因此，公有制经济中的工资契约是种"默认契约"[22]，它规定了劳动者的收入水平，或至少规定了其工资率，而所有风险由国家来承担，这就是公有制经济中"工资刚性"的原因。工资的"默认契约"及其产生使得作为企业家的国家和作为工人的劳动者不得不依照某种特定的模式行事，似乎彼此均受到了某种既定的关系的约束——这完全符合公有制经济的内在契约的规定性。

不过，"默认契约"尽管有助于说明劳动者与国家的关系，但它还不能解决全部问题，因为"刚性"的"工资"本身就有问题，而且，"默认契约"理论至少承认"刚性工资"尽管有"刚性"但它还是种劳动报酬——工资，而我们认为，要解决的关键问题是，公有制经济中的工资到底是不是全部表现为劳动这种生产要素的报酬？

我们提出这个问题的理由是：既然作为所有者的人民（劳动者为其一部分）将其所占有的生产资料交由国家经营管理，难道仅仅是为了获得所需的保护和公正这类公共物品吗？按理说，供给公共物品的支出由赋税承担。但是，由于在公有制经济中，对于仅作为劳动者的个人来说，是不存在赋税的。因此，其同时以所有者身份所占有的生产资料交由国家统一经营，尽管可以看作是冲抵理论上该缴纳的"赋税"，但这肯定并不是"共同占有"的生产资料的全部价值体现。

为此，我们不妨提出这样一个假说：公有制经济中的工资实际上应表现为作为"所有者"的个人出让其占有的生产资料而获得的"租金"。毫无疑问，"租金"在一定的契约期内自然是"刚性"的。从此意义上讲，全体人民实际上是公有制经济这个大企业的"股东"，入股的资本就是"共同占有"的生产资料。这一假说有助于解释现实生活中的两个反常现象："工资侵蚀利润"[23]和"工资管上班，奖金管干活"。既然工资实际上是种所有者收入（所谓的"共同收入"），那么，"工资侵蚀利润"就是所有者与经营者之间利益冲突的表现形式[24]，而这种冲突在任何经济中都是存在的，不值得为怪。换言之，怪乎工资本身，即工资表现为所有者收入这一事件。既然基本工资不是劳动者的收入，那么，作为附加工资的奖金就自然取而代之，进而"管干活"了。由于"所有者"和劳动者这两种身份在现实中统一于人民身上，所以上述这些问题被掩盖起来了。

从财产权利角度看，"在公共权利体制下，一旦获得或取得一种资源，每个个人就有使用它的私人权利，但对同一资源，在取得它之前，这只是一种公共权利。这种拥有机会间的不协调促使人们将其权利转变为最有价值的形式。他们会将公共安排下拥有的资源转变为私人所有"[25]。这实际上是种"寻租"现象。[26] 不过，由于在社会主义公有制条件下，个人不能在物质资源领域内直接进行"寻租"活动，所以，这使得人们转而在国民收入分配领域中竭尽全力地去寻求表现为工资的真正的租金了。

根据上面的分析，粗看起来，似乎在公有制经济中，"工资＋奖金"已使人们的行为实现了效用最大化，而同时风险统统由国家承担。其实不然，我们可以看到，这些讨论基本上沿用的是"劳资关系"的分析逻辑，关心的是工资决定过程中人民与国家的关系，而没有涉及所有者（股东）与经营者（企业家）之间的风险承担问题。实际上，风险最终是由所有者来承担的。根据约瑟夫·熊彼特的论述："企业家从来不是风险的承担者。……如果新事业失败，贷款给这个企业的债权人就会倒霉。……如果这个企业家是靠过去的利润来经营，或者利用原属于他的'静态'企业的生产手段来经营，那他也只是以资本家或商品拥有者的身份，而不是以企业家的身份，来承担风险。在任何情况下，承担风险并不构成企业家职能的一个要素。哪怕在名声方面他可能要冒风险，但他从来不承担失败的直接经济责任。"[27] "风险显然总是落在生产手段所有人……的头上，因此，决不会落在企业家这种人的头上。"[28] 这在公有制经济中表现为，作为"所有者"与劳动者统一体的风险承担者，其获得的名义工资可能不变，但实际工资却是下降的，这就是公有制经济"共同分摊"责任和风险的内在规定性及其可能结果。

至此，我们已经讨论了"所有者"与国家和劳动者与国家的关系，即人民与国家的关系，且这种关系是以广义的工资形式来维系和连结并加以确定的。由于，人民＝所有者＋劳动者，人民的这种双重身份间的角色冲突[29]也在这种关系中表现出来，并进而在人民这一整体上得到统一。

四

本文提出的有关公有制经济的分析框架是极其粗略的，尚有许多问题待进一步深入。例如，根据《大纲》的分解，国家＝计划＋政府，那么，"计划者"与政府之间又是如何进行功能分配的？换言之，这两者的关系在公有制中又有何特殊性？再如，强调契约性质在公有制经济中的重要作用，是不是完全排斥了市场的作用？对于前一个问题，似乎可以从代理理论去寻找出一些解决问题的脉络，即："计划者"与政府之间可以看作是一种委托—代理关系，由于作为委托人的"计划者""其职能仅仅是根据全民利益对经济进行计划调控。……'不吃不喝'，没有自己的特殊消费和特殊利益，只是全民利益的化身，为人民服务。"[30]所以，它的行为可能会是长期的。但政府则不同，它有一系列的"职业消费"。这种消费对于自始至终关心全民利益的"计划者"来说，是无法进行完全的考核或度量的。因此，政府的行为会是相对短期的。从这个角度或许能对"计划者"与政府的关系进行经济学的分析。对于后一个问题，我们认为，在公有制经济这个"大企业"内部可能会存在市场。因为这个"企业"内的中央权威指挥生产要素的权力是在契约规定的范围内，这就意味着在契约范围之外会不可避免地出现市场交易。所以，作为企业负责人的国家与企业所有者的人民之间的关系变成计划指令和市场交易这两者的混合体就不足为奇了。

注释

① 樊纲等:《公有制宏观经济理论大纲》,上海三联书店 1990 年版。

②《大纲》的第 1 篇共分 3 章,分别讨论了这样三个问题:公有制经济及其基本矛盾、行为主体及其利益矛盾和运行机制。本文只涉及前两章的内容,即前两个问题,只讨论行为主体、行为目标和利益矛盾及其决定因素等。

③ 实际上,姑且撇开微观经济分析本身的价值和意义不论,现代宏观经济学也都在寻找其自身的微观基础。公有制经济或社会主义经济的宏观分析自然也不能例外。远的不说,就拿近两三年间国内出现的若干有价值的文献来看,就是如此。如《大纲》,它的分析许多都自觉或不自觉地进入了微观领域。更为典型的是:中国经济体制改革研究所宏观经济研究室的《改革中的宏观经济》,四川人民出版社 1988 年版。

④ [美] 罗纳德·哈里·科斯:《企业的性质》,载 [美] 罗纳德·哈里·科斯:《企业、市场与法律》,盛洪、陈郁译,上海三联书店 1990 年版,第 1 页。

⑤ 诺思认为,要解释制度变迁,传统的新古典理论是远远不能胜任的。引进产权这个变量后,尽管能提高理论的解释能力,但国家为什么要选择某种特定的产权结构?再进一步,为什么社会会选择某种特定产权结构的某种特定形式的国家?因此,解释制度变迁的变量应有三个:产权、国家和意识形态。参见 Douglass C. North, 1981, *Structure and Change in Economic History*, Part 1 "Theory", New York: W.W. Norton & Company, Inc.

⑥ 樊纲等:《公有制宏观经济理论大纲》,上海三联书店 1990 年版,第 20—22 页。

⑦ 公有制与国有制在本质上是有差别的,本文对这个问题不作讨论。在此,我们不妨暂且将两者等量齐观。

⑧ [美] 马克思、恩格斯:《德意志意识形态》,人民出版社 1982 年版,第 15 页。马克思和恩格斯对"城市"一词的解释是意味深长的。它已远远超出了一般城市的概念,而更是一种人类活动的组织。我们因此认为,从经济学上的契约性意义上讲,马克思和恩格斯所讲的"城市"类同于本文后面讲到的科斯所研究的"企业"和诺思所研究的"庄园"。

⑨ 读者必须注意到对"内部"这个词的强调。因为,契约性或契约安排只存在于一个公有制经济的内部,而公有制经济外部或两个及两个以上公有制经济之间的行为则完全可以是"私"的或"自由放任"的。

⑩ 同 ④。

⑪ "契约连结"概念是由阿尔钦和德姆塞茨提出来的。他们认为,企业是各种生产要素(包括土地、劳动和资本等)所有者之间编制出的一系列契约,资本所有者在其中占据中心地位,这种关系便是企业的本质。参见 Armen

Alchian and Harold Demsetz, 1972, "Production, Information Costs, and Economic Organization", *American Economic Review*, vol.62。

⑫ Steven N.S. Cheung, 1983, "The Contractual Nature of the Firm", *Journal of Law and Economics*, vol.26.

⑬ 本杰明·沃德就曾将一种公有制经济形象地称为一个企业——"伊利里亚企业"。参见［美］沃德：《"伊利里亚"》，载荣敬本、赵人伟、吴敬琏等编：《社会主义经济模式问题论著选辑》，人民出版社1982年版。

⑭ Douglass C. North and Robert Paul Thomas, 1985, *The Rise of the Western World：A New Economic History*, Combridge University Press, pp.29—30.

⑮ 同上书，第32页。

⑯ 恩格斯在《家庭、私有制和国家的起源》中谈到了国家与旧的氏族组织不同的地方，其中有：设立公共权力和要公民缴纳费用——捐税。见《马克思恩格斯选集》（第4卷），人民出版社1974年版，第167页。

⑰《大纲》强调公有制基本利益矛盾的"机制（mechanism）中性"，即"无论运行机制如何，它们都是存在的；不同的运行机制，只是关系到这些行为主体实现各自目标的方式与程度，关系到它们各自在宏观经济运行和经济变量决定过程中起作用的大小，而与其本身的存在及其利益目标函数的特征没有丝毫关系"，见注释①，第57页。本文认为，之所以如此，是因为"制度（institution）中性"，即同一种制度安排在任何"体制"（system）下都会产生一定的或同一的利益矛盾。

⑱ 对此，科斯在回顾《企业的性质》一文时，有段感情深挚和激动人心的话："常言道，年轻人有憧憬，老年人有梦想。我的梦想就是建立一种能使我们对生产的制度结构的决定因素进行分析的理论。在《企业的性质》中，这项工作只做了一半——说明了为什么会存在企业，但没有说明企业所担当的功能是如何在它们中间进行分工的。我的梦想就是完成这项我在大约50年前就开始的工作，并参与发展这样一种全面的理论。因此，一旦我目前承担的项目与此不相适应，我就准备放下我现在从事的研究项目，加入正在这个领域工作的经济学家的行列。我打算再度扬帆探寻通往中国之路，即使我此刻所做一切可能是发现美洲，我也不会感到失望。"（同④，第233页）

⑲ 樊纲等：《公有制宏观经济理论大纲》，第1编第5章，上海三联书店1990年版。

⑳ Oliver Williamson, 1971, "The Vertical Integration of Production：Market Failure Considerations", *American Economic Review*, vol.61.

㉑ Benjamin Klein, 1980, "Transaction Cost Determinants of 'Unfair' Contractual Arrangements", *American Economic Review*, vol.70.

㉒ 有关"默认契约"（implicit contracts）和"工资刚性"（wage rigidity）的一组
论文，参见 Benjamin Klein，1984，"Contract Costs and Administered Prices：
An Economic Theory of Rigid Wages"；Edward Lazear，1984，"Incentives
and Wage Rigidity"；Robert Flanagan，1984，"Implicit Contracts，Explicit
Contracts，and Wages"，*American Economic Review*，vol.74.

㉓ 戴园晨、黎汉明：《工资侵蚀利润》，《经济研究》1988 年第 6 期。

㉔ 一般而言，所有者追求租金最大化，而经营者则追求利润最大化。

㉕ Armen Alchian and Harold Demsetz，1973，"The Property Rights Paradigm"，
The Journal of Economic History，vol.33.

㉖ 布坎南明确指出："对寻求租金的分析能够很容易地并入产权的探讨。"参见
［美］詹姆士·布坎南：《寻求租金与寻求利润》，陈国雄译，《经济社会体制
比较》1988 年第 6 期。

㉗ ［美］约瑟夫·熊彼特：《经济发展理论》，商务印书馆 1990 年版，第 152 页。

㉘ 同上书，第 83 页注释。

㉙ 作为劳动者的工人要求增加工资，而作为所有者的股东则希望多分红。

㉚ 樊纲等：《公有制宏观经济理论大纲》，上海三联书店 1990 年版，第 39 页。

经济政策、
发展战略与体制改革

关于我国经济形势、政策和目标的思考

一、经济形势的判断：通货膨胀的成因和制度因素的作用

对于当前我国经济形势的一个重要判断是：通货膨胀已来到了我们经济生活中。对此，大家是有目共睹的，基本没有什么异议。但是，我国经济中通货膨胀的成因是什么，一时众说纷纭。若不能正确发现通货膨胀的成因，这无疑会影响对经济形势的总体判断和相应采用的政策的把握。

众所周知，通货膨胀一般表现为总需求大于总供给。其中，总需求表现为消费者、投资者、政府部门和国外部门的货币支出，总供给表现为国内部门和国外部门提供的按现行价格计算的商品和劳务的总量。在总需求大于总供给的情况下，由于资源或生产要素的动员能力很弱或受到了极大限制，总供给水平不能很快得到提高，导致经济过热，拉动物价上涨，产生通货膨胀。

为了有助于对我国通货膨胀问题有较深入的认识，我们必须提出这

＊ 本文载于《上海经济研究》1989年第4期。

样的问题：目前在现象上造成我国经济通货膨胀的总需求过旺是怎样形成的？由于总需求可以表现为全部的货币支出，这个问题也可表述为：我国货币发行量持续增长的原因是什么？

我倾向于这样的观点：我国货币发行量的增长是因为生产要素变得昂贵了，即要素价格上涨迫使中央政府的货币发行量大大增加。首先，从农村的情况看，农产品价格的调整和农村经济的全面改革，使农民收入大大增加，并且收入支出的大部分进入了要素成本，要素成本的提高使得农产品价格又进一步上涨。其次，从城市的情况看，我国现行的企业制度维持既定的生产成本，使之可以上升而不能下降，不管企业经营状况如何，职工工资和奖金只能增加而不能减少，生产成本推动产品的价格上涨。这两方面情况就使我国经济出现了"比价复归"的现象，导致货币追加投放。当然，生产要素价格上涨使中央政府被迫增加货币发行，这一点也完全可以从我国中央政府历来已久的价值观念和伦理规范上得到验证，因为我国中央政府对通货膨胀一直持反对态度，财政、信贷等方面的平衡是其长期以来的行为准则。如今，货币发行量的大幅度增长是因为价格（主要是要素价格）上涨后而不得已为之的。

由于要素市场与消费品市场是互通的，要素价格的上涨必然导致消费品价格的上涨，由此带来全面的物价上涨，产生通货膨胀。应该说，物价上涨与货币发行过多是互动的，谁先谁后一时难以断定，但就我国目前的情形来看，并不是货币发行过多导致了物价上涨，而是物价上涨（尤其是要素价格）迫使货币发行量大大增加，并由此进一步推动物价上涨（主要是消费品价格）。

显然，我国目前通货膨胀的第一推动力是要素价格的上涨，它基本上是一种成本推动型的。而这种成本（主要是要素成本）的上升又是怎么发生的呢？我认为，这是制度因素作用的结果。如城市工业企业的现行制度，在劳动生产率并没有得到提高的情况下，迫于职工的压力，仍给职工涨工资和加奖金，另一方面，厂长、经理们也以为职工谋福利为自己的首要任务，他们并不追求企业的长远发展，而是期望在自己的任期（或承包期）内能落个来自职工方面的好名声。企业，还有政府，一旦在经济活动中遇到困难，并不是通过裁减人员、降低要素成本来克服困难，而是都将手伸向银行，要求银行贷款（主要是流动资金）来给职工涨工资和加奖金，企业的筵席和政府的"条子"都成为银行贷款发放和商业信贷膨胀的加速器。

如果说，改革之前我国经济的通货膨胀是由于政府对要素价格进行管制而被"隐性化"了的话，那么，近几年来要素价格的上涨已突破了人为的限制，通货膨胀的显现是不以人的意志为转移的。正是在此意义上，目前我国经济的通货膨胀也成为一种制度现象了。显然，无论是需求拉上论，还是成本推动论，都是在假定制度一定时寻找通货膨胀的成因，若制度是处在变动之中，那么，我们就必须寻找在需求拉上或成本推动背后更深一层的因素——制度因素。

二、经济政策的考虑：避免"滞胀"和摆脱"滞胀"

一国宏观经济政策主要是财政政策和货币政策两大类。在一般情况下，为对付通货膨胀，往往是采取紧的财政政策和紧的货币政策。我国目前为对付通货膨胀而采取的"紧缩"政策（主要是大砍基建、压缩投资和抽紧银根、控制信贷）基本也如此。

但是，要注意到，采取紧的财政政策和货币政策来对付经济过热乃至通货膨胀是传统的凯恩斯主义的做法（当然，凯恩斯主义者在财政政策和货币政策两者中主要倚重财政政策的作用），这种需求管理的做法是有前提条件的，就是：经济过热乃至通货膨胀是由需求拉起的，且在总需求大于总供给的情况下，总供给受到了"资源约束"。若通货膨胀是由成本推动的，那么，控制总需求就有可能出现经济停滞和通货膨胀并存的后果，即出现"滞胀"。因为，总需求往往与经济增长正相关，抑制总需求就可能使经济增长速度下降。这一点在我国几十年来的经济生活中表现得更为明显。当然，若经济增长速度的下降促使政府和企业裁减人员，减少政府和企业的要素支出，降低成本，那么需求管理能通过一系列中间环节对降低由成本推动的通货膨胀仍可起到一定作用。遗憾的是，我国经济中存在着极为强烈的"利益刚性"和"利益攀比"，侧重于需求管理的"紧缩"政策在降低经济增长速度的同时，并没能实现企业的倒闭、人员的减少、成本的下降等一系列的政策目标。相反，在"紧缩"中，职工工资、奖金乃至实物不仅照发不误，而且大有赶超之势，唯恐赶不上"末班车"。种种迹象表明，在"紧缩"过程中，生产资料、生活资料不仅成为抢购对象，货币也成为抢购对象了。另一方面，政府为实施"紧缩"政策，又去使用原先那些交易成本很高的行政性办法，大大增加了政府的货币支出。所有这些使得总需求并没被压下来的同时，又进一步增加了企业和政府的货币支出。通货膨胀的成本推动力量仍然存在。

　　现在，在政策考虑上强调避免"滞胀"是怎么说都不为过分的。因为，高经济增长和高通货膨胀并存的局面，虽有其不利的方面，但比起"滞胀"的局面要好得多。既然"熊掌和鱼不能兼得"，那么我们只能"两害相权取其轻"了。何况，历史经验证明，一旦经济陷入"滞胀"，就不是在短期内所能轻易摆脱得了的。那时，我们不仅要经受来自经济方面的问题，而且要经受来自政治和社会方面的问题，因为"滞胀"中经济的"滞"使得"蛋糕"不能做大，而"滞胀"中通货的"胀"却意味着能吃"蛋糕"的人在不断增多，届时，或是市场放开导致到处在"抢购"，或是市场管制导致到处在"排队"。

　　在成本推动型通货膨胀的情形下，为使我国经济避免陷入"滞胀"的泥潭而不能自拔，经济政策方面的考虑应是增加有效供给，而不是盲目地大砍需求。增加有效供给必须要做的是，提高供给的效率。为此，要对生产要素进行重新组合，实现要素的"优胜劣汰"，使隐性失业显性化，杜绝将要素工资与物价挂钩的所谓"公平"的做法。并以要素的重新组合为线索进行产品结构和产业结构的调整，同时实现企业的倒闭和企业的兼并。当然，这样做必将使在职失业变为公开失业，对此社会是否能承受？我认为，随着10年来的改革已在两个方面增强了社会承受公开失业的能力。一方面是，人民群众对改革有了正确理解和对改革中面临的困难有了清醒的估计，即人民群众的思想认识水平有了较大提高；另一方面是，改革的实践在相当程度上摧毁了传统"大锅饭"体制，为人们就业选择已提供了广阔的空间，传统的就业制度（包括工资制度和户籍制度）受到了猛烈地撞击。

然而，我们目前针对通货膨胀问题而采用的"紧缩"政策只强调需求却忽视了供给。尽管"紧缩"政策在短期内对一些短期问题（如外贸进出口问题、储蓄存款问题和短期价格波动问题等）已奏效，但长期问题却暴露无遗，其中，一个问题是"体制复归"，另一个问题是"滞胀"。当然，我们目前还不能完全断定中国经济是否已经全面走入了"滞胀"，但是，种种迹象已表明，若我们不及时调整政策，由需求管理转到供给管理，那么，全面的"滞胀"将不可避免。

不过，可以想象得到，中国经济沿着目前形势发展下去而产生的"滞胀"将不同于西方资本主义国家的"滞胀"。在西方资本主义国家，"滞胀"表现为通货膨胀与失业的并发症，而在我国，由于劳动力流动的市场竞争机制非常不健全，在经济停滞和生产增长速度下降时，受各方面制度因素的制约，大规模的失业状况并不会相应出现，而更多的则是采取"在职失业"的形式。在此情形之下，一方面，生产要素价格居高不下，导致货币收入大增，引起物价上涨，产生通货膨胀；另一方面，生产要素价格机制没能发挥作用并对要素进行"优胜劣汰"的选择，导致要素的"无效率"，影响经济增长。当然，在"紧缩"政策下，影响经济增长的首要因素是对需求的人为限制，即对一系列商品和市场的管制。

因此，中国经济要摆脱"滞胀"，从长远看，出路只有一条，就是加快体制改革的步伐，使要素的使用分配和要素的报酬确定由市场价格机制决定；从近期看，需要撤除政府对市场过多的管制。

三、经济目标的选择：经济增长、物价稳定和公平分配

由于世界上各个国家的经济发展水平、社会政治制度和文化传统的不同，其所追求的经济目标也不尽相同。但任何经济目标的选择都不外乎这样三个方面：经济增长、物价稳定和公平分配。这三个目标是任何国家都不能置之不顾的。若这三个目标彼此之间都是正相关的，对其中任何一个目标的努力都能同时实现其他两个目标，那么有关经济目标选择问题的讨论就没有意义了。然而现实中，这三个目标之间是有矛盾的，存在互相冲突的地方，正因为此，才有了目标的选择问题。

由于经济目标之间的关系较为复杂，我们不妨逐对来看。（1）经济增长与物价稳定。经济增长目标往往涵盖了资本积累和充分就业这两个目标。实行赤字财政政策被认为是实现经济增长的"捷径"，因为它有利于资本积累和通过提高有效需求来刺激供给，降低资源和要素的闲置程度，但赤字财政政策会造成物价的不稳定，甚至导致通货膨胀。（2）经济增长与公平分配。经济增长往往意味着经济的效率，而公平分配则往往意味着社会的公平，这两者不仅不是正相关，而且恰恰是此消彼长的。"效率"与"公平"的替代关系使两者的抉择成为人类社会面临的重大难题。如何处理好这两者的关系一直也是经济学家们的头号难题。（3）物价稳定与公平分配。这两者之间关系的相关性不像前两对那么高，但基本上可以看作是正相关的。

以上经济目标彼此之间的关系在一般意义上是成立的，但在我国经济生活中却并非完全如此，因为全民的充分就业作为我们长期以来孜孜以求的目标，其很少带有"经济"的色彩，而更多地带有"社会"的色彩。在我国，就业不仅意味着有了固定工资收入以维持生计，而且还意味着可以获得一系列的社会福利和社会保障，如公费医疗、分配住房和享受退休金等。要求工资与物价挂钩的想法正是缘于将就业作为获得社

会福利和社会保障的途径的考虑。所有这些使国民收入的初次分配和再分配在方法上、范围内出现了混乱。所以，充分就业目标在我国经济中是应包含在公平分配目标之中的，而不是像通常的那样，是包含在经济增长目标之中的。

由于充分就业目标变成了是为了寻找公平分配，因此，经济增长、物价稳定和公平分配这三大目标之间的关系在我国至少发生了两点变化。第一，经济增长与公平分配之间的冲突尽管依然存在，但充分就业目标由于不包含在经济增长目标之中而包含在公平分配目标之中，在通常意义上充分就业目标与经济增长目标相一致的情形不存在了，两者是相冲突的。道理很简单：在我国，寻求充分就业不是为了"效率"，而是为了"公平"。第二，物价稳定意味着通货稳定或低的通货膨胀率，但由于寻求充分就业是为了所谓的"公平分配"，是为了使每个就业者均能得到一定的要素报酬，前已论述到，目前我国通货膨胀是由成本推动的，显然，在我国物价稳定与公平分配两者之间存在着矛盾和冲突，而不是像通常的那样，这两个目标的关系基本上可以看作是正相关的。

不难看出，我国经济目标之间关系的非典型性使对经济目标的选择所遇到的问题和困难有其特殊性，那就是，既要实现充分就业，又要实现经济增长和物价稳定，这本来并不是一件很难的事，可在目前我国的社会、经济、文化环境中和体制下，却几乎是不可能的了。盲目的充分就业的口号和做法，一方面并不能带来物价稳定，相反却产生了成本推动型的通货膨胀；另一方面理想的"公平"牺牲了现实的"效率"，影响了经济增长，特别是在不合理的政策的作用下，进一步使经济停滞出现了可能。

所以，为了对付通货膨胀和避免停滞膨胀，我们对经济目标的选择必须有一个大的转变，即为实现经济增长和物价稳定的目标而放弃带有公平分配性质的充分就业的目标。这样做是基于这样的判断：带有公平分配性质的充分就业如同一把"双刃剑"，它一方面有可能导致通货的"胀"，另一方面也同时有可能导致经济的"滞"。中国经济面临的现实问题显然不是资源和生产要素在总量上有闲置而由此要实现充分就业，而是在结构上遇到了"资源约束"和就业过于充分！十年来的改革还没有从根本上摧毁"铁饭碗"，在某种程度上（尤其在国有企业）"铁饭碗"变成为"铜饭碗"、"银饭碗"。现在的情况是，职工能主动辞职，企业却不能主动裁员、辞退职工。这样的竞争是无效率的，因为有效率的竞争应是供给与需求两方的双向竞争，而不是供给方或需求方单向的"竞争"。

相应于目标的转变，我们的政策也应从短期性的偏重于总需求与总供给关系的"相机抉择"，转变到长期性的收入政策。因为中国经济的短期问题并不可怕，传统的行政手段和政策就能对付一二，但长期性的问题（如要素价格的确定和要素的流动等）却一直困扰着我们，使我们举步维艰。

宏观经济政策的选择刍议

自实行"治理、整顿"的紧缩政策以来,我国经济在相对平稳的过程中又度过了一年。在这次经济政策调整之初,讨论、争议得相当激烈。如果说,当初的各种意见还是基于在财政政策和货币政策的"松"和"紧"之间要作出痛苦的选择的话,那么,今天我们则面临着的不是选择的痛苦问题,而是选择的评价、选择的理论和选择的现实的问题了。

一、现实的问题:作为经济调整的货币政策的目标实现了吗

这次以"紧缩"为特征的经济政策调整之初,人们在讨论其出台背景和政策目标的方面,均认为是要以紧的货币政策通过货币总量控制来抑制总需求膨胀和遏制物价上涨对比,无论是对紧缩政策持肯定态度的或持中性态度的乃至持反对态度的,都有共识。分歧点则在于:总需求

---

* 本文载于《社会科学》1991年第3期。

膨胀或物价上涨是如何产生的？

尽管不乏将总需求膨胀或物价上涨归因于货币发行过多这样的观点，但我依然倾向于与此相反的观点：我国货币发行量的增长是因为生产要素（尤其是劳动力这一要素）变得昂贵了，即要素价格上涨（或高估）迫使中央政府通过中央银行扩大货币发行量，由此导致一般物价水平的普遍上升。亦言之，"货币发行量的大幅度增长是……不得已为之的"。在此可以把这一情形的简单决定过程归结为：要素价格上升→货币发行量增加→一般物价水平上涨。① 经济调整以来的现实情况对此作了间接的佐证，即货币发行量增加本身并不是一般物价水平上涨的根本原因，充其量只是一个中介媒体，所以，我们观察问题的着眼点要追溯到它的决定，即它的上游原因。

如果我们将货币紧缩政策称为调整所要实现的政策自身目标而将抑制总需求或市场物价称为其政策影响目标的话②，那么可以说，前一目标并没实现而后一目标得到了部分实现。因为种种迹象表明，自从这次政策调整以来，货币投放问题并没像所说的那样而得到了有效解决，老问题依然存在，即货币投放量仍以一定的速率在增长，且量上并不低于调整之前的水平。从政策自身的角度看，调整的目标并没有实现。然而，无可否认，市场物价上涨的势头却在一定程度上得到了控制，物价水平被维持在政府（或老百姓）可接受的水平上。从政策影响的角度看，调整的目标得到了部分实现。之所以讲是部分实现，是因为价格受到平抑主要表现在生活日用消费品方面，这是由于通过控制集团购买力这一行政措施和限制消费品价格这一管制政策等而使消费品的需求大大减少；但生产用品的需求并不见得有减少，这还表现为，政策调整对企业的现金需求没产生影响，企业对贷款的需求是刚性的，它并不受贷款利率的影响。

这一"奇怪现象"，即当初设想通过实现政策自身目标来实现政策影响目标，但现实却是后者得到了部分实现而前者则根本没有。由此我们不难看出，在我国，紧的货币政策与控制总需求和抑制物价上涨之间并不存在某种必然的联系。

　　如何解释这一"奇怪现象"？换言之，其原因何在？

二、理论的思考：我国作为货币政策调控对象的基础货币是什么

　　一般而言，宏观性的货币政策要对总需求的形成起到决定性的作用，它就必须找到一个具有决定性作用的可操作的对象，也就是说，在货币政策影响总需求的过程中必须有一个重要的中介。显然，这一中介就是金融理论中所说的基础货币。因为，基础货币完全可为中央银行所操纵并进而可为中央政府为实施货币政策的需要所操纵，它是整个银行系统向全社会供给货币的决定性因素。但基础货币是什么呢？通常而言："中央银行供给的基础货币包括由中央银行直接掌握的各种存款的法定准备金，商业银行持有的超额准备金和银行系统外流通着的现金。"③ 由于无论中央银行的法定准备金，还是商业银行的超额准备金，都是一种现金准备，所以，概而言之，基础货币通常就是现金。因此，"货币政策→基础货币→总需求"就可写为"货币政策→现金→总需求"。既然通常货币理论中的基础货币为现金这一点是无可疑议和无须赘言的，那么，宏观经济政策的作用之一就可直接简写为：货币政策→总需求。

　　可能是受到了这种简化的影响，使得我国对宏观经济政策的考虑也简单化了，即总是认为货币政策能像在西方国家那样直接对总需求的形成起作用且能迅速见效。上一节中谈到的我国存在的"奇怪现象"对这种"简单"的思维作了有力的现实性的诘难。退一步说，即使政策思维"复杂"了些，即考虑到"货币政策→总需求"的中介媒体——基础货币，但我们仍然还是要问一下：我国的基础货币是什么？是现金吗？"奇怪现象"给出了前一问的必要性，同时对后一问题提供了否定答案，因为我国用以经济调整的货币政策并没管住货币（现金），可同时总需求得到了部分控制；总需求的形成和变动独立于力图要对其施加影响的

货币政策。

反例推翻了不能解释现实的观点，而能解释现实的观点则必须注意到我国货币供给的特殊性，正是这种特殊性使得通常有效的货币政策在我国的运用有较大的局限性，也正是这种特殊性使得一般货币理论在我国活生生的经济运行中出现了明显的不足之处。

我国货币供给有别于西方国家的特殊性具体表现在以下三个方面④：一是，我国的准备金资产是以存款形式上缴中央银行，而一般情况下则是以现金形式上缴存款准备金的；同时，我国各专业银行上缴的准备金并不是法定准备金和不能动用的，而是可以动用的，中央银行可以通过综合再平衡方式再分配给各专业银行。相形之下，我国的准备金制度是不严格和不规范的，所以现金在货币供给过程中的作用较微弱，它不能起到西方国家中现金对派生存款（信贷）货币从而对货币供给的决定作用。二是，我国货币供给有两个互相独立的来源渠道——存款货币供给渠道和现金供给渠道。前者受投资分配机制的控制，后者受收入分配机制的控制。现金的供给主要不是作为基础货币来考虑并发放的，而是作为收入分配的一种工具来使用的。⑤ 三是，我国货币的供给主要通过政府综合计划来安排，供给的货币（也是基础货币）主要是信贷资金，即银行的存款货币。

由于我国的基础货币是存款货币，"这样，一般货币供给机制中的现金量制约存款货币量，最终决定货币供给总量的机制，在我国现行的货币供给方式中都倒过来表现为存款（信贷）货币量制约现金量，最终决定货币供给总量的机制"⑥。总之，在我国，"不是现金发放决定存款货币，而是'现金跟着贷款走'"⑦。

在解决了我国的基础货币是什么的问题和货币供给的特殊性的问题后，接下来我们要问的是：为什么长期以来我们对作为基础货币的存款货币的控制一直没有效果，甚至在紧缩政策实行时期也不例外？如果基于上面的论述，我国宏观经济政策思路之一是：货币政策→存款货币→（现金→）总需求，那么，这一问题也可表述为：为什么实施这一宏观经济政策思路的货币政策的间接调控却往往失灵了，也就是如上一节中所说的，为什么政策自身目标无法实现，即为什么存在使得货币（现金）投放在紧缩政策条件下也以较大幅度增长的基础？

根据我以前的说法，这是因为要素价格的上升导致货币发行量的增大。尽管在此说法中没专门涉及基础货币问题，而是用（且能够用）一个广义的"货币"名词对其不同的组成或表现形式概而论之了，显然，这样处理虽说也未尝不可，但却简化了问题，因为在这个作用过程中还存在着一系列的中介环节。简化问题往往会误解问题。我们尤其要注意到其中（对贷款的决定来说）重要的一环是，政府受到来自要素所有者的强大压力，尽量满足他们对贷款的要求，何况社会主义国家的政府将收入分配问题视为头等大事，而该问题在我国首先表现为有关贷款的讨价还价和竭力争夺，因为只要争论贷款就能掌握生产要素，只要掌握生产要素就能在收入分配的格局中占据重要的一席并使之成为不容改变的、强迫各方认可的既定事实，而这一切又均可从"维持既存利益格局"的说法中找到辩护地。这一机制使得贷款一直在不断增长着，存款货币是压不下去的。[8]显然，充分考虑到作为基础货币的存款的决定机制后，就能够弥补要素价格上涨导致货币发行量增大这一说法的不完善之处。

只要发现基础货币在我国表现为存款货币而不是现金，是存款货币决定现金，那么，我国货币供给的"存款货币→现金"模型不仅解释了这次宏观经济政策调整前后乃至整个经济长期内一直存在的货币扩张现象，而且为政府合理的宏观经济调控手段的采取和实施提供了理论依据。

三、结论：从货币政策走向财政政策

根据上面所述，可以发现，从要素价格上升到一般物价水平上涨的整个决定过程是这样的：要素价格上升→划拨贷款或存款货币增加→现金投放增加→一般物价水平上涨。

在上面诸项经济因素中，属于宏观经济政策直接操作对象的是划拨贷款、存款货币和现金投放。就货币政策而言，既然在我国是作为基础货币的存款决定作为派生货币的现金，那么，调控的应是存款而不是现金。这次紧缩政策恐怕在这方面是将本末倒置了，所以导致它并没能够管住现金，也导致了总需求没相应于政策措施的力度和范围而得到控制。可以预料到，如果这次经济政策的调整能调到"点子"上，即政策取向从基础货币入手，那么现在的经济形势或许会是另外一种图景。

在理论上作这样的判断是可以的，但现实情况并不这样，因为在这里我们完全有理由可以暂时撇开对这次经济政策调整本身作是否有必要性的价值判断，但我们没有任何遁词可以回避对经济政策调整的有效性问题的关注。我们不能对这样的现实视而不见：即使你将手段运用到存款货币身上，它也是压不下来的（如前所述）。这显然对货币政策的有效性提出了严峻的挑战。既然中央政府各部委（"条条"）、各地方政府（"块块"）和各级企业的存款货币均来源于划拨贷款，而每次贷款的划拨又都要通过艰难的讨价还价而照顾到各方方面面的利益。它不仅是降不下来的，而且与我国特定的经济体制具有极高的相关度，并进而成为一种制度因素。结果，存款货币亦随之如此。该情形无疑使人们寄希望于货币政策能解决问题的企图落空了。因为政策因素是可调的，而制度因素在相应给定制度的条件下是不可调的，它和制度是与生共来的。

实际上，适用于西方世界的货币政策乃至货币理论都有其相应的运行机制或微观基础。我国货币供给由财政设计"盘子"这一特殊制度安排决定了货币政策，即使将存款货币作为操作对象，其作用也是极其有限的。因此，我国宏观经济政策的选择要从货币政策走向财政政策。财政问题在我国经济生活中是举足轻重的。具体考虑应是，以划拨贷款的决定作为调节总需求水平的手段。当然，极有意义的选择是：继续推进分权性的财政政策，为改革由中央政府设计"盘子"及添加"菜肴"的这种特殊的安排作些铺垫。这恐怕才会对抑制通货膨胀起到作用。从货币政策走向财政政策并非是种"机会主义"行为，而是在特定制度安排条件下的一种理性选择，同时也可能成为一种制度改进。因为作为对经济生活具有决定性的宏观经济政策的财政政策，其通过具体一系列的规章、条例的实施并进一步使之得到持续时，这就改变甚或重新塑造了经济行为主体之间的关系，就可能成为制度本身。

最后值得提及的是，按常理，货币政策与财政政策不能一紧俱紧或一松俱松，而要松紧搭配，相互补充，以降低经济波动的程度，但由于在我国银行是财政的"账房先生"或"出纳员"，银行的不独立性决定了货币供给的不独立性，这起码的一点也是做不到的。要么一块紧，要么一块松。出路只能在于财政政策的改进和财政体制的改革。

注释

① 在本文中，"→"符号表示某种经济因素或力量对另一种的作用、影响或决定。

② 这样的区分或归纳肯定是不尽恰当的。本文之所以这样做则仅仅是为了讨论方便和表述顺当起见。

③④⑥ 周晓寒：《金融经济论》，中国经济出版社1988年版，第75、79—80、80页。

⑤ 由于社会主义经济首先（或根本）着眼于收入分配问题，所以，我国几乎所有的经济机制都是作为收入分配机制来运作的，因此，这里所说的"投资分配机制"和"收入分配机制"改称为"收入初次分配机制"和"收入再分配机制"可能更恰当些。不过，由于该问题不仅超出了本文的讨论范围，而且名称上的问题并不影响本文的分析，姑且在文中沿用之。

⑦⑧ 樊纲、张曙光等：《公有制宏观经济理论大纲》，上海三联书店1990年版，第277页；本书的第10章对现金是挤出来的和没法压的这一事实作了详尽分析。

引进外资、市场环境与体制变革

本文拟就引进外资与市场环境这一问题，首先作出理论的判断，然后对我国的市场环境作一估价，最后指出为进一步引进外资所必须实现的体制变革。

一、理论的判断：外资的进入对东道国市场环境的要求

外资进入的数量是一国经济对外开放程度的重要标志之一。外资进入数量的大小和速度的快慢不仅取决于引进外资东道国政府的决心，而且更重要的是取决于东道国国内投资环境的好坏。引进外资的成效是与东道国投资环境成正比的。

如果说投资环境有"硬"和"软"之分的话，那么，硬环境主要指交通、通信和水电供应等构成的基础设施，软环境主要指体制性方面的因素。企业的市场经营环境就是软环境的主要内容。

* 本文载于《中青年经济论坛》1989年第2期。

各种不同的外资进入对东道国市场环境的要求水平和要求程度是不同的。要求水平是指外资对东道国市场发育水平的要求，要求程度是指这种要求水平的强烈程度。

一般而言，一国引进的外资单纯从资金形态上可分为五种：（1）外国政府和国际机构的贷款；（2）国外银行的贷款；（3）国外私人的间接投资；（4）国外私人的直接投资；（5）补偿贸易、来料加工和商品信贷等其他项目〔（1）和（2）构成来自国外的贷款，（3）和（4）构成来自国外的投资〕。其中，（5）在外资中处于次要地位，而且包含内容复杂，没有典型意义，故本文暂略而不论。（1）—（4）种外资因对资金收益水平有着不同要求，故它们对东道国市场环境的要求在水平上和程度上是有高低和强弱之分的。具体是（见表1）：

（1）外国政府和国际机构的贷款多属赠予性和援助性的，不是无偿的（或是象征性地收取非常微薄的利息），就是低息的，所以，这不过是一种对东道国的转移支付，自然对东道国市场环境的要求程度是很弱的。

（2）国外银行贷款尽管是属于商业性的，可其除了要求借方按期偿还一定的本息外，对资金的使用并不多加干预，从这方面讲，对借方所在国市场环境并不怎么关心。但由于商业性贷款要考虑资金收益——银行利率，所以与（1）相比而言是有偿的，对东道国市场环境就不像（1）那样一点也不关心了。但总的说来，对市场环境的要求水平和要求程度还是低的和弱的。

（3）国外私人间接投资表现为国外私人投资者购买东道国企业的股票，从事证券投资活动，其要求获得的资金收益——股息加红利——往往要高于一股银行利息，因为从事证券投资比起储蓄存款要承担更多的风险。这种风险来自两个方面：一是发行股票的企业经营状况由好变坏乃至倒闭破产的可能，二是证券市场本身波动而带来的证券价值暴跌的可能。所以，间接投资者自然要关心发行股票的企业面临怎样的市场环境。若其面临一个较发达的金融市场，企业就能及时获得资金以减少生产亏损的可能性，从而使股票持有者的投资也能得到一定的保障；反之，企业亏损乃至破产，投资者也要跟着倒霉。此外，若东道国金融环境良好和证券市场发达，国外私人间接投资者在发行股票的企业经营状况不佳时，可通过及时转让股票来"趋利避害"；反之，则只能"坐以待毙"。所以，国外私人的间接投资活动对东道国的市场环境的要求是较高、较强的。

（4）国外私人的直接投资活动表现为投资者直接到东道国投资办企业（我国目前的中外合资企业、中外合作企业和外商独资企业这三种外商投资企业即是这种投资活动的结果），以企业家身份直接参与企业的经营活动。由于直接投资者是以生产者的面目出现，想获取高额的生产利润，自然对其投资所办的企业面临怎样的市场环境极为关心，这方面的要求是最高和最强的。

表 1

资　金　形　态		对东道国市场环境的要求	
		要求水平	要求程度
国外贷款	政府和国际机构贷款	—	很弱
	银行贷款	低	弱
国外投资	私人间接投资	较高	较弱
	私人直接投资	高	强

注：符号"—"意味着在要求程度很弱的情形下，对环境的水平的要求是不存在的。

既然，不同种类外资的进入对东道国市场环境有着不同的要求，那么，在考察外资对东道国市场环境的要求时，外资的结构就显得至关重要了。这种考察必须注意到外资结构的两个方面：一是外资的金额数结构，另一是外资的项目数结构。单单仅注意外资结构的任何一方面都是不够的。因为，不同外资的金额份额往往影响到全部外资对东道国市场环境的要求水平，而不同外资的项目份额往往影响到全部外资对东道国市场环境的要求程度。

二、现实的估价：我国的市场环境不能满足进入的外资的要求

从 1979 年起，我国将引进外资作为经济对外开放的一项重要内容。截至 1987 年底，协议引进外资 10314 项，金额 625.09 亿美元。其中，国外贷款 262 项，金额 367.36 亿美元；国外投资 10052 项，金额 228.68 亿美元；其他项目金额 29.05 亿美元。[①] 显然，从项目数上看，国外投资的比重在引进外资中居遥遥领先的地位，达到 97.5%，项目偏向程度是很深的；从金额数上看，国外贷款的比重（58.8%）尽管超过了国外投资比重（36.6%），但偏向程度不是很严重的。金额数方面的情况尽管会略微减轻全部外资对我国市场环境要求的水平，但项目数方面的情况则会大大地加重全部外资对我国市场环境要求的程度。前者减轻的效应远远抵不上后者加重的效应。何况，目前我国还不允许国外投资者通过购买我国企业发行的股票来从事间接投资或证券投资活动，引进的国外投资完全是国外私人的直接投资。这自然会进一步提高和加重全部外资的进入对我国市场环境的要求水平和要求程度。

由于国外私人的直接投资对东道国市场环境的要求水平和要求程度是最高和高强的，因此，以下的探讨着重于外商投资企业对我国市场的要求，并就此对目前我国的市场环境作一估价。

所谓市场环境，就是指一国经济运行状况能为国内外投资者提供的市场化服务。我国进行的经济体制改革从引进外资角度看，就是能否通过改革为外商投资形成和改善市场环境。就目前情况看，我国各类市场才刚发育，还远不能满足国外投资者的要求。在此我们不妨看看金融市场和劳动力市场的情况。

1. 金融市场

我国金融体制改革已取得较大成绩：一是，短期资金市场、长期资

金市场和外汇调剂市场陆续形成，金融市场的初级形式已露端倪；二是，增加了一批新的金融机构，市场成员增多，竞争意识加强。尽管如此，但就目前情况看，外商投资企业提出的问题仍是不少。

首先是资金问题。从短期资金市场看，短期资金只要还是计划贷款，所谓的同业拆放，无论其形式还是数量，都很难构成真正的市场。票据贴现也主要是为清理拖欠而多放一笔贷款而已。一旦资金短缺或银根抽紧，企业仍将面临流动资金告贷无门的困境。1985 年资金紧张时，许多外商投资企业就无从贷款，即使在 1986 年，有些外商投资企业的资金供给仍十分困难。外商对于无钱贷给企业而又不"关门大吉"的银行的存在，很难理解。外商普遍认为，目前许多外商投资企业花很多的时间在借款上，这就不能很好地顾及生产的成本和盈利状况。从长期资本市场看，用于投资的长期资金的供给仍然是原苏联的模式，投资项目由企业上级领导直接决定和批准。许多外商投资企业需要股本贷款，但银行一无贷款指标，二无资金来源，贷款无法实现。而外商投资企业又不能通过其他渠道，如发行股票、债券来解决。[②]

其次是银行服务质量问题。来投资办企业的外商已习惯于本国或本地区良好的金融环境和优质的金融服务，即银行在尽力完善现有的金融服务的同时，还朝发掘客户真正需要的服务方向迈进。银行和企业一样，也进行竞争。银行可以选择企业，企业也可以选择银行。我国随着银行机构的增多和业务的交叉，银行机构间的竞争已出现，但银行对企业的选择权远远大于企业对银行的选择权。银行服务水平低表现在：工作效率低、柜面服务差、为提高企业竞争能力的服务非常少等。银行业务水平低、效率差往往给客户带来不少的损失。如一家外商投资企业汇错一笔款给某一国家，而银行花了整整一个半月的时间才追索回来，仅利息一项就损失几千美元。凡此种种，归根结底是银行的官商化经营。[③]

2. 劳动力市场

尽管外商投资企业比起国营企业在职工的录用、辞退、工资和福利决定以及奖惩等方面已拥有更多、更大的自主权。然而，在实践中仍有不少困难。

首先是劳动力流动问题。应该看到，外商投资企业职工的招用和辞退，在目前我国经济环境中并不是"单打一"所能顺利进行的。因为，外商投资企业的劳动管理政策、法规的落实以及企业劳动管理工作的进行，不单单是企业内部的事情，尤其在职工的录用、辞退等许多方面与外部有密切的关系。外商投资企业要录用的人员会碰到原单位放不放的问题；而要辞退的人员则一时没有去向。所以，现在许多中外合资企业的职工都是从其前身的国营企业"一锅端"过去的。这就导致外商投资企业的职工中，原在职职工占了绝大部分，而从社会上招收的比重不大。劳动力流动不起来，市场岂能形成？

其次是劳动力工资问题。工资决定问题是劳动力市场中的又一个难点。就目前外商投资企业的实际做法来看，工资分配大多沿用国营企业的一套办法，有的只是作了一些小改小动。外商投资企业职工工资水平到底如何确定，现行的政策、法规中没有明文规定，一般都由董事会协商确定。现在，工资水平既不能定得太高，也不能定得太低。高了，与国营企业的差距过大，在攀比机制的作用下，社会承受不了；低了，又出现要求中方职工（特别是高级职员）应与外方职工同工同酬的问题。若工资水平定得高一点，但又要使职工实得与国营企业的差距不拉开，则外商有意见，认为这是使国营企业对外商投资企业进行不合理的竞争。外商投资企业的工资决定既怕被说成过低，又怕被说成过高。这是一个国际性难题。④ 工资作为劳动力的价格，不能由市场机制决定，劳动力市场又谈何发育？

三、面临的选择：从政策鼓励到体制变革

既然，我国的市场环境不能满足外商投资企业的要求，那么，该怎

么办呢?

基于这样两个原因:(1)引进国外直接投资不能等到投资环境的方方面面均改善得十分良好后才去进行;(2)随着这些年经济的对外开放,外资的进入已达到相当的规模(其中许多外商投资企业先后开业投产)。因此,主张在市场环境未彻底改善之前,亟须通过政策为国外投资者创造"小气候",一时被政府和企业双方广为接受,并在1986—1987年年间达到高潮。具体表现在:我国从中央到地方先后颁布了一系列鼓励性的政策规定。

但是,种种迹象表明,这些鼓励性的政策规定在理论上和实践中是有很大局限性的。例如,某些政策规定和具体做法企图将外商投资企业的贷款和原材料供应纳入计划的"盘子",以此解决其要素缺乏问题,这显然是违背我们引进国外直接投资的初衷的。因为,当初我们引进国外直接投资的目的不仅包括引进技术、资金和推动出口,而且包括通过建立外商投资企业来冲击我们的旧体制。我们应力求使外商投资企业走市场这一轨,而不是重新回返到计划这一轨。又如,某些政策规定允许外商投资企业可以相互调剂外汇余缺以维持外汇平衡,可外汇调剂虽然对外商投资企业的外汇平衡起到一定的作用,尤其是对因"时滞效应"而一时缺汇的外商投资企业效果更佳,但由于企业总盈余额大大地小于总亏缺额,调剂汇源明显不足。何况,外商投资企业的外汇平衡问题的产生与我国实行的引进战略有着天然的联系⑤,这不是仅靠某一政策措施所能解决得了的。

我国目前的市场环境满足不了进入的外资的要求,而通过制定一些鼓励性政策又有很大的局限性,充其量只能被作为应急措施,那么,我们未来寻求的应该是体制变革,而不是政策应付——无论是鼓励性的政策措施,还是限制性的政策措施。只有这样才能形成一个良好的、符合国际商业规范的市场经营环境。在这个环境中,对任何投资将一视同仁,从而有利于外资的进入和发展。

国际上正反两方面的经验也证明了这一点。例如,非洲和加勒比地区的许多国家的国内市场很小和自然资源有限，尽管这些国家对潜在的国外投资者提供了重大的鼓励措施，但并未能吸收到大量的直接投资。而印度、尼日利亚和一些拉丁美洲国家都有吸收用于出口替代的国外直接投资的潜力，但它们的成就不是很显著的，这是因为对国外投资者采取了种种限制措施。因此，政策措施无论是鼓励性的还是限制性的，对国内政治和经济生活的影响往往要大于对吸收来自国外投资额的影响。与此相反，东南亚的几个新兴工业化国家（如马来西亚和新加坡）并没有提供很多的鼓励措施就获得了大量的资本流入，究其原因是，宏观经济气候良好。一般地说，对国内投资者有利的同样有利于国外投资者。对于吸收国外投资，一国宏观经济气候是最为主要的。⑥这种宏观经济气候显然就是指市场经营环境。

　　事实上，我国近 10 年来引进国外投资取得了很大成绩，达到了相当的规模和速度，肯定不是一两条鼓励性政策所能造就的，应该看作是我国国内市场广大的结果。

　　既然实行鼓励性政策既不是推动我国既往引进外资的主要因素，也不能成为我国今后的选择，所以，建立和完善良好的、符合国际商业规范的市场经营环境，就是进一步推动我国引进外资工作的唯一选择。这无论在理论上，还是在实践中，乃至在国际经验方面，均向我们提出了挑战。当然，良好的、符合国际商业规范的市场经营环境意味着：生产要素可以自由流动和生产要素的价格由市场决定，并由此达到资源的最优配置。要达到这些目的，只有继续深化改革，实现体制变革。

注释

① 国家统计局：《中国统计年鉴》（1988）。

② 这个问题似乎涉及"利用外资"还是"外资利用"问题，笔者将另文探讨。

③ 金融市场的内容得益于中国人民银行上海金融研究所的王华庆。

④ ［美］查尔斯·金德尔伯格、布鲁斯·赫里克:《经济发展》张欣等译，上海
　译文出版社 1986 年版，第 371 页。

⑤ 陈郁:《试论引进战略的转换——兼论外汇平衡问题》,《经济科学》1987 年
　第 6 期。

⑥ 世界银行:《1985 年世界发展报告》，中国财政经济出版社 1985 年版，第
　130—131 页。

试论引进战略的转换
——兼论外汇平衡问题

对外引进是经济开放的一项重要内容，也是加快一国经济建设和技术改造的一个可行途径。目前，我国的引进工作基本是以引进先进技术为目的，具体采取两种方式：一是通过购买技术专利、以技术转让的单项形式达成；二是通过引进国外直接投资、以举办中外合资企业（包括合作和独资企业）的"一揽子"形式达成。

随着我国经济逐渐由封闭型向开放型转化，对外引进问题已愈来愈受到经济理论工作者和实际工作者的关注。特别是对外引进项目的外汇平衡问题的出现及其严重性，更使人们对此不能掉以轻心。然而，目前人们对问题的认识及缓解对策仅就事论事，并没从更大的背景下把握问题。本文拟从外汇平衡问题的提出及缓解对策方面入手，以期对我们经济开放中的对外引进战略重新认识，旨在抛砖引玉。

＊ 本文载于《经济科学》1987年第6期。

一、外汇平衡问题的提出

外汇平衡问题是指引进项目开业或生产后，在外汇收支上出现了赤字，即外汇收入额不抵外汇支出额。当前许多项目连年的外汇缺口不是由银行贷款，就是由政府特批补助外汇来填补，且数目之大远远超出了我们早先的预料。由于引进项目本身往往意味着我国相当数额的外汇支出，因此，外汇平衡问题是引进项目进一步发展的"瓶颈"。这也无怪乎外汇平衡问题一度成为上下议论的"热点"。

那么，引进项目外汇无法自身平衡的原因何在？这自然要分析到引进项目外汇供给与需求的决定。以中外合资企业为例，其外汇收入一般来源于：外方外汇现金投资、销售收入、利息收入、国外佣金收入、国家外汇补助、中国银行贷款和其他收入等。其中，外方外汇现金投资、国家外汇补助和中国银行贷款占全部外汇收入的比重远远大于其他各项，有的该比重竟高达85%。而我们曾经寄予厚望的外汇销售收入，由于引进项目开业投产后能向国际市场返销的产品极少，内销收取部分外汇则市场需求就萎缩了，因此，无法成为引进项目外汇收入的主要来源。在数额上，它要远远低于外方外汇现金投资、国家外汇补助和中国银行贷款。从需求方面看，其外汇支出一般用于进口零部件和原材料、进口设备和工具、支付专利费、支付运输费、银行保险和杂项支出、外籍职工薪金和费用以及其他支出等。其中，进口零部件和原材料支出独占鳌头，有的引进项目该笔支出占全部外汇支出的比重竟也高达85%。

显而易见，许多引进项目外汇不能自身平衡是由于大量进口零部件和原材料花费了大笔外汇，而产品创汇能力却很低，因此导致了外汇缺口的产生。结果是，不得不向中国银行告贷，或"吃"国家特批外汇补助，或依靠投资期内外方的外汇现金投入。微观外汇不平衡则给宏观外汇平衡产生压力。

二、缓解对策的选择

针对外汇平衡问题的出现，人们纷纷提出缓解对策，最主要的是以下两种。

1. 外汇调剂和外汇市场

我国目前的金融体制是不允许企业之间相互调剂资金的，对外汇的管制则更为严厉。但基于对外引进项目中既有外汇亏缺的，也有外汇盈余的，因此有人建议，在外汇市场未形成前应建立"外汇调剂中心"，让外汇资金与人民币资金在盈汇、亏汇和用汇单位之间流动，以解决外汇平衡问题。这实际上是有限的外汇调剂，还无法算真正的外汇市场——外汇自由买卖市场。

不可否认，此建议的提出是有一定意义的。首先，"外汇调剂中心"的建立对我国金融体制的改革，特别是对外汇管理体制的改革和促进外汇市场的形成能起推动作用。其次，此建议比起主张在同一个外方投资的不同引进项目之间允许进行外汇调剂的观点又前进了一步，因为它正把调剂范围扩大到不同外方投资的引进项目之间。第三，目前有些引进项目因种种原因一时不能取得一定的外汇销售收入，其创汇能力没发挥出来，待过了一段时间间歇，其创汇则将由可能性变为现实性了。所以，"外汇调剂中心"的建立，对于这些因"时差效应"而暂时尚难获得较好外汇收入的引进项目无疑是场"及时雨"。

但也不得不承认，以"外汇调剂中心"来缓解外汇平衡问题的效果是极为有限的。首先，各引进项目中，外汇盈余额要少于外汇短缺额，即汇源不足，无法保证缺汇单位均能调剂到外汇。其次，在目前的汇率水平下，许多盈汇的单位认为国家的外汇牌价偏低，不愿参加调剂，将部分外汇作为"奇货可居"。在有限的外汇调剂中是如此，在对参与调剂活动的对象不加限制的外汇调剂中亦如此。外汇调剂作为一种对付引进中外汇平衡问题的手段，其作用的局限性是很明显的。

当然，建立外汇自由买卖市场，相形之下，对于缓解问题的效果要略好一些。它不仅能解决进入外汇市场的单位参加交易的行为动机问题，矫正外汇持有者将外汇"奇货可居"的不合理行为，从而较有效率地在盈汇和亏汇单位之间使外汇迅速流动，而且能通过汇率根据外汇的供求自由上下浮动，促使用汇单位创汇、节汇。[①] 但外汇自由买卖市场的建立要大动金融体制，目前一时很难做到。

2. 国产化配套

由于外汇收入的增加与外汇平衡问题的解决是正相关的，外汇支出的增加与之是负相关的，故从引进项目本身来看，缓解对策作出的思路无非有两个着眼点：一是设法增加自身的外汇收入；二是设法减少自身的外汇支出。究竟遵循哪条思路来选择对策，既要考虑到可能性，又要与我们对外引进的方向、目的相吻合。国产化配套对策是在这样的背景下作出的。

从外汇收入方面看，引进项目的三大外汇来源——外方现金投资、国家外汇补助和中国银行贷款的增加与项目本身的生产经营效果的提高的相关系数几乎为零，依靠这三个特定意义上的"外生变量"来摆脱外汇不平衡的困境，实为近期内得过且过之举，从较长期看，既非合理，又不可行。因为，目前大多数引进项目尚处投资期，每年外方均有一定数量的外汇现金作为注册资本投入。一旦投资期结束，投资总额饱满，这种收入外汇就不复存在了。尽管中外双方的合同一般有规定，投资期结束后资本额可按需要增减，但得经双方投资人决定并批准。届时情况到底如何，实难预料。此其一。其二，随着我国对外引进项目数增多，国家财力不允许对其同时进行外汇补助。有迹象表明，即使单独给某一个引进项目长年特批大数额的外汇亦不可能。其三，我国银行银根抽紧，外汇储备状况不佳且一时无法根本扭转，外汇信贷资金供给额很难满足银行客户的需求。何况，我们应注意到，国外投资者在"借资投资"、"借资保资"战略思想指导下，往往只有很少的资金投入或根本没有资金净流入，资金绝大部分向投资东道国银行贷款或在东道国银行的担保下在国外借款。② 对我国而言，这很可能使对外引进项目中外双方合理分享利润和共同承担责任名存实亡，而且还潜伏着将风险转嫁给我方银行的危机。事实上，这样的情况已经出现。

引进项目不能靠以上三方面来摆脱外汇不平衡的困境，而且产品返销比例扩大以此来增加外汇销售收入也被目前现实所否定，那么，只有在设法减少外汇支出上下功夫了，国产化配套的对策考虑也就由此导入。基于目前引进项目之所以支出大笔外汇进口零部件和原材料，是因为我国现有的配套生产线设备陈旧和技术落后，无法保证配套产品的质量过关和价格适度，所以，从改造、建设零部件和原材料生产线入手，逐步形成国产化配套生产体系就成为引进工作中的应有之义了。

针对外汇平衡问题，以上两种缓解对策是目前人们谈论较多的，有些相应的具体政策措施也先后实施。然而，要彻底根治外汇平衡问题，就无法回避对引进战略的重新认识，因为它与引进项目的外汇平衡问题有着天然联系。

三、引进战略的反思

目前，我国对外引进技术的战略被称为逆向发展型战略，它引进的方向是整机装配技术而不是零部件或原材料生产技术，而希望以此带动零部件或原材料生产技术的进步，即技术进步的途径是：整机装配技术→零部件或原材料生产技术。由于此战略下技术进步的途径与一般情况下正常技术发展的途径（零部件或原材料生产技术→整机装配技术），方向相反，故有逆向发展型之称。与此相类似，若引进战略带动技术进步的途径与一般技术发展的途径方向相同，则可称为正向发展型。

从当前我国引进的实际情况看，零部件和原材料国产化配套水平是跟不上的，这导致要花费相当部分的外汇去进口整机组装所需的零部件和原材料。因此，引进的逆向发展型战略要获得成功必须做到：或是国家有足够的外汇储备来支付进口大量的零部件和原材料的耗费，或是组装的整机制成品能迅速打入国际市场，赚取外汇以补偿进口零部件和原材料的外汇支出。不然，入不敷出，外汇平衡就无法维持。一次引进、多次付汇现象的出现就在所难免。

早先，我们之所以实施逆向发展型战略，是希望加快技术进步的步伐，同时还基于如下两个判断：一是，我国外汇储备较为充裕；二是，以韩国、中国台湾、中国香港和新加坡"亚洲四小龙"成功的引进战略为先例，指望整机制成品能迅速出口。现在看来，认为我国外汇储备充裕实属盲目乐观，再加之近几年来大笔外汇使用不当，过多地进口汽车、日用耐用消费品和高档消费品等，已面临严重的外汇短缺，无法为实施引进的逆向发展型战略提供强有力的后援。另外，指望整机制成品能迅速出口，较快地占领国际市场也是一厢情愿。因为，此时不是彼时，何况制成品的返销要牵涉许多因素，既有经济的、也有非经济的；既有国内的，也有国外的，还有制成品本身的，等等。

与"亚洲四小龙"相比，我们目前实施引进的逆向发展型战略要取得成功是较为困难的。

第一，"亚洲四小龙"引进战略的成功和外向型经济转轨的完成离不开当时的国际经济环境，一句话，它们赶上并利用了20世纪60—70年代初世界经济高潮时期。如今，世界经济处于"波谷"，各国经济不景气，生产性投资形势亦是"淡季"，大量游资充塞国际金融市场，等等。所有这些使得国际经常项目的贸易额（尤其是制成品贸易额）难以有较大幅度的增长。同时，西方资本主义世界保守主义思潮回流。表现在国际经济领域就是，各国贸易保护主义抬头和贸易战此起彼伏，纷纷对产品进口，特别是工业品进口，实行极为严格的管制，采取了种种关税和非关税壁垒，如实行进口配额制、进口许可证制和外汇管制等。这两大背景对我们引进项目的制成品返销是相当不利的。

在这里，有必要认识一下这样一种观点：当前国际金融市场游资多、利率低，是我国利用外资的大好时机。我们感到，利用外资要综合考虑。引进外资规模大小的决定，既要考虑利率的因素，以期相对减轻还本付息的负担；还要考虑引进项目的创汇水平，以期增强还本付息的能力。后者就要求我们对出口贸易能达到多高水平有个正确估计，这离不开对世界经济形势的判断。可以设想一下，如果我们引进的外资利率是高了一点，但世界经济形势处于高潮阶段，用引进外资搞的项目的产品出口实绩较佳，那么，引进战略就会成功。相反，尽管我们引进的外资利率是低些，但世界经济形势处于衰退阶段，只能是为引进而引进，引进战略的成效是可想而知的。而现在我们面临的正是后一种情况。

第二，从我国引进的发展过程来看，还只能说处于初始阶段，产成品有很大的内向性。由于绝大多数引进项目才刚起步，当前的重点还在吸收、消化先进技术，产成品还很难达到一定的技术指标，大多尚无国际竞争能力。若离开了进口的原材料和零部件，则产品的质量就更要打折扣了。目前引进项目的产品绝大多数销售于我国国内市场。从产品质量上看是如此，从价格决定上看，亦有一些因素加强了产品的内向性。譬如，在目前的汇率水平下，人民币与外汇的比价使得产品国内外价格差距明显，对企业来讲，产品的出口换汇成本相当高。企业从自己的利益出发，自然也不愿意产品出口。"外销不如内销"，企业不仅是一直这样认为的，而且是一直这样实践的。出口创汇在某种意义上，不是企业的经营目的，而是政府的政策目的。所以，出口实绩不佳也与我们早期开放政策不成熟有关。所有这些，在目前引进的初始阶段较难避免。何况，引进改革的完善和外汇、价格、税收等政策的协调配合，促使企业行为符合我们宏观经济要求，以期推动产品出口，则要相应变动金融、价格、税收和企业管理体制，这些很难在短时期内完成。远水解不了近渴！

第三，"亚洲四小龙"地域狭小，国内资源贫乏和市场有限，发展外向型经济是其实现工业化的必由之路，除此之外，别无他择。外国投资者在这四个国家（地区）搞的大多是劳动密集型、中间技术项目，产品满足国际市场的需要，其中相当部分是原材料和零配件产品。而与我方合作搞引进项目的外国商人均看中我国广大的国内市场，其来华投资办企业也好，转让技术也好，最终目的是要开发中国的市场，自然对产品返销兴趣不大，不会支持我国的引进项目到变量有限的国际市场上去与其争地盘。所以，来华投资办企业的产品几乎全在我国国内销售，转让技术往往也伴随着原材料、零配件等中间产品的倾销。

第四，从我国经济的发展战略来看，根据我国的国情，不宜于以基本外向型开放经济为主，而应以基本内向型开放经济为主。在此战略下，替代进口的作用意义重大。发展经济学认为，在替代进口的早期阶段，或许一点也不节省外汇，而要产生外汇平衡问题。因为，要使早期替代进口成功，就必须以大量外汇进口机器、设备、原料、燃料以及中间产品性的零部件，替代整机制成品等传统商品的进口。在最坏的情况下，进口却会增加而并不减少，因为多次进口原材料和零部件实际比一次进口整机制成品花费更大。为实现进口的替代，关税保护是必要的，这就会刺激装配工业或"旋凿工业"的发展。在这样的工业中，成套的原材料、零部件免税进口，然后旋拧凿螺成替代进口的制成品。[③] 这样的情况和事例，目前在我国俯拾皆是。

从以上论述可以看出，目前我国实施逆向发展型引进战略的国内外条件尚不具备，这自然使得原先"对外引进→扩大产品出口→增加外汇收入→维持外汇平衡"的设想落空。一面要继续对外开放、对外引进的战略，一面则要解决与引进战略密切相关的外汇平衡问题，难度是很大的。在这样的情况下，引进战略处于进退维谷、步履艰难的境地也就不足为怪了。

四、引进战略的转换

当然，逆向发展型引进战略有疾，并不等于说我们对外引进要停止或大减其速，相反，外汇平衡问题的缓解，国产化配套的落实，对引进工作的拓宽和深化，既提出了挑战，也给出了机会。当前迫切需要进行战略转换。因为，随着观察问题角度取向的转变——从企业到战略，原先落空的有关扩大产品出口的想法，并非无文章可作了。

基于与我方合作搞引进项目的国外公司大多为跨国公司，其必然要在世界范围内组织生产，包括要进行公司内贸易，采购零部件和原材料；同时，基于国际市场对零部件、原材料需求比整机制成品需求大，即就我们来讲，原材料或零部件的返销、出口可能性比整机制成品大，那么，我们下一阶段引进的重点应放在零部件和原材料的生产线上，而不是整机装配线（产品有较大返销比例的除外）。这样，经过引进战略方向转变后的项目就可能有一定量的外汇收入，其微观外汇平衡问题就迎刃而解了，同时又能为维持外汇的宏观平衡出力。而且，其中一部分产品又可为前一阶段搞的整机装配的引进项目配套，以减少其外汇支出，降低外汇平衡问题对整机装配项目的压力。显然，引进战略的转换的作用并不局限于自身，它对推动为整机装配项目形成国产化配套体系，也将起巨大作用。

在此，我们将引进战略转换、外汇调剂和国产化配套三种缓解外汇平衡问题的对策，作一些简略比较（见图1）。

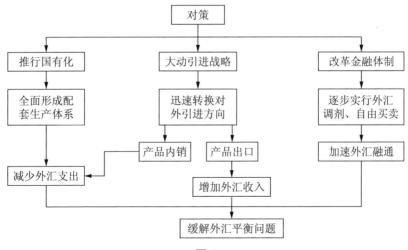

图1

从图 1 中，我们不难得出这样两个结论：第一，进行引进战略的转换，一方面能增加外汇收入，另一方面能减少外汇支出，它能从供给和需求两方面缓解外汇平衡问题。这是其他两种缓解对策无法与之比拟的。进行国产化配套仅在需求方面缓解外汇平衡问题，何况它的实现，本身相当大部分需要引进战略的转换来配合达成。而逐步实行外汇调剂、自由买卖，不能在供给和需求两方面，从量上缓解外汇平衡问题，只能缓解外汇需求和供给上的"时差"。所以，缓解外汇平衡问题，引进战略的转换是治本之策，外汇调剂只是治标之策，国产化配套界乎两者之中。这是从对策的缓解效果上来看的。

第二，从对策的实施条件上看，实行外汇调剂和自由买卖要改革金融体制，当前无法完全做到。推行国产化，全面形成横向、纵向配套生产体系，要在相当程度上冲破条条块块，体制方面的障碍不小，何况这样一个庞大的体系形成，技术方面的问题也不少。相形之下，引进战略的转换目前所需的条件最少，也较容易满足。总之，引进战略的转换势在必行。

注释

① 朱彤、杜慧芳：《引外企业实现外汇平衡的关键是建立外汇自由市场》，《中青年经济论坛》1985 年第 4 期。
② ［美］彼得·林德特、查尔斯·金德尔伯格：《国际经济学》，范国鹰等译，上海译文出版社 1985 年版，第 488 页。
③ ［美］查尔斯·金德尔伯格、布鲁斯·赫里克：《经济发展》，张欣等译，上海译文出版社 1986 年版，第 331 页。

论政府与企业间的谈判
——兼论承包制

　　我国传统的经济体制是一种中央集权型的统制经济体制，中央政府对经济的统制是通过一系列指令性计划来实现的。但中央政府对经济的统制并非像原苏联和一些东欧国家那样一竿子插到底——中央政府的指令性计划包容了经济活动的所有方面，地方政府之间存在着几十年的"串换"关系，这种"串换"关系是通过地方政府之间的讨价还价式的谈判活动来实现的。正是基于此，国外有些学者认为，中国经济中很久以前就存在着一种市场，其可追溯到地方政府之间的"串换"行为和谈判活动。这种观点无疑是极有启发性的。

　　本文的主题并不是讨论地方政府之间的谈判问题，而是讨论政府与企业间的谈判问题。这是中国经济改革的历史进程中出现的一个极有意义的课题。特别是推行承包制以来，政府与企业间的谈判一直是一个热门话题。因此，本文在讨论政府与企业间的谈判问题时，也力图对承包制进行客观的评价。

　　需要说明的是，本文主要是研究政府与企业间的谈判，以及对企业

＊本文载于《经济学家》1989年第4期。

承包作出评价，但一些讨论的情况和得出的结论对于研究中央政府与地方政府间的谈判，以及对地方承包作出评价，无疑也是适用的。

一、何为谈判

对于承包制推行中政府与企业间的谈判问题，目前较为普遍的看法是：政府与企业间谈判不是市场规则，而是行政规则，其导致了政府对企业的行政干预和企业对政府的经济依赖，而且，在讨价还价的过程中，形成了承包基数和承包指标的一户一率，造成了政企不分、市场不完全的恶果。如此等等均是承包制的弊端之所在。然而，有关政府与企业间的谈判和承包制的推行问题是这么简单吗？

无论从理论上，还是从实践中，均可以看出，任何谈判活动的目的均是为了达成某种交易，而谈判的当事人双方为使达成的交易对自己有利，必然要进行讨价还价。商品买卖就如此。显然，受谈判当事人自身利益支配的谈判行为本质上是符合市场规则的。市场价格机制是谈判活动的权威。

如果说命令—服从是统制经济中的游戏规则的话，那么，对比之下谈判应是市场经济中的游戏规则。因为，谈判是服从于交易当事人双方利益的合理、合法行为。

当然，谈判作为严格意义上的市场经济的游戏规则，至少须进一步作出两点界定：（1）在谈判活动尚未形成最终得到法律保障的契约或合同时，任何生产要素的供给者和需求者都可以参加和退出谈判，即谈判的主体应具有开放性；（2）谈判一旦达成了某种交易，签订了具有法律约束力的合同，谈判当事人双方就不能随随便便地轻易退出，其他生产要素的供给者和需求者就不能随随便便地轻易加入，或者对谈判当事人双方的退出和其他生产要素的供给者或需求者的加入的细则在谈判的结果——合同中就加以明确规定，即谈判的结果应具有稳定性。

谈判主体的开放性和谈判结果的稳定性无疑应作为市场规则的典型和根本的特性，离开了这两点，谈判活动既不可能合理，也不可能合法，其最终会导致谈判当事人受到经济上的损失和权利上的伤害。可以想象得出，如果谈判的主体是封闭的话，即只有生产要素的供给者选择需求者的权利而没有需求者选择供给者的权利，或者相反，只有需求者选择供给者的权利而没有供给者选择需求者的权利，那么，买方垄断或卖方垄断现象就会出现，并相应导致供给者主权和需求者主权的出现，这时的"谈判"实质上兑变为强迫了，谈判应由市场价格作为权威也就徒有虚名了。另一方面，如果谈判的结果，即签订的合同或达成的契约不具有稳定性，谈判当事人中的任何一方可以任意拖延合同的履行乃至中止、撕毁合同，随随便便地退出，那么，合同作为谈判的结果就无法得到保障。而且，随意中止合同并重开谈判，这样的反反复复会增加整个社会的交易费用，使资源的浪费程度加大。

那么，目前我国经济中存在的政府与企业间的谈判（尤其表现在实行企业承包的活动中）又是怎样呢？

二、承包制中政府与企业间的谈判行为及其矫正

我国目前推行的承包制中，讨价还价的谈判成为政府和企业的主要行为，政府与企业间的关系在一定程度上是种谈判关系。应该承认不单单是企业为降低承包基数和减少承包指标在向政府财政部门或上级主管部门讨价还价，而且政府也为提高承包基数和增加承包指标在向企业讨价还价，甚至向企业压基数、加指标。据有关方面问卷调查，54.6%的企业认为"上级要求承包"是本企业实行承包制的首要原因，其次才是"为了在承包期内实现本企业的最大利润"。[①]

政府对推行承包制的积极性主要根源于确保政府的财政收入，这是无可厚非的。何况，承包制带来的或强化的政府与企业间的谈判关系比

起传统体制下政府与企业间的命令—服从关系，是进步的。因为在传统的命令—服从关系中，企业完完全全是政府的行政附属物，是政府作为唯一所有者和经营管理者的庞大的托拉斯中的一个工厂。财政上的统收统支和生产要素上的统一调拨等，使企业根本没有自己独立的人格和利益可言。而在现存的谈判关系中，企业经过多年的改革实践已有了一定的独立利益并且企业承包中基数包干超收分成、定额包干和递增包干等一系列做法能对企业起到一定的激励作用。显然，在推行承包制中，政府与企业均有自己的利益取向，双方受彼此利益支配而进行的谈判是属于市场规则的。

从企业家阶层的形成角度看，承包制无疑会带来行政干部与企业家的分野。以前的厂长、经理更多地带有行政干部的色彩，其关心的是行政级别的提高，而承包活动中的厂长、经理更多地带有企业家的色彩，其关心的是企业的增长。谈判在某种程度上意味着企业家阶层开始从行政干部中游离出来，因为行政人员之间不讲谈判，而讲命令—服从。

所以，推行承包制中的问题并不在于出现了政府与企业间的谈判，而恰恰在于没有出现作为严格意义上的市场经济的游戏规则的谈判，即问题不在于谈判本身，而在于如何"谈"、怎么"判"。

众所周知，在目前推行承包制的过程中出现了以下两种倾向：

一是一些政府部门在发包活动中，通过种种行政手段不允许本部门之外的企业（法人）和个人（自然人）参加承包谈判，在承包经营者的产生这一环节上出现了外来者的"进入障碍"。"调查表明，承包经营者绝大多数来自本企业（占总数的90%），而且绝大多数是本企业的原主要领导（占总数的85%），其他依次为本企业的中层干部和机关干部（分别占总数的4.8%和3.5%）。这种格局并不意味着我国工业企业中的厂长经理基本上都是有能力充任经营者的（尽管承包有可能使他们的能力得到更好的发挥）。"② 因此，谈判主体不具有开放性。

二是相当部分的企业和个人在承包活动中，一旦遇到某种风险，便以退出承包相要挟，要求重新谈判和重新签订合同，使得谈判结果不具有稳定性。当然，这种倾向以不同的方式在作为发包者的政府部门的身上也有所表现。承包当事人双方的这种倾向还集中反映在承包合同的具体条文上。例如，《上海第二纺织机械厂全员承包经营责任制合同》附则有一条是："本合同执行期间，遇有国家较大政策变化或发生不可抗拒的因素，对实现合同确有困难时，双方可协商修订本合同或作出补充规定。"这实际上为承包当事人双方要求重新谈判留下了伏笔。又如，《长春市水泵厂经营承包合同书》第二十条是："由于国家政策、法规和其他客观环境发生预料不到的重大变化，确需变更合同时，需经合同双方协商，方可修订或作补充条款，并送到有关部门备案，修订后的合同或补充条款与原合同有同等法律效力。"③这实际上为重新谈判的结果替代原先谈判的结果埋下了伏笔。由于发包者和承包者作为谈判的双方均有逃避风险的倾向，自然使得承包谈判畸化为反反复复的无休止的推诿责任的行为。谈判失去了其本身的意义，谈判作为市场规则也受到极大的扭曲。

当前在完善承包制的过程中，强调经营者的产生要通过公开招标、投标引进竞争机制的作用，这无疑是非常正确的，这正是要使承包谈判主体更具开放性。但为使承包谈判更能符合市场规则，仅仅这样做是不够的。承包制的完善和政府与企业间承包谈判行为的矫正的另外一个重要方面，还应使承包谈判的结果——合同具有稳定性。即在签订的承包合同中尽可能地去掉类似"一旦出现……情况，就要重新调整……基数和指标"的词句，使政府和企业作为承包谈判的当事人双方均承担起未来可能出现的风险，并使合同进一步获得法律化和制度化的保障，不允许谈判的任何一方随随便便地退出，使反反复复的机会主义式的短期谈判行为得到一定程度上的矫正。

如果说，能够在推行承包制中做到使谈判主体具有开放性和谈判结果具有稳定性，那么，谈判就不会导致政府对企业的行政干预和企业对政府的经济依赖。这理应成为推行承包制的目标之一。可是，目前我们尚没能真正做到这一点，相反却在推行承包制的过程中出现了与此相悖的现象。根源在哪里呢？

三、政府的双重身份：政府与企业间谈判的制度背景

理论界人士很早就认识到，政府具有双重身份，它既是社会行政管理者，又是国有资产的实际所有者或所有者代表。但对政府的双重身份的冲突使之对国有企业产生的双重行为如何通过政府与企业间的讨价还价而导致的"一户一率"表现出来，论述的很少。只有少数文献谈到这一点。④

无论是从理论上，还是从实践上讲，政府作为社会行政管理者，对国有企业提供社会服务，要求企业照章纳税；政府作为国有资产的实际所有者或所有者代表，又要对国有资产进行经营管理，要求国有企业上缴利润。所以，政府既要向企业收取社会管理费——税，又要向企业分享收益。收税活动政府可以通过制定统一的标准，使之制度化、法律化和规范化，但作为国有资产实际所有者或所有者代表的政府对于分享国有企业的收益却不可能做到这一点，因为企业的实际经营状况不会整齐划一，其中既会有盈利的，也会有亏损的，因此政府对企业的收益分享程度不会"一刀切"（也不应"一刀切"），而是千差万别的。这就像我们握有若干企业的股票而成为这些企业的所有者，得根据这些企业实际经营状况的好和坏，来决定不同程度的收益分享，获得相应的股息和红利。所有这些导致"一户一率"和"鞭打快牛"现象的产生。

所以，"一户一率"并不是政府与企业间的谈判带来的，当然也不是承包制带来的，而是根源于我国政府的双重身份和双重行为。在政府的双重身份的制度背景下，"一户一率"是无法避免的。所以，是因为有"一户一率"（这是一种制度因素带来的制度现象），才有为达成某一具体的"一户一率"而进行的谈判；而不是相反。

有一种流行的观点认为，"一户一率"是由于企业外部的价格环境

没理顺带来的。姑且不论理顺价格的提法本身具有的缺陷⑤，可以想象得出，即使价格按照"理想"全部都理顺了，那么，只要政府双重身份和双重行为的冲突仍然存在，政府对企业收益的分享（再与收税混杂在一起）仍然是"一户一率"的。

那么，"一户一率"式的承包对于政企不分、市场不完全会起到强化作用吗？或者说，"一户一率"式的谈判会造成政企不分、市场不完全吗？答案是否定的。

因为，政企不分、市场不完全并不是某一政策带来的。对于推行企业承包的政策来讲，亦可作如是观。政企不分、市场不完全是制度因素带来的，其根源在于政府双重身份和双重行为的冲突和矛盾。作为社会行政管理者的政府，它可以在某种程度上对企业"自由放任"，只要求企业照章纳税就行，在此情形下，政企是有可能分离的，市场也是有可能完全的；而作为国有资产实际所有者或所有者代表的政府，它又必须在某种程度上对企业进行统制，又要求企业上缴利润，在此情形下，政企是不能分离的，市场也是没有可能完全的。所以，与其说政企不分、市场不完全是承包制及其政府与企业间的谈判带来的，还不如说是政府双重身份和双重行为的冲突和矛盾带来的。显然，之所以推行企业承包制正是因为我们面临着政企不分、市场不完全的客观现实，是期望通过承包这一"两权分离"的形式，去促进政企的分离和市场的完全。实践尤其是广东的情况表明，承包制是能达到这一目标的。企图用政企不分、市场不完全来否定承包制及其实践，是不恰当的。

政府双重身份和双重行为所产生的冲突和矛盾，表现在推行承包制中，政府既作为国有资产的实际所有者或所有者代表与企业进行承包谈判并签订合同，又作为社会行政管理者运用经济杠杆进行宏观调控，维持国民经济的运行，影响合同的执行。政府重大经济政策的出台，对于企业履行合同是种"不可抗力"，它使得企业履行合同会突然变得艰难起来，基于此，企业往往会要求重新谈判，重新对承包基数和指标进行讨价还价，重新签订合同。如果把经济活动的开展比作一场体育比赛

（政府和企业是这场比赛的双方）的话，那么，企业会怨言道：政府既制定比赛规则，又参加比赛。而政府方面这种反反复复的行为是基于，政府作为所有者要根据企业实际经营状况来分享收益，政府还会出于某种长远考虑将从盈利企业获得的收益，转而补贴给亏损企业，这也就是通常人们所讲的"平调"。国有资产或生产要素的配置效率可想而知。

显然，国有资产或生产要素配置效率低下是来自政府双重身份和双重行为两方面的因素。为此，要改变国有资产或生产要素配置效率低下的状况，一方面要在政府作为实际所有者或所有者代表这个既定条件下，使企业"利税分离"，即实行国有企业在按低于现行税率的所得税率向政府照章纳税之后，再根据企业的盈利情况向国有资产管理机构（这需建立）缴纳一部分利润的办法，⑥另一方面要使国有资产找到法定的、人格化的代表，改变政府的所有者身份，解决所有者"虚化"问题，具体方案是通过实行股份制，使国有资产的所有者多元化。在我国既定的产权制度下，这些见解付诸实施无疑能对提高国有资产的配置效率起到极大的促进作用。

但是，为启动寻求中国经济长远发展的引擎，更重要的是通过对传统产权制度的改革，确立起政府与企业之间的谈判关系，以抑制来自政府和企业两方面的短期行为。何况，产权归属的不明确，已使目前政府与企业间的承包关系（或契约、合同关系）受到了种种不规范现象的干扰和破坏，这自然使承包制的完善也就无从谈起。

四、政府与企业间谈判关系的确立与产权制度的改革

承包制是理顺政府与企业关系的一个重要步骤，是为了通过合同形式来确立政府与企业的利益关系。但它目前还不能从根本上保证政府和企业谈判行为的规范化，因为，在某种意义上，政府与企业可能有以下三种关系，而在这三种关系下，企业承包都能在形式上出现（当然承包

活动的机制是不同的）。

（1）命令—服从关系。政府与企业间命令—服从关系的维持是靠发出命令一方的政府具有极大的权威及保障这种权威的后盾——威慑力量，而作为服从一方的企业则是无条件地接受来自政府的命令，唯恐产生不利于自己的结果。

（2）谈判关系。政府与企业间谈判关系的维持并不是依靠来自哪一方的权威，而是依靠超脱于政府和企业利益之外的市场机制。这时，市场是最高的权威，政府和企业自身的利益都应服从于市场机制的运行。在市场的运行中，政府与企业的利益互相依存、互相促进。若政府与企业的利益出现了矛盾和冲突，这得由市场来解决。政府与企业间的谈判关系在现代商品经济中最为常见，也最为发达，因为现代商品经济中日益复杂、多样的经济活动需要市场来作为一个不偏不倚的公正的裁判。

（3）"父子"关系。政府与企业间"父子"关系的维持既不靠权威，也不靠市场，而是源于政府与企业之间的先天性的"血缘"关系，即企业是政府的附属物，是政府"繁衍"的结果。受这种关系支配的政府的行为，对于企业自然更多的是庇护，企业则心满意足地吃着"大锅饭"。"父子"关系是社会主义传统体制下政府与企业关系的典型写照。即使经过了改革，社会主义国家中政府与企业的"父子"关系依然存在，若有变化，充其量是程度上的，即政府对企业"父爱主义"的程度有所下降。⑦

目前我国的政府与企业关系是谈判关系与"父子"关系的混合。由于改革后带来了市场机制的作用，政府和企业带有市场经济性质的谈判、交易行为日趋增多，可另一方面政府与企业的"父子"关系在本质上依然故在，尽管企业是自立了，但政府仍对企业提供物质上的帮助。就像科尔内所说："依据通常宣布的原则，企业是一个'独立核算'单位。它应当用出售产品的收入来弥补自己的支出，靠自己的收入来维持。但如果企业遇到财务困难，国家将以一种或多种财政资助来帮助它摆脱困境。"⑧这就导致了这样的结果：一方面，政府和企业会为某一种事或某一笔账斤斤计较、患得患失而进行无休止的讨价还价；另一方面，政府仍对企业进行行政干预和企业仍对政府存在经济依赖。而且，不管是出现了哪种行为，政府和企业又都能找到认为是理所当然的理由。出现了"公说公有理，婆说婆有理"的现象。

政府与企业间新的谈判关系已经出现，可旧的"父子"关系依然存在，对完善承包制既提供了可能，也设置了障碍。目前我们面临的选择只能是：进一步确立新的关系，同时削弱旧的关系。总之，应使我国经济进一步市场化，而不是使其"家庭化"（对于理顺政府与企业间的关系自然也如此）。

使经济市场化和在政府与企业间建立起市场式的谈判关系是离不开产权制度改革的，因为只有在明确产权的前提条件下，市场才能形成并自然而然地运转起来——这是"科斯定理"揭示出的真理。[⑨]

应该看到，针对政府双重身份所带来的冲突和企业与政府行为短期化问题，早在两年前就有学者提出要通过明确产权来深化改革。[⑩]遗憾的是，从此以后理论界对于产权制度改革的讨论尽管很热烈但对问题的把握是不准确的，并产生了一些不必要的理论上的混乱（如对"产权"一词的精确定义和具体解释出现了五花八门的说法）。

我们认为，产权制度改革的中心任务是：第一，形成能够自我持续运转的市场（政府与企业的关系由此依赖于市场）；第二，降低经济运行（乃至整个社会的运行）的交易费用。产权制度改革的具体内容是：明确对资源或生产要素的排他性的使用权、使用资源或生产要素的收益权和对资源或生产要素的使用权与收益权的转让权，因为产权即由这三种权利构成。

显然，承包制是属于产权制度的改革，因为通过承包合同的签订在政府与企业之间进行了产权的重新界定，而不是所有权的重新界定。如果说，股份制的实行是从所有权上进行国有企业制度的改革，那么，承包制的实行则是从产权上进行国有企业制度的改革。[⑪]何况，相应产权制度改革的中心任务，承包制的实行已产生了两方面的效果：一方面是，通过对资源或生产要素产权的重新界定，为能够自我运转市场的形成创造了前提条件；另一方面是，承包谈判的成本作为一种交易费用是在现行体制下为减少承包合同签订后经济运行的成本所付出的代价，前后两者相比，前者小于后者，从而整个社会的交易费用得到了部分节约。

如果说，改革以前我国的企业只具有对资源或生产要素的部分使用权，而没有相应的收益权和转让权的话，那么，改革10年的历史性成果是，我国企业具有了对资源或生产要素的更多的使用权和部分收益权，所以，产权制度改革下一个具体内容（也是完善承包制的最重要的内容）是，使企业具有对资源或生产要素的使用权和收益权的转让权。这是中国经济改革的历史性要求。

注释

① 中国企业制度改革研究课题组编：《承包制在实践中》，经济管理出版社1988年版，第196页。

② 同①，第199页。

③ 国家体改委生产体制局、首都企业家俱乐部编：《企业承包指南》，科学出版社1988年版。

④ 吉小明、姜斯栋、姚钢：《明确产权：深化改革的历史性要求》，《中国：发展与改革》1987年第5期；杨晓、许欣欣：《政府与企业的关系及其权力分配》，《中国：发展与改革》1988年第8期。

⑤ 过分强调理顺价格可能会忽视了这一点：价格理顺（更准确的说法应是形成）是政府和企业还有个人活动的事后结果，而不是活动的事前目标。正是在此意义上，价格理顺的理论内涵是不易确定的。

⑥ 张少杰等人最早提出"利税分离"。参见张少杰、赵榆江：《利税分离：推进改革的战略性选择》，《世界经济导报》1987年5月11日；张少杰：《利税分离：资产改革的起步方式》，《中国：发展与改革》1987年第9期。

⑦ ［匈］科尔内：《短缺经济学》第22章"父爱主义的程度"，高鸿业校，经济科学出版社1986年版。

⑧ ［匈］科尔内：《短缺经济学》（下卷），经济科学出版社 1986 年版，第 275 页。

⑨ "科斯定理"是罗纳德·科斯在《社会成本问题》（The Problem of Social Cost）一文（*Journal of Law and Economics*，October，1960）中对产权与市场关系问题的理论贡献。

⑩ 吉小明、姜斯栋、姚钢：《明确产权：深化改革的历史性要求》，《中国：发展与改革》1987 年第 5 期。

⑪ 关于产权与所有权、承包制与股份制的简要讨论，参见陈郁：《产权、所有权与国有企业制度的改革》，《世界经济导报》1989 年 1 月 9 日。

承包制的经济分析
——一种博弈论观点

一、导言

在传统体制下，中国的政府与企业之间是一种命令—服从关系，这种关系的维持靠的是命令发出一方的政府拥有极大的权力（power），而企业则是无条件地接受来自于政府的命令，唯恐产生不利于自己的后果。改革后，政府与企业的关系发生了重大变化，其中之一就是出现了一种讨价还价（bargaining）关系。在这种关系中，既要求政府考虑企业的利益，也要求企业考虑政府的利益。只有这样，关系才能维持住。否则，就达不成契约（contract），完不成交易（exchange）。这种关系因此本质上是契约性和交易性的。

承包制是这种关系的集中体现。在推进和实施承包制的过程中，讨价还价的谈判成为政府和企业的主要行为。不单单是企业为降低承包基数和减少承包指标在向政府讨价还价，而且政府也为提高承包基数和增

---

* 本文载于陈昕主编：《社会主义经济中的公共选择问题——上海三联书店 1993 年经济学论文选》，上海三联书店 1994 年版。

加承包指标在向企业讨价还价。

不管怎么说，承包制带来的或强化的政府与企业间的谈判关系比起传统体制下政府与企业间的命令—服从关系，是一种进步。在传统关系中，企业完完全全是政府的行政附属物，是政府作为唯一所有者的经营管理者的庞大的托拉斯中的一个工厂。[①] 财政上的统收统支和生产要素上的统一调拨等一系列做法，使企业根本没有自己独立的人格和利益可言。而在现存的谈判关系中，企业经过多年的改革实践已有了一定的独立利益，并且企业承包中基数包干超收分成、定额包干和递增包干等一系列做法能对企业起到一定的激励作用（incentives），因此才会有讨价还价活动。从企业家阶层的形成角度看，承包制无疑带来了行政干部与企业家的分野。以前的厂长、经理更多地带有政府行政干部的色彩，他们关心的是自己行政级别的提高，而承包活动中的厂长、经理更多地带有企业家的色彩，他们关心的是企业的增长。谈判关系的出现在某种程度上意味着企业家阶层开始从行政干部中游离出来，因为行政人员之间不讲讨价还价，而讲命令—服从。[②]

政府与企业关系的变化，尤其是承包制的出现，为我们从新的角度分析研究中国经济活动，特别是政府和企业的经济行为，提供了可能。本文试图用博弈论（game theory）的概念和框架来考察这一问题，着重于对承包制及其中的主体行为和相应的情形作出理论解释。[③]

二、承发包活动中政府和企业的策略选择及其均衡

承发包活动中政府和企业的讨价还价行为实际上是一种博弈行为。在这场博弈中，政府和企业作为相对的行为主体，它们的策略（strategy）选择是至关重要的，会最终影响到均衡的实现，即最终签订什么样的承包合同，从而规定向政府上缴多少、企业自己留多少。但不管怎么说，它们都会选择相对使自己境况较好的策略，这可理解为：对政府来说，它会想方设法提高企业承包基数和增加企业承包指标，从而

多增加政府收入；对企业来说则是，它会尽一切可能降低承包基数和减少承包指数，从而多增加企业收入。

假定，可供政府选择的策略会分别使政府收入增加、不变（或相对少量的增加）和减少，我们将这些可能情况简称为"好"、"较好"和"坏"；相应地，企业的收入状况也可能有这样三种结果，也简称为"好"、"较好"和"坏"。

如表1所示，政府和企业在不同策略下的境况就构成了一个博弈矩阵。其中，政府可能选择的策略是"一"和"二"，企业的则是"1"和"2"。不同策略的组合对双方境况的影响分别由四个小方框来描述。小方框内前一个词指的是政府的境况，后一个词指的是企业的境况。例如，政府选择策略"一"和企业选择策略"1"时，前者的境况"较好"，后者的境况"好"。

表1　博弈矩阵

<table>
<tr><td></td><td></td><td colspan="2">企业</td></tr>
<tr><td></td><td></td><td>1</td><td>2</td></tr>
<tr><td rowspan="2">政府</td><td>一</td><td>较好，好</td><td>坏，较好</td></tr>
<tr><td>二</td><td>好，较好</td><td>较好，坏</td></tr>
</table>

可以看出，不管企业怎么选择，策略"二"对政府来说是最优的；不管政府怎么选择，策略"1"对企业来说是最优的，都能使自己避免"坏"境况。也就是说，在没有给定政府（或企业）的策略选择条件下，企业（或政府）都有一种最优策略。博弈论将这种策略称为优超策略（dominant strategy），并将这种策略下实现的均衡称为优超策略均衡（dominant strategy equilibrium）。在表1中，这种均衡由左下角那个小方框表示；这时，政府的境况"好"，企业的境况"较好"。优超策略的存在意味着博弈双方可以都不要考虑对方的策略，只要按自己的最优策略行事，都能使自己达到最优结果，这一均衡结果对双方来说是唯一的。

然而，这种均衡在大多数场合中并不能实现，因为博弈双方的策略选择彼此之间具有较高的相关性。表现在承发包博弈中，政府的政策要考虑到企业的对策，企业的对策也要考虑到政府的政策。也就是说，企业究竟选择哪种策略只有在给定政府的策略条件下方能作出；政府究竟选择哪种策略也只有在给定企业的策略条件下才能作出。

也许在中国情况较为特殊，前一种情况意义更大（尽管后一种情况也存在 ④）。对此，我们详细讨论一二。

首先，在中国，政府具有双重身份，它既是社会行政管理者，又是国有资产的实际所有者或所有者代表。作为前者，它对企业提供社会服务，要求企业照章纳税；作为后者，它又要对企业进行经营管理，要求企业上缴利润。政府既要向企业收取社会管理费——税，又要同企业分享收益。⑤ 由于企业实际上是利税一块承包的，政府的特殊身份会使政府的发包策略对承包博弈结果的影响相当大。企业在承包谈判中不能不考虑到政府对企业利润的分享要求程度和通过税收手段对企业摊派费用的多寡。因为政府这两方面的要求都会转化为要企业承包的基数和指数。

其次，进一步地看，承包制的普遍推行是由政府发动的。政府这样做的目的是为了确保财政收入。满足政府的要求是企业实行承包制的首要原因，其次才是为了实现企业本身的利润最大化。⑥ 由于承包制带有浓重的首先确保政府财政收入的色彩，再加上一些制度因素的作用使得企业内部职工的收入（主要由工资和奖金构成）可上不可下，故承包制被戏称为"自费改革"不是没有道理的。企业要在狭路上求生存，怎么能在承包谈判中不多多关注政府的策略呢？

因此，我们不能再要求企业的策略选择对于政府的所有可能的选择来说都是最优的，只要求企业的选择对于政府的最优选择来说是最优的就行。所以，承发包活动中行为主体的策略选择就不能再用表1来描述了。实际的情况可能如表2所示。

表2　纳什均衡

		企业	
		1	2
政府	一	坏，坏	较好，好
	二	好，较好	坏，坏

其中，当政府选择"二"时，企业选择"1"。这时，政府的境况为"好"，企业的境况"较好"（由左下角那个小方框描述）。这可能是上面所谈的给定政府最优选择（即确保财政收入）条件下企业作出了最优选择所导致的情形。当然，另一种最优情形也是可能的。这时，给定企业选择，即企业选择"2"时，政府则选择"一"（由右上角那个小方框描述）。政府的这一选择对于企业的最优选择来说是最优的。

这两种最优选择实现的前提条件是政府和企业在承发包活动中必须相互合作。不然的话，这种均衡（两种均衡中的任何一种）就达不到。这种合作性均衡在博弈论中被称为纳什均衡（Nash equilibrium），意味着在给定一方的最优选择后，另一方也作了最优选择。

纳什均衡既然是合作性的，这就意味着博弈双方都会趋利避害，以避免出现表2中其他的两种情形，即政府选择"一"、企业选择"1"和政府选择"二"、企业选择"2"的情形（由左上角和右下角两个小方框描述）。这两种情形是一种负和博弈，会使双方的境况都变"坏"。例如，政府和企业在承发包过程中发生了直接的对抗、冲突，都采取一种不合作的态度，导致双方都受到了损失。具体表现无非是：政府强制性地提高基数，多压指标；企业没有了动力，导致生产下降，从而使政府收到的利税反而少了，当然，企业的日子也不好过；或者，企业无理地要求政府大规模地降低基数，削减指标，政府无法接受，甚至只能中止承包合同，反而使企业在原有合同中享受到的好处也没有了。

三、若干进一步的探讨及应用

在上一节，我们对承发包博弈作了一般分析，强调了合作在其中的重要性。在本节中，我们对上一节中的理论观点作进一步的推演及应用，并力求对承包制推行和实施过程中的两个最受人们关注和最受人们指责的问题作出解释。我们把这两个问题概括为："一户一率"；"重开谈判"或"重签合同"。

1. "一户一率"与纳什均衡

传统上，指责承包制的原因之一无非是说承包制导致了政府与企业利益关系的"一户一率"，具体来说就是承包基数和承包指标的"一户一率"。[⑦] 应该说，这种指责是不尽恰当的。但如何来反驳呢？笔者以前对这种指责意见的批评主要可归结为这样两个方面：

第一，目前中国政府的双重身份及其所产生的双重行为导致了"一户一率"。因为，作为社会行政管理者的政府向企业收税可以通过制定统一的标准而使之制度化、法律化和规范化，但作为国有资产实际所有者或所有者代表的政府对于分享企业的收益却不可能做到这一点，因为企业的实际经营状况不会整齐划一，其中既会有盈利的，也会有保本的，还会有亏损的。政府对企业的收益分享程度不会"一刀切"（也不应"一刀切"），而是千差万别的。这就像我们握有若干企业的股票而成为这些企业的所有者，得根据这些企业实际经营状况的好和坏来决定不同程度的收益分享，获得相应的股息和红利那样。[⑧]

第二，企业的"起跑线"不同导致了"一户一率"。企业的"起跑线"不同，包括因产品类别、品种、结构的不同，也包括企业设备的机械化、自动化程度以及自然资源的条件和人员素质、教育水平的不同，还包括国家根据市场（或国民经济）对该企业产品的需要程度和企业的实际资源、设备老化程度所考虑的近期和远期发展而引起的投资的差异，等等。所有这些都会导致企业利润率的差异。[⑨]

总之，这两方面的原因导致了"一户一率"。

可以看出，这两种认为"一户一率"的存在有其客观必然性地站在为承包制辩护的立场上的观点，更多的是一种政策争论，更多地强调了技术性因素，有着重大的缺陷。因为它们不能回答这样的问题：当政府具有双重身份及所导致的双重行为这一条件不存在时，"一户一率"难道就能避免吗？与此相似，如果企业的"起跑线"一样的话，是不是"一户一率"就消失了呢？由于这两种观点不能回答这样的问题，实际上就似乎把"一户一率"问题更多地涂上了中国特有的油彩，即这一问题是在中国的特殊条件下才产生的。其实不然。我们必须承认，"一户一率"在经济中是普遍存在的。

根据上一节的讨论，我们很容易地看到，纳什均衡点并不只有一个。比较表 1 和表 2，表 2 中的纳什均衡点就有两个。如果我们再将假定放宽，令政府的选择性策略不仅仅是"一"和"二"，而是无穷个："一"，"二"，…，"m"；再令企业的选择性策略也不仅仅是"1"和"2"，也是无穷个："1"，"2"，…，"n"（m 和 n 都是无穷大的数）。那么，纳什均衡点也就会有无穷个。[⑩]

这一推论对"一户一率"问题的含义在于：政府和企业作为承发包博弈中的两个行为主体，它们最终所达到的合作性均衡在理论上有无限多种可能。所有的企业在承包基数和承包指标上都不一样这种极端情形（真正的"一户一率"）也是允许的。如果是从这一内容来理解政府对企业收益分享程度的千差万别导致了"一户一率"，似乎还说得过去（仅仅是如此）。

但是，强调企业的"起跑线"的不同，则是再怎么说也说不过去了。可以料想，即使企业理想地处于同一条"起跑线"上，政府与企业之间的所有博弈结果也不会相同。[⑪]"起跑线"的相同与否是与均衡性结果不相关的，尽管"起跑线"的不同理应加大产生不同结果的可能性。不过，有意思的是，我们还可以设想出这样一种情况："起跑线"不同但均衡结果相同。如两个企业各方面生产能力不同，但承发包博弈的结果却是政府对要求它们承包的基数和指标大致相同，这显然得归因于具体的博弈过程（包括策略选择因素）。当然，这都是合作性的结果。

总之，"一户一率"的存在有着极为深刻的经济含义，而不单单是一种政策性产物。

2."重开谈判"或"重签合同"与重复博弈

一般说来，由于经济学中著名的"囚徒困境"（prisoner's dilemma）问题的存在，纳什均衡被认为不一定会导致帕累托有效率的结果。也就是说，如果企业的最优选择不是在给定政府的最优选择条件下作出的（因为政府往往凭借手中的权力相"威胁"以将自己的最优选择作为前提条件），或者政府的最优选择不是在给定企业的最优选择条件下作出的［相应地，因为企业往往依靠掌握的信息（information）相"欺骗"以将自己的最优选择作为前提条件］，那么，能找到一个更有效率的均衡点。这一不断寻找的过程可被看作是帕累托改进（Pareto improvement）。本质上，这是一种正和博弈，即提高了总体效率，增加了联合收益（joint revenue）。但是，这一寻找过程究竟是一种什么样的机制呢？

具体联系到前面有关合作性博弈和纳什均衡的讨论，可以看出，一次的合作性博弈和纳什均衡对于先给定政府的选择还是先给定企业的选择这样的问题不甚关心，关心的只是，在任何一种给定条件下，博弈当事人都会找到一种最优的选择。问题在于，如果给定条件发生了变化，或者根本不存在，那么这种给定条件下的最优选择还能是最优的吗？

在承发包博弈中，这种前提条件的给定是很重要的，因为这实际上意味着是先保证政府利益还是先保证企业利益。尤其是，如果利益得到保证的一方实现了自己的最优后而"毁约"，另一方在保证对方利益的前提条件下也实现自己利益的愿望不也就落空了吗？！譬如说，企业履行并完成了合同，并按合同规定向政府上缴了利税，从而保证了政府的财政收入，与此同时，企业也希望按承包合同的有关规定留下相应的利润，这时，政府却通过其他种种手段，如增收一些其他费用或将税率朝有利于自己而不利于企业的方向调整，使企业的实际留利比承包合同规定的大为减少，就是该情况的具体写照。当然，另一方面，企业也有诸如此类的"毁约"行为，如借口要素成本的上涨而少上缴或干脆不上缴有关承包的金额。

如果博弈是一次性的，即承包就搞这么一轮，以后就不搞了，政府与企业之间就不再签订承包合同了，或者，这是最后一轮的承包，那么，政府与企业双方恐怕都有担心对方"毁约"的忧虑。如果承包谈判是一种重复博弈（repeated game），即双方要多次合作，那么每个当局者都会确立起自己的信誉，同时也以此激励对方树立起信誉。双方深知，不讲信誉、不守诺言的最终受害者是其自己。因为博弈论已经证明，在重复博弈条件下，最好的取胜策略是一种"针锋相对"的策略，即以你在上一次博弈中的策略作为我在这一次博弈中的策略。也就是说，你上一次"合作"，我这一次也"合作"；你上一次"毁约"，我这一次就"不合作"。这种机制被认为能使无限多次合作性博弈达到有效率的结果，即根除"威胁"和"欺骗"。

依此看来，承包制中普遍存在的"重开谈判"或"重签合同"实际上是一种提高博弈效率的机制。"重开谈判"或"重签合同"指的是在一次承包合同结束时，或由于形势的变化明显出现利益分歧时，承发包双方（政府和企业）重新就承包内容进行谈判，并对之进行调整，最终重新签订承包合同。[12]

一般的承包合同中都普遍写有允许缔约双方在必要时对上一次博弈结果再进行谈判调整的明文条款。例如，《上海第二纺织机械厂全员承包经营责任制合同》[13]附则中有一条是："本合同执行期间，遇有国家较大政策变化或发生不可抗拒的因素，对实现合同确有困难时，双方可协商修订本合同或作出补充规定。"又如，《长春市水泵厂经营承包合同书》[14]第二十条是："由于国家政策、法规和其他客观环境发生预料不到的重大变化，确需变更合同时，需经合同双方协商，方可修订或作补充条款，并送到有关部门备案，修订后的合同或补充条款与原合同有同等法律效力。"这实际上就是我们在此所赞扬的重复博弈的有关安排。尤其是其中突出地将需要重开谈判和重签合同的条件界定为国家政策法规发生预料不到的重大变化，这实际上是对政府行为作了一定的约束。

四、小结

承包制是在中国经济体制改革浪潮中出现的。它实际上是一种在体制变革条件下使政府和企业的利益关系得到界定、调整的契约安排。不管承包制的具体内容如何，它们都是政府和企业合作的结果。政府和企业只有合作才能使各自的利益不受到损失。如果双方"针尖对麦芒"，必然"两败俱伤"。

在以往（包括现在）讨论政府与企业的关系时，我们都曾注意到，政府拥有权力，它能对企业施加"威胁"，明确要求企业按政府的偏好行事；而企业拥有信息，它能对政府进行"欺骗"，暗暗将政府行为引入自己的轨道。承包制也遇到这样的问题。承包制中有关重复博弈的契约安排，使得政府"威胁"和企业"欺骗"的可能性大大降低。即使出现利益问题，它也为"大家可以坐下来慢慢商量"和"求大同存小异"提供了一条实现途径。

另外，博弈论是一种一般理论。它不仅能用以分析中国经济中的承包制谈判，也理应能用于中央政府与地方政府，个人与企业等方面的讨价还价活动。这些问题对于理解、研究中国经济都是很重要的。本文只能算是在某一方面作了解释性的（而非探索性的）尝试。

注释

① 无怪乎国外有经济学家（如日本的小宫隆太郎）认为中国没有企业，只有工厂。

② 陈郁：《论政府与企业间的谈判——兼论承包制》，《经济学家》1989年第4期。

③ 本文所涉及的博弈论概念的详细说明，参见［美］H. 范里安：《微观经济学：现代观点》，费方域等译，上海三联书店 1992 年中译本，第 591—610 页。

④ 实际上，政府的发包策略选择只有在给定企业承包策略条件下才能作出的情况不是不存在的。例如，承包者可能是本企业的主要领导，也可能是本企业的中层干部和机关干部，还可能是其他的人或"外来者"（三者的比例分别是 85%、8.3%和6.7%，参见中国企业制度改革研究课题组编：《承包制在实践中》，经济管理出版社 1988 年版，第 199 页），可以料想到，企业承包主体的不同必然会导致策略的不同，因此政府的发包策略也相应会有所不同。

⑤ 同②。

⑥ 根据有关方面问卷调查，54.6%的企业认为"上级要求承包"是本企业实行承包制的首要原因，其次才是"为了在承包期内实现本企业的最大利润"。同④，第 196 页。

⑦ 国内有关这方面的文献浩如烟海，在此不作列举。

⑧ 同②。

⑨ 陈郁、杨继良：《为承包制辩护——从与所得税制度的比较角度进行的分析》，《上海经济研究》1991 年第 1 期。

⑩ 这与帕累托最优不是一个点，而是一条契约线，即这条契约线上的任何一点都是帕累托最优点的含义是一样的。

⑪ 一个形象的事例是：在下棋这种再典型不过的博弈中，对弈双方的"起跑线"是一样的（可以假设为较量的总局数是偶数且双方棋手轮流执先），但对弈结果显然是不会完全相同的。每位棋手胜负的可能性并不一样。即使两位棋手实力完全相等（实际上这是不可能的），胜负的天平还是会由于某种原因而倾向其中一方。因为下棋这种博弈过程太复杂了（尤其是围棋），人们不可能穷尽每一种可能和结果。不然的话，计算机就会成为顶尖高手，所向披靡。五子棋就是如此，可以通过计算机设计出"先走必胜法"，这是因为五子棋的对弈过程太简单了，可能结果太容易被穷尽。因此，五子棋永远成不了一种比赛项目。强调"起跑线"的相同与否是影响最终结果相同与否的主要因素无异于将围棋类同于五子棋。

⑫ 笔者以前曾对此情形采取一种批评态度（参见②），现在看来大可不必。

⑬ 国家体改委生产体制局、首都企业家俱乐部编：《企业承包指南》，科学出版社 1988 年版。

⑭ 同⑬。

书 评 与 随 笔

把握发展与改革的大趋势

——评林毅夫等著《中国的奇迹：发展战略与 经济改革》

日前，碰到一位老友。他在国内本科毕业后供职于政府研究机关，不久自费出国留学，在加拿大攻读了几年，现在海外一家大的财团做投资银行业务方面的经济学家，业务自然是有关中国的。

见面时，我们除了聊到最近分别发生于国内外的两起金融大事件——"万国事件"和"巴林事件"外，还谈及中国经济改革和发展的短期动向与长期趋势。我们都认为，要在把握长期趋势的前提下关注短期动向。

也许是长年与国内经济界隔绝的缘故，他向我问起国内近期有关这方面的书。我当即就将这本《中国的奇迹：发展战略与经济改革》推荐给他。

这是一本学者精心撰写的学术专著，主要研究以下四个问题并得出相应的四个结论：

第一，改革以前中国发展缓慢的根本原因在于推行了重工业优先发

＊ 本文载于《现代市场经济周刊》1995年4月10日。

展战略，而改革以来中国经济得以迅速发展的关键则在于改革由扭曲的宏观政策环境、高度集中的资源计划配置制度和企业没有自主权的微观经营机制与选择了以优先发展重工业作业经济发展战略目标这些方面成的"三位一体"的传统经济体制，使中国所具有的资源比较优势能够发挥出来。

第二，中国经济改革进程中出现的一"统"就"死"、一"死"就"放"、一"放"就"活"、一"活"就"乱"、一"乱"就"统"的"活乱"循环，根源在于经济改革过程中一部分环节的改革先行造成了原有体制内部的不适应性，而走出这种循环的关键在于尽快把改革深入到宏观政策环境的层次，并从根本上放弃重工业优先发展战略。

第三，中国只要沿正确的方向坚持改革，就能克服前进过程中的困难，逾越各种障碍，而不断获得成功的改革又将有力地支持持续、快速、健康的经济增长，所以，20世纪初中国超过美国和日本，成为世界上最大的经济国，进而创造中华民族由衰至盛的人间奇迹，绝非是天方夜谭。

第四，中国改革成功的一个重要保障是采取了一条代价低、风险小，又能及时带来收益的渐进式道路，而东欧和原苏联由于选择了相反的改革方式，产生了巨大的经济摩擦和社会动荡，因而迄今没有带来增长和收益。

粗粗看来，这些结论太理论性，太学术味，太一般化了。可仔细一琢磨却不尽然。至少在以下几方面本书对投资者来说是有用的。

首先，无论是金融投资、不动产投资还是大规模的实业投资，对于宏观政策环境都是极为关注的。在原先扭曲的宏观环境下，政府实行的是低利率、低汇率、低投入品价格、低工资率和低生活必需品价格等政策。改革以来，这些政策环境发生了极大的变化。随着物质生产要素市场的开放，投入品价格、劳动力成本（或工资率）和生活必需品价格都有了大幅度的上涨。投资（尤其是实业投资的不动产投资）项目的成本收益分析若没有进一步对这些方面的预测是不行的。

至于利率和汇率还没有完全市场化，因此，金融投资项目的准确估价恐怕更难。该书已经作出了这样的判断："（必须）尽快把改革深入到宏观政策环境的层次。"种种迹象表明，在未来的几年内，中国汇率的利率政策的改革必将有大的进展。这一点肯定是投资活动必须充分把握的。

其次，该书详尽地分析了中国改革过程中的"活乱"循环及其根源。认为，中国是从微观经营机制起步进行改革的，并进而要求推动资源配置制度的改革。在国家仍然没有根本放弃工业优先发展这样的战略条件下，政府必然会对实行其战略意图的大中型国有企业进行保护。同时，随着具有经营自主权的微观经营环节与可支配的新增资源的数量越来越大，资源配置制度也越来越松动，与仍然偏低的利率、汇率和能源原材料价格体系的矛盾就越来越大。企业的扩张常常受制于能源、交通等基础产业的滞后发展。

"一放就乱"主要表现在：在低利率政策环境下，非国有经济与国有经济相比具有较强的争夺资金的能力，尤其在价格双轨制下，企业利润动机的增强会诱发出一系列的强烈的寻租欲望，从而使经济生活中滋生腐败。一旦这些"一放就乱"的现象严重伤害整个经济的运行时，政府往往就采取传统的计划手段，强制性地紧缩并压制非国有经济的扩张，造成改革过程中的循环。另一方面，国家为了保证对国有企业的贷款，只好用增发货币的方式弥补信贷的不足，从而又导致内生型的通货膨胀。

应该说，该书的这些分析是非常中肯的。而且到目前为止的情况表明，国家是不可能放弃对国有经济的支持的，因此可能预料到，这种"活乱"循环不会在短时期内彻底消失。因此，投资及其项目选择一定要事先考虑到如何应付这种循环。更重要的是，要积极正视这种循环，而不应消极逃避。何况，投资行为一旦发生这是逃避不掉的。

再次，正如该书所分析的，中国的改革是从实行双轨制开始的，此后，一方面市场机制的调节范围不断扩大，另一方面计划价格也在不断调整以逐步向市场价格水平靠拢，改革最终可望能以极小的风险和代价获得成功。而且，这种渐进式改革保证了整个改革过程中速度与稳定的恰当平衡，减少了社会震动和过大的利益冲突。

现在当人们一谈及"中国奇迹"时，采取渐进式改革道路被归结为其最重要的原因。当与原苏联和东欧相比时，这条道路反受到了人们的称赞。我们不难预计到，中国政府将会而且必会沿着这条道路走下去。因此，上述"活乱"循环的存在恐怕又多了一层深刻的含义。与中国发展和改革渐进性地向前走相适应的投资战略的选择可能也是渐进性的吧。

最后，该书乐观地预测道："中国的改革就其自身逻辑具有不可逆性。如果政府能将自觉地认识到改革的不可逆性和实行比较优势战略的迫切性，中国的改革过程将更不曲折，速度将更快。"进而，到 20 世纪初，中国就将超过美国和日本，成为世界上经济实力第一。

尽管这种乐观估计的实现是有前提条件的，但目前全世界的投资者看好中国这是客观事实。1993 年 9 月，美国著名的投资银行摩根·斯坦利公司的投资主管率领一大批投资者访华后宣称，中国大陆是"一切涨市之母"，这不是"异曲同工"吗？

看来，该书对于我们把握中国发展与改革的大趋势是极有价值的。那位现在是投资银行的经济学家的老友对此也有同感。我想，对于从事其他经济活动的人们来讲，理应同样如此。

经济制度与人类行为
——诺思《制度、制度变迁与经济绩效》读后感述

以《西方世界的兴起》(1973)一书蜚声国际经济学术界的道格拉斯·诺思1990年又推出了新著:《制度、制度变迁与经济绩效》(以下简称《制度》,剑桥大学出版社1990年版)。在这本书中,他力求将制度变迁与经济绩效从理论上联系起来,集中探讨了制度的性质及其相互作用问题。笔者认为,其中有关制度和行为的假定和分析是颇有价值的,用经济学的行话来说就是,它可以增进我们的知识存量,提高知识这一生产函数的功效;尤其对于当今中国经济学学子日益关注于经济因素的制度探求的努力来说,它能澄清一些可能会产生争议或出现误解的概念或理论问题。

一

说起制度,中国人听到、说起最多的是资本主义制度和社会主义制

---

* 本文载于《经济文献信息》1992年第1期。

度。但我在这里所说的并不是这种带有政治性的或意识形态色彩的制度，而是经济学家心目中的制度，即制度的经济学意义。

自 20 世纪二三十年代以来，制度，不仅是康芒斯、凡勃伦和米契尔之类旧制度经济学家，而且是加尔布雷思和图尔之类后制度经济学家（我认为，这样所谓这类经济学家较为合适），更是以科斯为代表的新制度经济学家关注的中心问题。但是，何谓制度？几十年来，这些大家们并没有给出明确的和令人满意的定义，甚至连因发现了由于交易费用的存在所以导致制度在起作用而刚刚获得 1991 年度诺贝尔经济学奖的罗纳德·科斯也没这样做，尽管他们思想辉煌的巨著和蕴意隽永的大作中，字里行间均渗浸着关于制度的深刻见地。

确定定义自然是应该的。不过，随着新制度经济学的崛起和壮大，讨论制度而不给制度下个定义显然是不行的。根据诺思的观点："制度是社会中的博弈规则，或者更恰当地说，是人类设计出来的决定人类相互作用、相互影响的约束因素。"（《制度》第 3 页，以下凡引自本书的引文只注页码）这与西奥多·舒尔茨等人对制度下的经济学定义基本是一致的。总之，制度是人设计出来的但又是种人们须恪守的行为规则，并限定了人与人之间的关系。

制度在经济学中的存在及其在起作用是以存在交易费用为前提的。"科斯定理"证明了：若不存在交易费用，制度安排对资源配置不起作用。这实际上也就证明了现实中制度安排对资源配置是起作用的，因为交易费用不可能为零，无"摩擦"的世界是不存在的。所以，在对经济活动的考核、衡量是有成本的情形中，制度的出现使人获益匪浅。例如，它能对权利进行保护；又如，它能对契约、协议进行管理、实施。概而言之，它能减少交易费用。制度一旦产生，它就决定了人类行为的成本和收益，进而通过这种对人类行为的影响而影响了资源的配置。资源配置是经济学的主题，从而这就使制度及其安排和变迁在经济学中的地位日益上升，直至经济学家言必谈制度。

对制度如此这般的强调并非是制度经济学家的一厢情愿。既然制度有其特殊的功能，那么，制度的的确确对人类的各种交换活动，包括政治的、社会的和经济的活动，产生了激励效应。经济人自然要使用经济制度。能人之能就在于最大限度地利用了现存的制度，强者之强就在于一往无前地变革着现存的制度。按照达尔文、赫胥黎等人的进化论，一切生物优胜劣汰，社会随着时间的变化而进化。现在，经济学家站到了这些伟人的肩膀之上，认为制度变迁决定了社会演进的道路，包括途径和方式。详而言之："制度通过为（人类）日常生活提供一个结构来减少不确定性。它们是人类相互影响、相互作用的指南。"（第 3 页）因为，一切经济问题都可转化生成为不确定性问题；人类的一切活动都是在不确定性这个大背景下进行的。

二

读过诺思其他著作的人一定还记得，在《西方世界的兴起》一书中，他曾运用交易费用理论解释了西方经济变化的历史，尤其在近代是如何突破"马尔萨斯循环"的。在现代经济增长的初期，英格兰和尼德兰的成功与法兰西和西班牙的失败，从正反两方面揭示了：制度决定经济绩效以及相对价格的变化是制度变迁的源泉。将注意力过多地集中于有效率的制度，可能会产生这样的疏漏：历史上存在的经济制度并非均是有效率的，甚至无效率的比有效率的更多。

尽管后来诺思（1981）意识到这一点，"增长比停滞或萧条更为罕见这一事实表明，'有效率'的产权在历史中并不常见"[①]，并从理论上分析了产权设计对利益的影响、作用以及交易费用导致了产权的无效率，对制度无效率的存在作了一番解释，但却没能解释无效率制度的存在（包括产生和持续）。

显然，必须在一定的制度条件下进一步从能动的行为主体，尤其是从组织身上寻找答案，因为曼库·奥尔森证明了"集体行动的逻辑"对经济增长和停滞至关重大。从这个角度探讨问题自然得从组织的基本定义及其与制度的关系开始。组织，被认为也像制度那样，对人类彼此之间的活动提供了一种结构框架。最明显的是，有组织的人和无组织的人两者在行为方式和价值取向等方面均存在重大的差异。就组织本身而言，如同某些制度的存在那样，它的存在是因为能给人们（当然主要是组织内的人）带来收益。既然历史上经济增长比经济萧条或停滞更为罕见，社会成本的出现就不仅仅是制度带来的后果，也是组织带来的后果，而且后者更可能会强化这种后果。制度的供给带有公共物品的性质，它要面向全体人民，而组织的供给则是为了满足一部分人的特殊需求。无效率的制度下可以存在有效率的组织。组织的这种效率更多地表现在有竞争能力、能实行一整套的保持现状的政策并以此维系经济的"稳定"。

从成本和收益方面考虑，组织与制度的产生有类似之处。但组织比制度的表现形式更为具体、更为直观。组织，可以看作是一种实体。其有政治方面的，如政党、立法机构和行政机关等；有经济方面的，如企业、农场和公司等；也有社会方面的，如教会和俱乐部；还有教育方面的，如中学、大学和职业培训中心等。所有这些实体都是个人为了共同的目标而组织起来的集体。组织完全可以被认为是一种奥利弗·威廉姆森所说的"规制结构"，它能将某些关系一体化。

什么样的组织会出现以及其是怎么样具体演变的，这都要受到制度框架的根本影响；反过来，组织的存在及其演变又影响制度框架的具体演变。如前所述，制度是社会中博弈不可或缺的规则，相形之下，组织最举足轻重之处则在于，其基本上是作为制度变迁的主体来发挥作用的。从某种意义上讲，"制度……决定了一个社会中的机会，组织的形成则是为了利用这些机会带来的好处"（p.7）。从而，经济绩效由制度与组织之间的相互作用、相互影响来决定，因为这种相互作用和相互影响决定了制度变迁的方向。最终，制度变迁的道路取决于这样两个方面的因素：一是关系的变化，即制度为人类提供了一种激励机制，结果，导致组织的产生，并出现了一种制度与组织的共生关系，一旦这种共生关系发生了变化，就使得制度朝着某个方向发生了变迁。二是机会的变化，即在一定的行为方式下，人类对制度与组织的共生关系的变化作出了反应，从而改变了一个社会中的机会集。

要理解经济绩效及制度变迁对其的决定，再明显不过的是，单单看到组织在起作用是不够的，还得进一步分析人类的行为。

三

经济学家研究人类的行为是现代经济学全面推进的一个重要方面。这样做，尽管能给宏观经济学提供其赖以生存的微观基础，但其意义和影响远不在此。

任何社会科学的任何理论都暗含着或明确提出了自己有关人类行为的假定。在经济学中，人类行为假定一般是预期效用理论。该理论认为，人类行为选择的目标是明确的，可描述的，同一可能性集或预算集（这在微观经济学教科书上具体表现为"约束线"）会导致同一种行为选择；而且，个人能对可能性集或预算集的决定进行数学运算；进而，个人的偏好具有从第一级目标到次级目标再到再次级目标的移动性。这是新古典经济学的行为假定。这种假定明显带有"行为完全"的痕迹。

西德尼·温特曾对新古典的行为假定作了经典定义，根据诺思的归纳（p.19），其具体有这样7大要点：

（1）经济会达到均衡；（2）个人经济行为主体反复面对同一种选择势态或与之非常类似的一系列选择；（3）行为主体具有固定的偏好，由此按照固定的评判标准来评价个人选择的结果；（4）任何个人行为主体都是同质的，都会抓住改进状况后果的任何可能性机会，且在商业企业中，竞争将消除选择的痛苦；（5）从而，在个人行为主体不能使其偏好最大化时，均衡就不会出现；（6）因为世界只是接近均衡，假定行为主体追求最大化也只能是近似性的；（7）过程适应的细节是复杂的，尽管行为主体和外部环境是一定的。借助于约束因素，对最优均衡的调节是相对简单的，因此，经济学在认识上的进步是从理论上说明这些调节，并与其他观察到的结果作为比较。

无可否认，新古典理论有关人类行为的理性选择论有其成功之处，并奠定了现代经济学发展的根基。但是，理性选择与制度选择是不同的，这两种分析方法也是大相径庭的。根据人的理性选择，人似乎能预见到制度的未来发展，并能充分考虑到这种发展在未来对其自身的影响。一句话，人能对制度的效用进行预期。制度变迁显然不是这么简单。加里·利伯开普对美国4个自然资源产业（矿产、渔业、石油和土地）的经验性案例研究表明，制度的形成具有相当的复杂性，在任何时候，大多数制度调整在其可能性范围内将都是十分有限的，因为收入分配上的矛盾和冲突会随时发生且无法得到根治。由此，他赞同这样的观点："预先考虑到特定制度的发展变化将是极为困难的。"② 因此，必须对新古典行为假定进行调整，以便更能适应经济演进和制度变迁中的情形。

四

无法肯定诺思是否注意到了这种尽管还说不上是否定性的但完全可以认为是批评性的意见，但他对新古典行为假定的修正确实使对制度变迁的认识和理解大大前进了一步。这里，值得着重强调的是人类行为的特殊性，其具体有这样两个方面：一是人的动力；二是人对环境的识别和辨析。

关于动力问题，近些年来人们已经将社会生物学家和经济学家的研究工作结合起来，并说明了自然界动物生存和进化的特征与人类行为的模式有许多相同之处。许多经济学家（如杰克·赫希莱弗）发现，将这两者结合起来可以讨论大量的人类行为问题。关于人对环境的识别辨析，小罗伯特·卢卡斯的理性预期模型和赫伯特·西蒙的有限理性论都说明了人类的认识能力是有限的，信息的不完全对人的行为决策起着重要影响。

既然人类行为是如此之复杂，以致"完全"的新古典行为假定其实并不完全。为此，诺思对上面新古典行为假定的7大要点逐一进行修正性的"复制"(p.24)，具体是：

（1）基于某些假定，均衡概念是种有用的分析工具，但就大多数问题而言，我们所关心、所看到的是均衡并不存在；（2）尽管个人行为主体面对的是许多重复进行的状态，且在这样的状态下，人可以理性地行动，但在信息是不完全的和结果是不确定的地方，人们也将面对着许多仅此一次的和非重复的选择；（3）尽管加里·贝克尔和乔治·施蒂格勒考虑到个人偏好可能出现许多变化而导致相对价格变化，但对偏好的稳定性问题并不会因此而轻而易举地解决。不仅心理学研究表明，异常现象是不能被聚合起来的，而且历史提供的证据也表明，偏好会随时间变化而变化；（4）行为主体总是要改善状态的结果，但信息反馈是如此之贫乏，以致他不能认识和领悟到更好的选择；（5）竞争可能是如此之不可名状和信号是如此不能接收到，以致行为调整是缓慢的或误入歧途的，以及古典的进化结果在相当长的时期内将实现不了；（6）历史提供的证据充分表明，世界上不存在简单化的非合作的行为；（7）传统经济学家的行为假定可用于解决确定性问题。但他们不恰当地用之讨论许多社会科学家面临的问题。这对于理解制度的存在、形式和演变来说，是块根本性的绊脚石。

完全可以确信，这种以不确定性为基本特征的行为假定将有助于对经济制度的全面认识和理解。

尽管对制度及其与组织的相互作用和人类行为的认识有了这种提高，并且这将有助于人们对制度变迁和经济绩效的研究，但是，这种分析框架还只是阐释性的，其与一种可验证的假说尚相距甚远。

　　如果按照卡尔·波普尔的说法，可证伪性是科学的根本之所在，那么，从此岸走向彼岸是不待赘言的。不过，哪天能完成这段旅程，恐怕也是"不确定性"的吧。但这并不意味着经济学家不要采取行动。请看，经济人面临如此这般的不确定性时不是也照样在行动吗?! 因为，制度在起作用。

注释

① ［美］道格拉斯·诺思:《经济史中的结构与变迁》，陈郁、罗华平译，上海三联书店 1991 年版，第 6 页。

② Libecap，1989，Contracting for Property Rights，Cambridge：Cambridge University Press，p.4，note 3.

《经济史中的结构与变迁》中译本序言

　　1973 年，美国出版了《西方世界的兴起》一书。该书与其说是对经济史进行细致缜密研究的专著，还不如说是一部洋洋洒洒、高屋建瓴的史论。尽管该书篇幅不大，也没有在经济史的数量研究方面提出新的具体成果，但它却在西方经济史学界乃至整个经济学界产生了巨大反响，因为它为经济理论研究开辟了一个广阔的领域和展示了一个全新的前景：根基于当代经济学的最新进展而用最先进的经济理论去重新解释历史。该书的作者之一就是美国华盛顿大学经济学教授、新经济史学派的代表人物道格拉斯·C.诺思。

　　诺思，1920 年出生于美国马萨诸塞州坎布里奇，1942 年和 1952 年分别获得伯克利加利福尼亚大学经济学学士和博士学位，1946—1982 年期间曾先后任教于伯克利加利福尼亚大学、华盛顿大学、赖斯大学和剑桥大学。1982 年，他重新回到华盛顿大学任教，在该校经济系任亨利·R.卢斯讲座法律与自由教授。此外，他还担任过《经济史杂志》副

---

　　* 本文载于［美］道格拉斯·诺思：《经济史中的结构与变迁》，陈郁、罗华平译，上海三联书店1991年版。

主编、国民经济研究局理事、东部经济协会会长、经济史协会会长和西部经济协会会长等职务。

《西方世界的兴起》的出版可谓是一"书"激起千层浪。不过，这篇史论更注重的是史——历史的史实，而诺思教授在1981年出版的《经济史中的结构与变迁》则更注重论——历史的理论。在后一本书中，他不仅对自己在前一本书中的观点进行了修正和完善，而且还进行了理论总结，由此提出了在新经济史学派中独执牛耳、独领风骚的制度变迁理论。制度变迁理论触及经济、政治、社会和意识形态诸多方面，解释了人类社会的全部历史。

一

长期以来，经济史的研究工作一直局限于史料的收集、整理和考证，经济史的作品不论是采取编年史法还是采取主题叙述法，都往往是材料的堆砌和罗列。经济史就像历史学的其他分支学科（如政治史、法律史和技术史等）一样，它们彼此之间的区别只不过是研究领域不同而已，而没有表现出研究方法上的差异。这显然是不正常的和不够先进的。如果说，任何一门科学的大家、里手都是"哲学家"和"历史学家"，他们都有自己的哲学观和历史观，都从自己的角度和用自己的方法去认识世界和解释历史，那么，经济学家理应应用自己的学术武器——经济理论——去认识世界和解释历史，何况在社会科学中，经济学是一种较为严密和有效分析问题的方法。[①]诺思教授和以其为代表的新经济史学派正是这样做的。新经济史学的兴起一下子改变了经济史学本身的历史，从此经济史学家才真正开始用经济理论去研究历史；理论与历史被熔于一炉。这一进步在经济学史上有着划时代的意义，因为，不仅经济理论的应用范围得到极大的拓展，而且理论应用还导致了一系列发人深省、与传统观点迥异的结论。无疑，这是一场革命。

正如任何一场学术革命都离不开方法论上的革命，经济史学中的这场革命的缘起，便依赖于理论经济学最近一次的革命——"凯恩斯革命"。"凯恩斯革命"的直接结果是产生了宏观经济学以及由此而后形成并完善起来的国民经济核算理论、经济增长理论和经济计量学，所有这些都成为经济史学家分析经济史的强有力工具，而传统的经济史学研究方法是无法与此相比的。最起码，这些理论方法能对以往的统计资料重新进行分析、研究。基于此，在新经济史学革命的诞生地——有关美国经济史的研究中，诺思教授一反传统，引入了凯恩斯主义宏观经济学的方法（包括国民经济核算法、经济增长要素分析法和经济计量法等），首先对1790—1860年的美国国际收支状况进行了经验性研究，由此被认为是对其他经济史学家提出了严峻的挑战，是采用凯恩斯主义宏观经济学方法改写美国经济史的一项杰出成就，同时也是重新编写美国经济史的开端。这以后，诺思教授又进一步提出了一个关于同期美国经济增长的模型，这项成果集中体现在《1790—1860年美国经济的增长》（1961年）一书中。为此，诺思教授曾自豪地说："在美国经济史中正进行着一场革命。这是由新一代经济史学家发起的。他们怀疑对美国经济史的传统的解释。他们确信，新经济史学必须用可靠的统计资料作为其坚实的基础。"[②]

当然，对经济增长因素的重新核算必然引发对经济增长源泉的探究，诺思教授也不例外，何况，经济增长问题在新经济史学派兴起的20世纪50年代末60年代初是经济研究的热门课题。不过，诺思教授没有去完善凯恩斯主义式的增长模型，而是独辟蹊径，力求以制度的变迁来解释经济增长。

一般而言，在各种有关经济增长的模型中，制度因素是被排除在外的，即将制度视为已知的、既定的或将制度因素作为"外生变量"，主要是通过各种物质生产要素的变化去说明生产率的变化和经济增长与否。其中，经济增长的技术创新论风行一时。那么，是不是可以说，当物质生产要素不变时，尤其是技术不变时，生产率就无法提高，经济增长就不能实现了呢？显然不能，因为历史上存在着反例。例如：在1600—1850年期间，世界海洋运输业中并没有发生用轮船代替帆船之类的重大技术进步，但这期间海洋运输的生产率却有了很大提高，这又作何解释呢？诺思教授正是充分意识到这一点，于1968年10月在《政治经济学杂志》上发表了《1600—1850年海洋运输生产率变化的原因》一文，该文经过对海洋运输成本的多方面的统计分析，结果发现，尽管这一时期海洋运输技术没有大的变化，但由于海洋运输变得更安全和市场经济变得更完全，因此，船运制度和市场制度发生了变化，从而降低了海洋运输成本，最终使得海洋运输生产率大有提高。指出在技术没有发生变化的情形下，通过制度创新或变迁亦能提高生产率和实现经济增长使得诺思教授的这篇论文不仅成为新经济史学的代表作，而且也启迪他从此以后就制度变迁这一课题进行深层的、全面的和理论的、历史的研究。

如果说凯恩斯主义宏观经济学的方法只不过在方法上为诺思教授对历史材料进行实证性分析提供便利的话，那么，新古典理论则在理论上为他对历史分析进行规范性归纳提供了"哲学"基础。换言之，在诺思教授的新经济史学中，凯恩斯主义宏观经济学的方法仅仅是工具而已，而其理论的"精髓"则是新古典的价值判断、道德伦理和理论规范。这在诺思教授以后对制度变迁的一系列研究中是昭然若揭的。

二

任何一种建立理论的念头尽管来自于对现实生活的观察或对历史素材的分析中的若干思想火花，但被建立的这种理论本身必须首先解决面临的一系列基本问题，如被研究对象的运动原则和机制问题等，也就是说，免不了一次由"具体"到"抽象"的过程。诺思教授建立制度变迁理论的起点就是系统阐述了有关制度的原则和过程等若干基本理论问

题，具体作品就是 1971 年出版的《制度变迁与美国的经济增长》一书
（与兰斯·戴维斯合著）。就像一篇同名论文的副标题所示，这是走向制
度创新理论的第一步。他认为，传统的经济增长理论有其狭隘性，即它
们不考虑制度方面的因素，而现在就是要冲破这种狭隘性去发展一种关
于制度变迁的理论。

　　对于制度，在我们看来，它既然像诺思教授所论证的那样也能对经
济增长作出贡献，那么，它作为主体行为的结果的客观运动，与其他生
产要素在某些方面，尤其在实现经济增长方面会有一定的相似之处。果
不其然，诺思教授根据自己早期对美国经济史的多方面的定量研究，认
为，制度变迁与技术进步有相似性，即推动制度变迁和技术进步的行为
主体都是追求收益最大化的。当然，不同的行为主体（如个人、团体或
政府）推动制度变迁的动机、行为方式及其产生的结果可能是不同的，
可他们都要服从制度变迁的一般原则和过程。制度变迁的成本与收益之
比对于促进或推迟制度变迁起着关键作用，只有在预期收益大于预期
成本的情形下，行为主体才会去推动直至最终实现制度的变迁，反之亦
反，这就是制度变迁的原则。在美国历史上，金融业、商业和劳动力市
场方面的制度变迁都是为了实现社会总收益的增加而同时又不使个人收
益减少。制度变迁的一般过程可具体分为这样五个步骤：第一，形成推
动制度变迁的第一行动集团，即对制度变迁起主要作用的集团；第二，
提出有关制度变迁的方案；第三，根据制度变迁的原则对方案进行评估
和选择；第四，形成推动制度变迁的第二行动集团，即起次要作用的集
团；第五，两个集团共同努力去实现制度变迁。

　　从诺思教授有关制度变迁的这些基本立论中不难看出，其欲建立的
制度变迁理论与通常的经济增长理论既有不同点，也有相同点。两者的
根本区别在于，前者将制度作为一个变量，而后者将制度看作是既定的
和已知的；两者的相同点是，都以收益最大化原则作为理论的起点。

　　值得指出的是，诺思教授在对美国经济史的研究中不仅归纳出有
关制度变迁的一般原则和过程，而且还多次考察了美国历史上制度变

迁的产权含义，即制度变迁与产权结构的关系。产权理论的盛行及其完善，为他用制度变迁理论重新解释西方经济的历史，即理论由"抽象"到"具体"创造了学术背景并提供了方法论基础。标志着诺思教授这项研究工作的纲领性和宣言性文献就是《西方世界的兴起》一书（与罗伯特·托马斯合著）。该书可追溯到诺思教授分别于1970年和1971年发表的《西方世界增长的经济理论》和《庄园制的兴衰：一个理论模式》两篇论文（均与罗伯特·托马斯合著）。如果说，诺思教授以前只是不自觉地意识到制度因素对经济增长会作贡献，那么，在这两篇论文中，他却是自觉提出了一个不同凡响的观点：对经济增长起决定性作用的是制度性因素而非技术性因素。在《西方世界的兴起》一书中，诺思教授开门见山地指出，该书的中心论点是："有效率的经济组织是经济增长的关键；一个有效率的经济组织在西欧的发展正是西方兴起的原因所在。"③ 当然，有效率的组织的产生需要在制度上作出安排和确立产权以便对人的经济活动造成一种激励效应，根据对交易费用大小的权衡使私人收益接近社会收益。一个社会如果没有实现经济增长，那就是因为该社会没有为经济方面的创新活动提供激励，也就是说，没有从制度方面去保证创新活动的行为主体应该得到的最低限度的报偿或好处。反观通常的观点，则是将技术创新、规模经济、教育和资本积累等看作是经济增长的源泉，可在诺思教授看来并非如此，它们本身就是增长。因此，产业革命就不是现代经济增长的原因之所在，而恰恰是其结果。

这些观点确实令人耳目一新。当然，诺思教授的观点是通过对公元900—1700年期间西方经济史的考察而得出的。历史上的产权没有做到使个人收益与社会收益相等，其原因就在于或是没法阻止"搭便车"行为，或是创立和行使产权的费用超过了收益。我们也曾为这样的问题而百思不得其解：为什么历史上的经济增长没有在整个西方世界同时出现而首先在尼德兰和英格兰地区出现呢？诺思教授的理论无疑使我们茅塞顿开。尼德兰和英格兰地区最早进行了产权结构方面的变革，从制度上激发和保护了经济领域内的创新活动，因此它们首先在西方世界崛起，而法兰西和西班牙则没有做到这一点，因此它们在竞争中失败并大大落伍了。

由于诺思教授成功地将产权理论运用于经济史的研究，并在此基础上对整个西方世界的经济史作了重新解释，因此，他对西方经济史的考察成为"产权运动"的四大支柱之一④，他本人亦成为产权学派一方的代表人物。这恐怕是包括诺思教授在内的人士都始料不及的。

三

诺思教授一系列有关制度研究的论文和著作发表后，一时间，西方经济学界和经济史学界追随者甚众，当然也有不少人提出了一些批评和修改意见，为此，他又对原来的论点和框架作了进一步的修改、补充和完善，并最终形成了一个包括产权理论、国家理论和意识形态理论在内的制度变迁理论。我们翻译的《经济史中的结构与变迁》一书的出版，标志着诺思教授这项工作的完成。

顾名思义，《经济史中的结构与变迁》是研究分析经济史中的结构与变迁的。那么，何为"结构"？何为"变迁"？根据诺思教授自己的论述："'结构'一词指制度框架，'变迁'一词指制度创立、变更及随着时间变化而被打破的方式。"（见本书第225页）尽管诺思教授在书中论及了经济、政治乃至社会诸方面的结构与变迁，不过，对此他均是通过制度的结构与变迁去解释、说明的。需要指出的是，诺思教授及以其为代表的新经济史学乃至属于新自由主义思潮的、以科斯教授为代表的新制度经济学⑤所研究的制度是经济学意义上的制度（institution），"是一系列被制定出来的规则、服从程序和道德、伦理的行为规范"（见本书第225—226页），而不是我们通常所认为的体制（system），如资本主义体制和社会主义体制。一般地讲，体制多指系统，而制度强调的是关系。

在《西方世界的兴起》中，诺思教授论述了西方经济怎样随着时间的变化而变化；在《经济史中的结构与变迁》中，他没有局限于此，而是将分析的重点放在这样三个变量上：（1）对经济活动产生动力的产权；（2）界定和实施产权的单位——国家；（3）决定个人观念转化为行为的道德和伦理的信仰体系——意识形态。产权理论、国家理论和意识形态理论由此成为制度变迁理论的三块基石。

众所周知，自科斯教授开创了产权理论的先河后，经过阿尔曼·阿尔钦和哈罗德·德姆塞茨等人的努力，产权理论不仅声誉日隆、影响日盛，而且理论本身也愈来愈精细了。它的发展有助于人们解释人类历史上交易费用的降低和各种经济组织形式的替换。如果假定国家是"中立"的，根据产权理论，在现存技术、信息成本和未来不确定性因素的约束下，在充满稀缺和竞争的世界中，解决问题的成本最小的产权形式将是有效率的。竞争将使有效率的经济组织形式替代无效率的经济组织形式，为此，人类在不断地为降低交易费用而努力着。有效率的产权应是竞争性的或排他性的，为此，必须对产权进行明确的界定，这将有助于减少未来的不确定性因素并从而降低产生机会主义行为的可能性，不然的话，将导致交易或契约安排的减少。显然，诺思教授在制度变迁理论中对产权理论并没有多大发展，可诺思教授处理问题的独到之处则是将产权理论与国家理论结合起来。因为国家并不是"中立"的。国家决定产权结构，因而国家最终要对造成经济的增长、衰退或停滞的产权结构的效率负责。所以，在诺思教授看来，关于制度变迁的国家理论既要解释造成无效率的产权的政治或经济组织的内在的活动倾向，又要能说明历史上国家本身的不稳定性，即国家的兴衰。而这一点通常为人们所忽视。

国家理论首先要说明国家的性质，关于这一点，政治学中不乏这样或那样的学说，但主要有两种：掠夺论（或剥削论）和契约论。掠夺论（或剥削论）认为国家是掠夺或剥削的产物，是统治者掠夺和剥削被统治者的工具。契约论则认为，国家是公民达成契约的结果，它要为公民服务。显然，这两种理论所说的国家都能在历史和现实中找到佐证，但它们均不能涵盖历史和现实中的所有国家形式，因而是不全面的。从理论推演的角度看，国家带有掠夺（或剥削）和契约两重性。因而诺思教授倡导有关国家的"暴力潜能"（violence potential）分配论。若暴力潜能在公民之间进行平等分配，便产生契约性的国家；若这样的分配是不平等的，便产生了掠夺性（或剥削性）的国家，由此出现统治者和被统治者，即掠夺者（或剥削者）和被掠夺者（或被剥削者）。在该理论的导引下，诺思教授构造了一个有关国家的新古典理论。他认为国家有三个基本特征：一是，国家为取得收入而以一组被称之为"保护"和"公正"的服务作为交换；二是，为使收入最大化而为每一个不同的集团设定不同的产权；三是，面临其他国家或潜在统治者的竞争。所以，国家有两方面的目的，它既要使统治者的租金最大化，又要降低交易费用以使全社会总产出最大化，从而增加国家税收。然而，这两个目的是相互冲突的。也正是因为存在着这样的冲突并导致相互矛盾乃至对抗行为的出现，国家由此兴、由此衰。

诺思教授的新古典国家理论字里行间处处透露出"经济人"的气息。但斤斤计较、患得患失的经济人行为乃至机会主义行为并不是无处不在的。就拿克服"搭便车"问题来说。在一般情况下，人们有获得某种好处而逃避付费的行为倾向，总想"搭"上哪趟"便车"。可以料到，若社会中的每个成员都能成为"搭便车者"，那么该社会的效率可想而知了。当然，该情形的出现显示了产权结构的不完全和无效率，但产权的充分界定和行使以及对行为的考核是要花费成本的，因此，在成本大于收益的情况下，一个社会就需要通过伦理和道德的力量来克服"搭便车"问题以使社会得到稳定。一言以蔽之，意识形态是寻求社会稳定性的灵丹妙药。事实上，在某些方面成功地克服了"搭便车"问题正说明意识形态对人们行为的约束是强有力的。简单的（注意：仅仅是简单的）成本—收益算计无法解释克服"搭便车"的行为，也就无法进一步说明制度的变迁。为此，制度变迁的研究需要一种意识形态理论。在诺思教授看来，意识形态是一种行为方式，这种方式通过提供给人们一种"世界观"而使行为决策更为经济，同时它不可避免地与人们有关世界是否公平的道德和伦理方面的评判交织在一起，一旦人们发现其经验与它不符，人们就会试图改变其意识形态。这就是意识形态的本质。当然，地域不同、年龄不同、职业不同和经历不同的人们具有不同的意识形态，但成功的意识形态必须是灵活的，这样才能更好地和更有效地克服"搭便车"问题。

至此，诺思教授完成了其制度变迁理论的全部分析框架，并用这个分析框架解释了人类的全部经济史（详见本书第2篇"历史"）。不难看出，尽管诺思教授的研究范围超出了纯经济的领域，但他的基本方法则是纯经济的。君不见，产权的界定和行使取决于成本和收益，国家的兴衰也受制于斯，甚至意识形态的作用也是为了使收益最大化。这再次证明经济学方法对于分析人类社会的许多历史、法律、政治和意识形态方面问题的有效性。

四

必须特别指出的是，诺思教授尽管强调历史因素，强调制度因素，但由于他并不是一个马克思主义，因此他的制度变迁理论及其对历史的考察所得出的若干结论与马克思的学说是相左的，虽然马克思也强调历史，也强调制度（生产关系）。就拿封建制庄园里农奴的劳动问题来说，马克思认为这在前资本主义条件下是封建庄园主赤裸裸地榨取农奴剩余劳动的一个典型事例，而且这种对剩余劳动的榨取在资本主义制度下依然故在，只不过被劳动力市场上的资本家对劳动进行契约性的雇用所掩盖罢了。可诺思教授则把该问题解释为在产权界定不明晰时农奴用自己的劳动以换取封建庄园主对自己生命和财产的保护。因此，从封建主义过渡到资本主义的基本特征并不是对农奴的强制剥夺，而是民族国家的兴起、人身自由的确立和产权法律的发展。如此等等，不一而足，是我们所必须注意的。

当然，综观诺思教授的制度变迁理论，仍可发现其中不乏真知灼见之处，特别是有的读来使人颇有顿悟之感。别的姑且不论，就拿他对产业革命的观点来说，就是独树一帜的。在常人（包括许多经济史学家）看来，产业革命的爆发无非是瓦特发明蒸汽机和约翰·凯发明飞梭等之类的技术进步的结果。产业革命似乎是一种突变。可在诺思教授看来，则是一系列制度方面的变化给产业革命这一根本性的变革铺平了道路，那就是：市场规模的扩大引起了专业化和劳动分工，进而引起了交易费用的增加；交易费用的增加意味着资源的浪费，也说明原有的经济组织出现了不适应性，这迫使经济组织发生变更，从而降低了技术变革的费用，加速了经济增长。至于市场规模的扩大则可上溯于封建制的衰落和民族国家的兴起以及新大陆的发现等。总之，产业革命作为人类历史上第二次经济革命（第一次经济革命是农业的产生），是一系列因素长期发展、变化所带来的渐进性的结果，因为历史是绵延不断的，今天是昨天的继续，而制度的变迁才是历史演进的源泉。

另外，从方法论上讲，诺思教授注重理论与历史的结合，恢复了经济学的优良学术传统。经济学的发展史表明，经济理论与经济史原本是统一的。在政治经济学的创始人威廉·配第和现代经济学的鼻祖亚当·斯密的许多著作中，既有抽象的基本原理推论，又有历史的统计资料分析，而从大卫·李嘉图开始一直到马歇尔，经济学家基本上只注重理论的演绎而忽略历史的归纳，从而使理论经济学和经济史学逐渐变为两个互不相干的分支学科，理论经济学家和经济史学家也离行如离山了。在当代，诺思教授不仅恢复了理论与历史的结合，而且使这种结合更加精密、更加完全。这不能不说对我们极有借鉴意义。

正是基于后两方面的考虑，我们翻译出诺思教授的《经济史中的结构与变迁》这本名著，以供国内经济学同仁研读、参考。

五

本书的翻译工作始于 1988 年下半年，由于译校者多有其他工作在手，使得这本不到 20 万字的书前前后后、断断续续搞了一年多，才得以完成并出版。在此，我们应感谢上海三联书店总编辑陈昕同志对本书翻译出版的关心和支持。我们还应感谢诺思教授，他在百忙之中给我们寄来了"中译本序"。

原书末尾有大量的参考文献，考虑到这些作品极有价值，故原样附在中译本的最后，以供读者进一步研究时查索之用。为便于读者查索和对照，每章后的注释中凡在"参考文献"中出现的作者姓名和文献题目均未译成中文。

参加本书翻译的有：黄永山（序言、第 1—3、12、13 章）、陈郁（中译本序、第 4—6 章）、罗华平（第 7—11、14 章）和柴宁（第 15 章）；参加校订的有：陈郁（序言、第 1—3、11—15 章）、姜新浩（第 4—8 章）和李崇新（第 9、10 章），全书最后由陈郁进行总校和统纂。

由于译校者水平有限，再加上新经济史学派和产权学派的作品中许多术语尚无定译，且本书又涉及大量的历史知识，因此，尽管译校者尽了最大限度的努力，但译文中错误和不当之处在所难免，还望读者指正、馈教。

注释

① 以詹姆斯·布坎南和戈登·图洛克为代表的公共选择学派用经济理论成功地分析、研究了政治活动中的许多问题，布坎南本人获得 1986 年诺贝尔经济学奖即为明证。

② Douglass C. North，1963，"Quantitative Research in American Economic History," *American Economic Review*，XLIII，No.I，Part I.

③ ［美］道格拉斯·诺思和罗伯特·托马斯：《西方世界的兴起》，厉以宁、蔡磊译，华夏出版社 1989 年版，第 1 页。

④ "产权运动"的其他三大支柱是：交易费用概念、产权经济学和比较经济组织研究。参见［法］亨利·勒帕日：《美国新自由主义经济学》，李燕生、王文融译，北京大学出版社 1985 年版，第 9—15 页。

⑤ 此新制度经济学（new institutional economics）与以加尔布雷思为代表的新制度经济学（neo-institutional economics）有着天壤之别。有关两者在学术观点和研究方法上的区别可参阅科斯教授《新制度经济学》一文。该文中译文载［美］罗纳德·科斯：《企业、市场与法律》，盛洪、陈郁译，上海三联书店1990 年版。

《竞争的经济、法律和政治维度》中译本序言

一

说起本书的作者、美国著名经济学家哈罗德·德姆塞茨，我国学者已不再像以前那样陌生了，他的几篇颇有影响的论文已陆续被译成中文，介绍给了中文读者。实际上，他已被权威人士认为是凯恩斯之后世界上最重要的经济学家之一。

德姆塞茨，1930年5月31日生于美国伊利诺伊州芝加哥市，是德国移民的后代，先后求学于伊利诺伊大学和西北大学，于1959年获西北大学经济学博士学位。他现为加利福尼亚大学洛杉矶分校阿瑟·安德森讲座经济学教授。由于他曾在芝加哥大学待过较长的时间，并与芝加哥学派的其他经济学家过从甚密，且在学术观点上较为相近，故也可以算是该学派的一位重要成员。[①]

德姆塞茨的研究工作属于新制度经济学的领域。他对经济学的贡

---

* 本文载于［美］哈罗德·德姆塞茨：《竞争的经济、法律和政治维度》，陈郁译，上海三联书店出版社1992年版。

献主要在于将罗纳德·科斯有关产权、交易费用与市场组织的见解一般化和具体化并作了进一步的推演。其工作具体可分为这样三个方面：（1）产权和交易费用的一般理论性研究，主要论文有：《产权的交换和行使》（1964）、《关于产权的理论》（1967）和《产权范式》（与阿尔曼·阿尔钦合作，1969）等；（2）用产权和交易费用理论对产业组织问题，包括企业性质、所有权与控制权的分离、垄断竞争、进入壁垒、反托拉斯、广告劝说和政府管制等，进行的应用性研究，主要论文有：《为什么要对公用事业进行管制？》（1968）、《信息与效率：另一种观点》（1969）、《生产、信息费用与经济组织》（与阿尔曼·阿尔钦合作，1972）、《产业结构、市场竞争与公共政策》（1973）、《关于垄断的两个观念体系》（1974）、《进入壁垒》（1982）和《所有权结构与企业理论》（1983）等；（3）对上述问题的经验性研究，主要论文有：《交易费用》（1968）、《论作为进入壁垒的广告》（1979）、《公司所有权的结构：原因和结果》（与肯尼思·莱恩合作，1985）和《纵向一体化：理论和证据》（1988）等。

　　《竞争的经济、法律和政治维度》一书尽管篇幅不长，但却被誉为是对德姆塞茨以前所有论文的总结。这种说法其实并不夸张。在本书中，以讨论竞争问题为线索，德姆塞茨几乎涉及了产权、交易费用和公共选择等领域的所有重大问题。

　　下面，让我们逐章介绍一下德姆塞茨的主要论点。

二

　　第 1 章是全书的引子。在这一章中，德姆塞茨从学说史角度考察了传统的竞争理论，从而为用交易费用经济学来研究竞争问题拉开了帷幕。

　　竞争，历来是经济学的主题。传统的观点认为，竞争是一般的，而垄断是特殊的；或者说，后者只不过是前者的一种例外。因此，传统理论抬高竞争的分析意义，而贬低垄断的分析意义。尽管许多古典经济学家在其皇皇巨著中多次提到垄断问题，但专门的讨论却少得可怜。[②] 即使提到垄断，也只不过是在政府保护这一意义上来论述的。

之所以会出现厚此薄彼的现象，在德姆塞茨看来，是因为传统理论认为竞争就是价格竞争并由此将价格体制作为经济学的中心。其实不然。竞争实际上是多维的，至少包括经济、法律和政治这三方面的内容。所以，由来已久的完全竞争理论模式（德姆塞茨在本书中也将其称之为"完全分散化模式"）"说明的是价格体制，而不是竞争活动"（见本书第 5 页）。而新古典理论在研究价格时忽视了对经济、法律和政治"摩擦"的各种根源的考察。企业和家庭被认为是纯粹的计算机，其内部是个"黑箱"，市场成为一个空洞的概念。用这个假定交易费用和信息费用一定的理论模式，很难理解竞争的实质。

由于知识是特殊的，资产是专用的，竞争活动中的行为主体之间必定彼此产生影响和发生作用。可完全竞争模式假定任何个人不能对他人进行自觉的控制（因为完全竞争条件下行为主体之间的作用和影响是不自觉的），这就剥夺了一个市场参与者对价格、总产量和他人行为的任何影响力。"行动者和制度就像分散的行星，每个行动者只不过通过数量调整对很大程度上是非人格化的价格制定者——市场——提供给他的价格信息作出反应。"（见本书第 7 页）

由此观之，完全竞争模式的致命弱点是：第一，忽视了竞争过程中时间、不确定性和交易费用的重要性；第二，轻视了资本主义分散化经济体制起作用的法律和政治背景。既然竞争是多维的，产品质量竞争、契约安排和制度创新以及灵活多变的行动策略等之类的具体竞争活动自然都是有意义的。当然，要分析这些问题，传统理论是无法胜任的，而交易费用理论等新制度经济学的各个分支在研究方面的进展为此提供了方法论基础。

那么，德姆塞茨是怎样分析具体的竞争活动的呢？

三

德姆塞茨首先在第 2 章中分析了私人部门（即非政府部门）中的竞争。当然，此后的分析都是以肯定信息费用和交易费用的存在而作为前提的。

讨论私人部门中的竞争自然得从"自由放任"谈起。一般认为，"自由放任"具有这样两个特征：一是，受益者要（或会）付费；二是，人有行为动力。总之，所有经济活动只有在收益大于成本时才会实现。德姆塞茨将此特征称为"自由放任"的"渗透功能"，而"'自由放任'的渗透过程就是运用利润手段来选择商业组织，让其中的一些生存下来，同时淘汰其他的"（见本书第 19 页）。

不过，"自由放任"的"渗透功能"本身对经济活动的组织的生存选择是中性的。尽管可能存在着这样两个极端：完全的纵向一体化和完全的市场化，但各种实际的解决问题（质而言之是不确定性问题）的契约性制度安排是处于这两个极端之间。例如班组生产问题——这实际上是通过在生产要素之间达成协议，监督绩效，由此达到进行行为约束的目的；又如专用性资产投资问题——众所周知，产生该问题的根源是不确定性，要在买卖合同中准确预测并明确限定之，成本高昂，这就影响了经济活动的竞争性，为机会主义行为的产生创造了可能，不过，通过一定的契约安排，如定向对口式的供销和购买，能消除经济活动中的这些不尽如人意之处；再如外部逃避责任问题或"搭便车"问题——制度安排对缓解或消除这类问题，同样卓有功效。

既然，制度在起作用（institution matter），那么，若假定信息是有成本的，且边际生产成本不急剧上升，"自由放任"必然导致产业结构的倾斜。交易费用存在的假定意味着产品伪造和模仿的活动会受到阻碍，这通常有利于企业规模的扩大，直至出现垄断。依德姆塞茨之见，垄断不应该用简单的串通合谋（collude）来解释。详而言之，专业化分工不仅像"斯密定理"所说的那样提高了生产率，也为不正当的交易创造了机会。这种交易往往带有欺诈性。为抵御之，具体办法一是消费者依靠自己的聪明才智，二是向法院起诉，三是依靠生产者之间的竞争，四是由自己来生产（即进行生产的纵向一体化）。但不管怎样，由于信息是有成本的，欺诈和机会主义行为无法彻底根除。人们自然就比起小企业而更相信大企业，即通常在消费者眼里大企业比小企业更有信誉。德姆塞茨教授特别提到，进行大量广告投资的大企业肯定比"因陋就简"的小企业更少机会主义行为。

根据德姆塞茨的意思，交易费用的存在使得对许多规范性的问题不能简单地下"是"或"否"的判断和"对"或"错"的结论。联系到上述的讨论，他着重提到了这样三个问题。

1. 价格制定与垄断

传统理论往往否认（说得更恰当些或许是"蔑视"）价格制定力量的存在。可现实并不像传统理论设想的那样"美好"。事实是，由于存在交易费用，经济活动的所有参与者不可能像完全竞争模式所描述的那样均是价格的接受者，经济活动中肯定存在着人格化的价格制定者，甚至垄断。所以，给定正的信息搜寻费用，同一种物品很可能出现差别价格，且固定分配（用我们的话来说就是"特供"）。此其一，说明了价格制定现象存在的根源。其二，为躲避风险，买卖双方关心的是现实的价值，从而减少了价格的不确定性。这说明了价格制定的功效。这两个结论是传统理论推不出来的。

2. 反托拉斯

假定消费者主权是对政策作价值判断的标准，对于反托拉斯政策，关键是看其是有害于消费者，还是有益于消费者，而不是看政策是准许性的，还是禁止性的。只要有益于消费者，准许性的和禁止性的政策都是合理的。③

3. 外部性

以前关于外部性问题的分析所依赖的标准是，资源应有效率地使用。可这并没有为经济活动提供行为指南，因为若没有市场来显示价值，消费者主权就无从谈起。必须强调立法制度对权利界定的作用，即在一定的收入分配条件下，权利的界定会使资源配置达到最有效率。所以，为解决外部性问题，立法并不需要考虑需求者的财产、性别和肤色，仅需考虑的是物质方面的，即立法制度的成本和收益，以及权利判决可援引的先例的适用性。说某一有关权利的判决是错误的也是基于物质方面的考虑，即它使败诉者的所失超过了胜诉者的所得。

总之，非市场制度"完全能在界定和保护私人行动权利的过程中发挥作用。在这种制度产生背景中的竞争，诸如商业企业及其定价和交换活动，诸如'纵向'价格控制，完全能证明，信息费用和交易费用可以包融完全分散化模式的初始条件"（见本书第46—47页）。这是德姆塞茨在讨论了私人部门中的竞争之后得出的理论结论。

四

德姆塞茨紧接着在第3章中分析了公共部门（即政府部门）中的竞争。

在将经济理论运用于公共选择领域时，相应于有关经济的完全竞争和不完全竞争的区分，亦可将政治活动分为完全的政治民主和不完全的政治民主。"科斯定理"对完全的政治民主的含义是："当政治竞争的功能完好无缺时，个人对从事政治活动的偏好不再与民主制度有较大的关系。"（见本书第50页）只不过在这里，交易费用变为了投票费用。

但完全的政治民主与完全的经济竞争是不同的，其根本之点在于所有权的性质。在前者，所有权不可以出卖，尽管存在着偷偷地出卖的现象，可这是不合法的；而在后者，则可以。政治上，少数得服从多数，这颇带有强制性；市场中，一切得通过协议进行，这自然是自愿的。政治结果由全体选民来承担，市场结果仅由协议当事人来承担。这分析的是理想的状态。

可投票费用就像交易费用那样，并不为零。所以，政治民主显然是不完全的。在一般情况下，"投票费用决定了政治民主中竞争的结果，就像交换费用④决定了自由放任经济中竞争的结果那样"（见本书第 54 页）。可这并不是比照交易费用在完全的经济竞争中的作用所作的变异或类推。经济竞争和政治竞争在量上和质上都有所不同。至少，政治民主中存在着多数人权威，这导致人的行为激励机制的不同。投票者个人不能决定政治结果，所以，投票者不愿进行政治投资。

德姆塞茨提请读者要注意到，尽管这些不同之处很重要，但不能将此夸大，因为，政治上的少数派有时能起作用，具体在于，一是，就像布坎南和图洛克的研究成果所证明的，多数派有时会对少数派作出让步；二是，就像施蒂格勒的研究成果所证明的，当少数票与多数票之间的差额很小时，少数派会有一定的作为。尽管如此，但不能将政治投资的收益与经济投资的收益，等量齐观。也就是说，同样的投资量在政治和经济两个不同的投资领域中，收益是不同的；政治上的往往要小一些。如拥有 40% 选票的少数派并不意味着在政治上也有 40% 的发言权并分享 40% 的政治收益。

在作出上述这些一般性的分析之后，德姆塞茨具体讨论了以下四个问题。

1. 政治制度

如果政治民主是完全的话，政党就失去了存在的理由。"政党在不完全的政治民主中的功能有时就像企业在自由放任经济中的那样。"（见本书第 57 页）政党的投入品是各种政治要素，包括政治争议问题，产出品是政治方案和候选人，顾客则是选民。

2. 机会主义行为

政党比企业更可能有机会主义行为，因为，两者的激励机制的作用大小不一。企业为个人所有，若失信于人，企业主自己就会蒙受损失，企业主的个人财富与企业的信誉密切相关，而政党则不是这样。政党无法为个人所有。政党若履行诺言，得益者是广大选民。加之，经济交易具有频繁性，而政治交易有时间间隔，主要是选举活动有一个时间间隔，这就为政治机会主义行为提供了方便大门。

3. 利益集团

政治的收益和成本既不能想分派给谁就分派给谁，也不能对所有人一视同仁，即进行平均分配。政治利益集团由此产生。对投票者来说，若脱离一定的政治组织，单靠个人单枪匹马去寻求自我利益，往往会在现实政治生活中碰得头破血流。德姆塞茨甚至极而言之，环境保护也是为了迎合环保集团的利益，其实并不代表未来的真正利益。

4. 垄断

公共部门比私人部门更易被垄断。在不完全的政治竞争条件下，政治机构集中由一个或极少数几个政党把持是与效率要求相吻合的。同时，政治主体不必频繁地去掌握有关信息和投票者存在"理性无知"（rational ignorance），这就为政治垄断提供了一个现实途径。

通过这些分析，德姆塞茨认为，相应于认为当交易费用阻碍完全的经济竞争性均衡的实现时，"自由放任"是无效率的这种错误观点，认为存在投票费用时不完全的政治民主是无效率的，这亦是错误的。总之，一切得由具体的制度安排来安排。

五

本书的前 3 章是德姆塞茨竞争的交易费用理论的主要内容。在第 4 章，他试图运用该理论的分析框架去剖析历史上政府的增长，即政府规模不断地扩大这一问题。

根据德姆塞茨的归纳，有关这一问题，存在着这样几种不同的解释：（1）棘轮效应（ratchet effects），即在战时或经济衰退时，为克服特殊的困难，政府规模会扩大，且这一势态可上而不可下，无法逆转；（2）个人的特殊权力（如美国总统富兰克林·罗斯福）和思想的巨大力量（如凯恩斯的学说）；（3）官僚主义行为论，即官僚主义者试图通过政府的增长来实现自己的私利，而这种利益在正常的情况下是无法获得的；（4）收入再分配论。

对于这些解释，德姆塞茨逐一评论道：棘轮效应论不能面对这一事实，即：即使某些西方国家政府在战时大规模地增长，可其在和平时期也在增长，尤其是某些没有卷入战争的国家（如瑞典），政府也在迅速增长；罗斯福总统的权力和凯恩斯的学说能解释 20 世纪 30 年代大萧条时期的政府增长，但不足以解释 30 年代之前就开始的、并在其后又得以继续的政府增长趋势，它充其量是一种短期解释；官僚主义论也有矛盾之处，即：该观点一方面表明投票者能迫使官僚主义者将利益伪装和隐藏起来，可另一方面又意味着投票者没能力去制止官僚主义行为；不能否认收入再分配在政府增长这一历史过程中的作用，但值得问一下，为什么这种活动一直得以扩张从而导致政府的增长？从另一个角度看，也就需要对产生所谓财富"分配不当"的非政府力量作出正确的判断，从而需要有大量的政府"矫正"活动，即需要由政府来进行收入的再分配。

总之，要进一步寻找深层次的原因。为此，德姆塞茨倡导这样一种解释：产业革命的爆发进一步实现了生产乃至经济的专业化分工，分工的专业化形成了各种各样的特殊利益集团，利益集团的形成要求政府对经济进行干预，从而最终导致了政府的增长。在这一历史过程中，先后有一系列的具体的制度安排在起作用。

深刻的思想往往起源或根基于现实生活中相抵触的事例。这一事例就是：1750—1850 年，英美两国政府部门的相对规模停止了增长，而从 19 世纪末直到最近，大多数工业化国家政府的相对规模一直在稳步增长。关键是要对英美两国的历史作出解释。

德姆塞茨认为，1750—1850 年期间，英国经济处于"自由放任"时期，市场不断地被重构，人们不再要求政府对产业进行保护。但 1875 年之后，英国走向了贸易保护，其原因在于，对贸易保护政策的需求和供给两方面都在渐长。在需求方面，产业革命的推进使得英国新兴产业遇到了欧洲大陆的竞争，人们要求实行关税壁垒；在供给方面，贸易保护主义者上台，在政府中担任要职，贸易保护主义浪潮甚嚣尘上。而在 18 世纪、19 世纪，美国"因生而自由"，政府部门规模一直很小，只是英国的一半略多一点。美国政府规模增长的关键历史转折点是在 19 世纪末，当时，专业化的利益集团要求政府管制，并以某些私人财产"影响公益"为名而得以实现。"管制是专业化分工与生俱来的附属物。"（见本书第 84 页）近 20 年来对收入再分配的强调使政府规模达到了新的顶点。

历史的情况表明，自产业革命以来，尤其是自 1920 年以来，政治竞争的不完全容忍或默许了政府规模在一个大范围内的变动，用官方 GNP 的指标，是 GNP 的 10%—60%。若考虑到官方 GNP 指标中没有包括地下经济部门，实际变动范围可能要小一些，为 GNP 的 25%—50%。最终，政府规模达到 GNP 的 40% 左右这个均衡状态。

这一均衡状态的实现是缘于这样两个相对立的、相制约的机制：一是，有组织的利益集团在政治上形成反对派，为笼络选民，会要求政府扩大开支；二是，人们在政治上有"搭便车"的倾向，反对政府开支的进一步扩大，即使这样做会在选举活动中有所失，不过能由进行地下交易而得到补偿，即通过地下交易来逃税。

总而言之，私人部门中的竞争渗溢到了不完全的政治竞争中，这导致了政府规模的扩大，一般达到 GNP 的 30％，但这时地下交易开始膨胀，使得政府规模的扩大不超过 GNP 的 45％。所以，人们容忍的政府规模在 GNP 的 30％—45％。这就是当今政府规模的现实写照。

至此，德姆塞茨完成了对政府增长的解释。

六

德姆塞茨是一位在理论开拓上极有悟性和在理论应用上极富洞察力的经济学家。在首次对"科斯定理"进行了一般化的表述时，他就认为，他所提出的尽管是一种有关产权问题的分析思考的方法，"但不仅仅限于此，它也是考察传统问题的一条不同的途径。……希望这种方法的完善能说明大量的社会经济问题"⑤。此后，对于产权和交易费用理论的应用问题，他也曾对经济史学家寄予厚望，认为"经济史学家可以有更多的作为"⑥。德姆塞茨教授这些预言已为现代经济学的发展所证实。现在，他自己又以竞争问题为中心对一些有关的经济、政治和历史问题作了一次全面和扼要的论述，不啻既是对以前研究工作的总结，也是为以后的研究出了新的题目。

对于我们来说，别的姑且不论，单就他观察问题的角度，就是令人悦目和富于启发性的。不难发现，在本书中，他强调的是一种制度性的（institutional）理论分析，而不是机制性的（mechanical）（这一点在第4章中更为直观、明了）。另外，他还强调，对许多重大的规范性问题，不能简单地和武断地作肯定的或否定的结论。正是基于此，译者不揣才疏学浅，将本书译出，并推荐给中国读者。为便于读者全面了解德姆塞茨的思想和学说，特加了两个附录。

在此，必须感谢："当代经济学系列丛书"主编陈昕先生，他对译者的工作表现出满腔的热忱之情；张少杰先生，当他得知译者正在潜心于阅读德姆塞茨的作品时，将德姆塞茨教授的一本论文集《经济活动的组织》第 1 卷《所有权、控制权与企业》给了译者，本书的"附录 A"即选自该书；责任编辑朱国安同志精心审读和编辑了译稿。不过，译文中的一切错误和不当之处均由译者来承担。希望读者能及时指正，无疑，这对译者来说更是一种莫大的帮助。

注释

① 有关德姆塞茨教授的生平情况，可参阅本书"附录 A"。

② 根据德姆塞茨提供的材料，关于垄断，亚当·斯密在《国富论》中提到 903 次，但专门的讨论仅 10 页；大卫·李嘉图在《政治经济学及赋税原理》中提到 292 次，但专门的讨论仅 5 页；约翰·斯图尔特·穆勒在《政治经济学原理》中提到 1004 次，但专门的讨论仅 2 页（见本书第 11 页）。

③ 在此意义上，德姆塞茨提到了两种准许性政策和三种禁止性政策（见本书第 39 页）。

④ 德姆塞茨在本书中将信息费用和交易费用之和称为"交换费用"。

⑤ Harold Demsetz，1967，"Toward a Theory of Property Rights"，*Papers and Proceedings of American Economic Review*，r.359.

⑥ Armen A. Alchian and Harold Demsetz，1973，"The Property Rights Paradigm"，*The Journal of Economic History*，vol.33，p.26.

《集体行动的逻辑》中译本序言

一

　　自20世纪50年代末60年代初以来，现代经济学中兴盛、发展起来了一门新的分支——公共选择理论，它研究的是传统经济学不予关心的非市场决策问题，或者说是集体行动问题。传统经济学之所以不研究这类问题，无非是认为，诸如此类的决策和行动由于是由非市场因素决定的，所以就超出了经济学有关行为的传统假定。可现代经济学的拓展和进步恰恰证明了：非市场问题并不意味着不能用经济学的方法来研究。相反，公共选择理论从它诞生的那一天起就牢牢扣住了"经济人"这个最基本的行为假定，认为除了参与私人经济部门活动的人之外，公共活动的参与者也受制于此，都有使自己行为最大化的倾向，无行为主体的所谓的公共利益（或集体利益）是不存在的。现在，公共选择理论不仅在经济学术界独立门户、自成一派，渗透到对社会、经济、政治生

　＊本文载于〔美〕曼瑟尔·奥尔森：《集体行动的逻辑》，陈郁、郭宇峰、李崇新译，上海人民出版社1995年版。

活各个方面的研究中去，而且国外许多学者也用之来分析计划经济的形成、演变及其向市场经济的转型，日益受到我国学术界的热情关注。奥尔森教授撰写的这本《集体行动的逻辑》一书则是公共选择理论的奠基之作。

二

　　曼瑟尔·奥尔森，1932 年 1 月 22 日出生于美国北达科他州，1954年获北达科他州立大学学士学位，1960 年获牛津大学硕士学位，1963年获哈佛大学博士学位，1961—1963 年在美国空军服役，1963—1967年任普林斯顿大学经济学助理教授，1967—1969 年在美国联邦政府卫生、教育和福利部供职，1969 年起至今一直在马里兰大学经济系任教（其中，1969—1970 年为副教授，1970—1979 年为教授，1979 年起为功勋教授），同时，从 1990 年起担任该校由美国国际开发署资助的 IRIS 中心的首席研究员和主任，该中心致力于东欧和第三世界国家制度变革的研究。

　　奥尔森曾获得多项学术荣誉，如伍德罗·威尔逊国际学术中心研究员（1974 年）、美国政治科学协会格拉迪斯·M.卡默勒奖（1983 年）、美国人文科学和自然科学院院士（1985 年起）、英国牛津大学学院名誉研究员（1989 年起）、美国和平研究所功勋研究员（1990—1991 年）等，并在许多著名的学术社团担任公职，如公共选择协会会长（1972—1974 年）、南部经济学协会会长（1981—1982 年）、美国经济学协会副会长（1986 年）等。

　　奥尔森著述甚丰，据不完全统计，共出版著作 8 部，发表专业研究论文近 50 篇，其他一般及非专业文章 100 多篇，其中影响最大并广受好评的是《集体行动的逻辑》(1965 年) 和《国家的兴衰》(1982 年) 这两本堪称姐妹篇的书。前一部书已被翻译成德文、法文、日文、意大利文、韩文、西班牙文、葡萄牙文等多种文字出版，后一部书也已有法文、瑞典文、意大利文、德文、西班牙文、印度尼西亚文、匈牙利文、希伯来文、韩文、日文、中文等多种译本。作为译者，可以不无骄傲地说，现在，《集体行动的逻辑》一书中文版的出版，对奥尔森来说，无疑是"锦上添花"，而对我国有志于研究公共选择问题的专业人员乃至对此有兴趣的非专业读者来说，则应该是"雪中送炭"。

三

　　一般认为，由具有相同利益的个人所形成的集团，均有进一步追求扩大这种集团利益的倾向。奥尔森在本书中明确指出这种论断根本是错误的。可以设想到，购买同一种商品的消费者作为一个集团，其中的每个成员都会意识到生产供给这种商品的垄断集团抬高价格或政府增加税收使商品价格上升均会使自己受损；或者，在同一个产业部门中就业的工人们作为一个集团，其中的每个成员都认为自己的工资受到了压制而低于应得的水平。那么，在此情形下，集团中的一个成员会如何行动呢？具体是，如果某一个消费者打算去抵制来自生产者或供给者方面的垄断，或去对立法议员进行游说疏通由他们提出和通过减税的议案，或者，某一个工人打算组织罢工或争取议会通过和实施最低工资法案，其行为准则是什么呢？换言之，如果这个消费者或工人花费几天时间和支出若干金钱来进行这类活动，他付出了成本（时间和金钱），但究竟能得到多少回报呢？

　　如果由于某个个人活动使整个集团状况有所改善，由此我们可以假定个人付出的成本与集团获得的收益是等价的，但付出成本的个人却只能获得其行动收益的一个极小的份额。在一个集团范围内，集团收益是公共性的，即集团中的每一个成员都能共同且均等地分享它，而不管他是否为之付出了成本。只要某种商品的价格下降了，购买这种商品的所有消费者都将获益；只要最低工资法通过并实施了，所有的产业工人也都将获益。集团收益的这种性质促使集团的每个成员想"搭便车"而坐享其成。集团越是大，分享收益的人越是多，为实现集体利益而进行活动的个人分享份额就越小。所以，在严格坚持经济学关于人及其行为的假定条件下，经济人或理性人都不会为集团的共同利益采取行动。

在得出这个一般性的结论之后，奥尔森对集体行动作了进一步的分析，毕竟在现实生活中集体利益是客观存在的。

奥尔森首先对集体利益作了区分，具体有两种：一种是相容性的（inclusive），另一种是排他性的（exclusive）。顾名思义，前者指的是利益主体在追求这种利益时是相互包容的，如处于同一行业中的公司在向政府寻求更低的税额以及其他优惠政策时利益就是相容的，即所谓的"一损俱损、一荣俱荣"。用博弈论的术语来说，这时利益主体之间是种正和博弈。而后者指的是利益主体在追求这种利益时却是相互排斥的，如处于同一行业中的公司在通过限制产出而追求更高的价格时就是排他的，即市场份额一定，你多生产了就意味着我要少生产。这时利益主体之间是种零和博弈。

可以看出，当根据这种集体利益的两分法而将各种各样的集团也相应地分为（利益）相容性集团和（利益）排他性集团两类时，他们集体行动的逻辑是不同的。排他性的利益多少类似于我们通常所说的"既存利益"，这时集团碰到的是"分蛋糕"问题，固然希望分利者越少越好，分利集团越小越好，故这类集团总是排斥他人进入。而相容性利益在我看来它似乎一时半晌尚未存在，这时集团碰到的是"做蛋糕"问题，在"把蛋糕做大"过程中总是希望"做蛋糕"的人越多越好，集团规模越大越好，故这类集团总是欢迎具有共同利益追求的行为主体加入其中，可谓"众人拾柴火焰高"。所以，奥尔森有这样的判断：较之排他性集团，相容性集团就有可能实现集体的共同利益。

可话说回来，相容性集团实现其共同利益仅仅是种可能，因为它还是绕不开集团成员的"搭便车"行为倾向问题，还是要解决集体与个人之间的利益关系问题。为此，奥尔森设计出了一种动力机制——"有选择性的激励"（selective incentives）。这种激励之所以是有选择性的，是因为它要求对集团的每一个成员区别对待，"赏罚分明"。它包括正面的奖励和反面的惩罚。具体是：对于那些为集团利益的增加作出贡献的个人，除了使他能获得正常的集体利益的一个份额之外，再给他一种额外的收益，如额外的奖金、红利或荣誉等；而惩罚就是制定出一套使个人行为应该与集体利益相一致的规章制度，一旦某个成员违背，就对之进行罚款、通报批评或开除乃至法办等。

尽管奥尔森教授为解决个人与集体的关系问题提出了这种"有选择性的激励"手段，但他对组织集体行动并不奢望，原因在于集团规模大、成员多使做到"赏罚分明"得花费高额的成本，它包括有关集体利益和个人利益的信息成本和度量成本以及奖惩制度的实施成本等。显然，不仅仅是收益分享问题阻碍了大集团实现其共同利益，而且组织成本随着集团规模的扩张而剧增也使之难以为继。本书名为"集体行动的逻辑"，实际上恰恰说明的正是"集体行动的困境"。

但有一种例外。那就是小集团。奥尔森特意申明，上面关于大集团的观点都不适用于小集团。小集团之所以冠之以"小"的称呼，是因为成员人数少，较之实现的集团总收益，集团的总成本更小。在此情形下，小集团的每个成员发现，一旦他为集体利益去行动，他从中获得的收益超过了他为之而付出的成本。这时，个人利益才会与集体利益相一致。

奥尔森的结论是：小集团比大集团更容易组织起集体行动；具有有选择性的激励机制的集团比没有这种机制的集团更容易组织起集体行动。

需要一提的是，奥尔森教授在本书中提出的集体行动理论已在经济学、政治学等领域中产生广泛的影响，他本人就应用这一理论框架来解释了国家的兴衰，有兴趣的读者可进一步阅读其《国家的兴衰》一书。

四

本书的翻译，笔者前前后后多次为诸多事务所打断，多谢郭宇峰先生、李崇新先生两位合作者鼎力相助。还需感谢上海人民出版社社长兼总编辑陈昕先生在出版方面以及学兄张宇燕先生（他曾于1992—1993年期间在原作者那里作访问学者）在人名翻译方面提供的帮助。另外，责任编辑何元龙先生同样功不可没。

《企业制度与市场组织——交易费用经济学文选》编者序言

一

自罗纳德·科斯于1937年发表《企业的性质》一文以及该文近几十年来受到人们极大的关注之后，企业和市场就被认为是两种不同的可以互相替代的经济制度或经济组织。从交易费用的角度研究企业制度和市场组织以及它们彼此之间的替代选择构成了现代企业理论（也是现代市场理论）的一个最主要的方面。科斯强调了在组织选择或制度选择中对交易费用权衡的重要性，这引发了现代经济学中新制度主义革命。用奥利弗·威廉姆森的话来说："交易费用的发生、影响和扩展已在新制度经济学中先声夺人。组织经济活动而不计交易费用显然是不合理的，因为一种组织形式较之另一种组织形式的任何优势都会因不计成本的缔约活动而消失殆尽。交易费用已成为经济学研究中心议题的现实性……与日俱增。"（本书第24页）

---

* 本文载于陈郁编《企业制度与市场组织——交易费用经济学文选》，上海人民出版社1996年版。

科斯是交易费用研究开风气之先的人物，但该领域近二三十年来硕果累累、成绩非凡无疑仰仗于其他后继学者的努力。在 20 世纪 70 年代初，交易费用经济学仍停留在科斯 1937 年发表《企业的性质》时的水平，产生这一状况的原因在于人们在这段相当长的时期内没有将交易费用这一重要概念运用于具体的分析。70 年代和 80 年代，交易费用经济学取得了长足进展，积累了大量有价值的学术文献（威廉姆森称取得了"指数式增长"），其原因在于交易费用这种研究方法迎合了经济学界对各种可能产生争议的理论涵义和具体事实进行检验的要求。在这一学术浪潮中，还出现了许多广为称赞的经验性文献。这是国际学术界的一种动向。

从国内学术界的情况来看，虽说我们在 1987 年（《企业的性质》一文刚好发表 40 年）前后才发现交易费用经济观在理解企业和市场中的价值，但如同近些年来我国经济发展异常迅速一样，我国学术界在这方面的研究亦取得了重大成果，直接进入了现代经济学的前沿领域。在此学术背景下，这本有关现代企业制度和现代市场组织的经典文选不仅体现了编者的一种学术倾向，而且更重要的是力图将科斯的后继学者的一些代表性论文汇集一册介绍给大家，以期给中国学者的研究提供资料上的方便。总之，要理解企业制度和市场组织，就要理解科斯；要理解科斯，就要理解那些受到学术界肯定的后继学者。这是我们编完这本文选后最深刻的感受。

二

科斯 1991 年在领取诺贝尔经济学奖时所作的演讲着重提到奥利弗·威廉姆森、哈罗德·德姆塞茨和张五常三位学者对交易费用经济学作出了突出的贡献。在文选的头三篇就是威廉姆森在不同时期的代表作。

纵向一体化是经济学中的一个经典问题。理解了纵向一体化的存在，也就理解了企业的存在；说明了纵向一体化的程度，也就说明了企业与市场的边界。如第一篇文章标题所示，《生产的纵向一体化：市场失灵的考察》一文从纵向一体化这个经典的经济学问题入手，考察了市场失灵的因素。在威廉姆森看来，市场失灵主要有五种原因：（1）在静态市场中进行了专用性投资；（2）契约的不完全性；（3）由于一方的"败德行为"、价格歧视等造成另一方战略的失误；（4）企业在信息处理上具有规模效应；（5）企业在应付产权界定不完全以及其他规避风险问题上能进行制度适应。前三种情况说明市场谈判环境十分复杂，而且如果市场谈判是一次性的或交易发生的频率是很低的话，就会使交易退出市场。后两种情况则说明了进行纵向一体化而在企业内部组织交易所能带来的好处，这也是企业特殊的结构性优势，"这些优势是企业在市场关系中或者是天然的，或者是因为现行的制度规则而享有的"（本书第 5 页）。

传统的观点认为，由于存在市场失灵，所以就得政府干预。这种观点已受到人们的质疑，认为除了政府干预之外，企业的纵向一体化亦能对付市场失灵，如生产技术具有高度的相互依赖性时的生产流水线就是如此。而威廉姆森强调的并不是技术性因素，而是企业在市场失灵时所具有的超越市场的潜在协调能力，是"与市场相关的企业特有的激励和控制的性质"（本书第 3 页）。传统文献错就错在将"市场失灵"与"一体化"隔裂开来。尤其是，"纵向一体化在信誉差的社会中比在信誉好的社会中，将更能实现"（本书第 18 页）。

在科斯那里，经济组织的交易费用逻辑具有同义反复的意味，尽管后来科斯（1988）幽默地称之为是"显然正确的命题"，但多年来一直受到反对者的质难，这多少影响了交易费用理论的应用、检验和扩展。威廉姆森的这篇文章发表于 1971 年，该年正是威廉姆森认为交易费用理论依旧原地踏步停留于科斯 1937 年时的水平的最后一年。在 10 多年后的 1988 年，威廉姆森在回忆他早先的这篇文章时说，为了突破科斯的同义反复，阿尔曼·阿尔钦和德姆塞茨在 1972 年的《生产、信息费用与经济组织》一文中提出了企业替代市场是为了有效地对付班组生产技术不可分的假定，而他早一年的这篇文章则明确提出要研究特殊的交易关系，尤其在资产的专用性方面（见本书第 97 页注⑥）。

三

在交易费用经济学的发展历程中，不少学者对交易费用的重要性持怀疑态度。他们认为交易费用概念自由度太大了。威廉姆森由此感到需要对它进行定义。本文选收入的他的第二篇文章《交易费用经济学：契约关系的规制》就"试图弥补这种缺陷，并将不确定性、交换频率及投资的交易专用性程度作为描述交易的基本方面"（本书第 54 页），并在经济活动的组织过程中根据交易的特性有区别地使用各种不同的规制结构。在该文的导言部分，威廉姆森明确指出，机会主义行为是交易费用研究的核心概念，它对于涉及交易的专用性资本的投资活动至关重要。另外，信息的有效处理是一个相关的重要概念。从总体上讲，交易费用的评判属于比较制度学的范畴。

在前面《生产的纵向一体化：市场失灵的考察》一文中，威廉姆森强调了使交易退出市场转而组织内部交易，即进行纵向一体化的必要性。的确，现实中存在许多纵向一体化现象；但与现实中存在许多的市场（或准市场）交易现象相比，纵向一体化则相形见绌了。为此，该文从相反的一方面出发，讨论市场、科层和中间组织（即准市场组织或准科层组织）的形式，其目的是决定：哪些交易存在？何以存在？相匹配的最经济的规制结构是什么？

首先，威廉姆森援用美国法学家伊恩·麦克内尔教授的研究，对契约关系作了三种区分。（1）古典契约关系：无论在法律意义上还是在经济学意义上这都是一种理想化的契约关系，它意味着契约条件在缔约时就得到明确的、详细的界定，并且界定的当事人的各种权利和义务都能准确地度量；契约各方不关心契约关系的长期维持，只关心违约的惩罚和索赔；当事人的人格化身份特征并不重要，因为交易是一次性的，交易完成后各方"形同路人"。（2）新古典契约关系：这是一种长期契约关系，它意味着当事人关心契约关系的持续，并且认识到契约的不完全和日后调整的必要；如果发生纠纷，当事人首先谋求内部协商解决，如果解决不了再诉诸法律；所以，它强调建立一种包括第三方裁决在内的规制结构。如麦克内尔所说，新古典"长期契约有两个共同特征，一是契约筹划时即留有余地；二是无论是留有余地还是力求严格筹划，契约筹划者所使用的程序和技术本身可变范围就很大，导致契约具有灵活性"（本书第28页）。（3）关系性缔约活动：由于许多契约内容已脱离古典和新古典契约关系，如公司法和集体劳资谈判中的一些内容，于是就出现威廉姆森所说的这种缔约关系。它强调专业化合作及其长期关系的维持，因此契约当事人都愿意建立一种规制结构来对契约关系进行适应性调整。据认为，这种缔约活动与新古典契约关系的区别是：尽管两者都强调契约关系的长期维持和适应调整，但新古典契约的调整始终以初始契约条件为参照物，而在威廉姆森所说的关系性缔约活动中，相应的规制结构一旦形成就会作自我演变式的发展；调整并不参照初始的契约条件，即使参照也不一定非坚持不可，而是根据现实需要作适应性调整，并且一般不需要第三方加入。

前面说到，威廉姆森在该文中试图从不确定性、交换频率和资产专用性程度三方面来分析交易。具体是，不确定性假定足够大，从而使契约关系有必要不断进行调整；交换频率假定有两类，一是交易只发生数次，是不经常性的，另一是经常重复发生；资产根据其专用性程度假定可分为三类，即通用性资产、专用性资产（或特质资产）以及介于两类之间的混合性资产。

根据该文的归纳总结：如果是通用性资产，无论交易频率的大小，相匹配的肯定是市场规制结构，这时发生的是古典契约关系。如果交易频率较低，只发生数次，资产是混和性的或是专用性的，相匹配的应是当事人双方再加上第三方参与的三方规制结构，这时发生的是新古典契约关系。如果交易频率较高，交易经常重复发生，且资产是非通用性的，这时发生的是关系性缔约活动。其中，如果资产是混合性的话，相匹配的是由当事人双方规制的结构；如果资产是专用性的话，相匹配的是由一方当事人统一规制的结构（规制结构与交易特性的匹配详见本书第 45 页图 2）。

《交易费用经济学：契约关系的规制》是威廉姆森的一篇集大成之作，它几乎原封不动地被改写进其 1985 年出版的名著《资本主义经济制度》一书中。

四

交易费用经济学的微观基础是有限理性和行为的机会主义倾向这样的假定。本文选收入的威廉姆森的第三篇论文《经济组织的逻辑》所进行的就是从基本的行为假定出发对经济组织的微观分析。

交易费用经济学家都接受了约翰·康芒斯的将交易作为基本分析单位的观点。该文认为，当假定行为主体是有限理性的话，对契约而言，人们就会发现，包揽无遗的缔约活动几乎是不可能的；对经济组织而言，能进行适应性调整且能作出连续性决策的组织模式必将有利于交换。当假定行为具有机会主义倾向的话，对契约而言，对未来作出种种许诺的契约将是天真的；而对经济组织来讲，要求它在交易过程中即时地或详尽地对交易作出某种保证。这些就是有限理性和机会主义的行为假定的组织含义或组织逻辑（详见本书第 70 页表 1）。

因此，交易费用经济学强调的是一种过程（或程序）分析。"广而言之，……程序的结果有三个共同特征：表现的暂时性；结果的非预测性；且这种结果往往非常微妙。通常争议中的无法预测的行为是一种不受欢迎的结果，但并非总如此。"（本书第 71—72 页）所以，经济组织的机械主义设计方法肯定是不可行的。为此，为了节约交易费用，就应像《交易费用经济学：契约关系的规制》一文中所说的那样将属性不同的交易与各种不同的规制结构联系起来，这样做的根本依据是基于基本的行为假定而采取不同的激励机制。

概而言之，从经济组织的逻辑角度看，当资产专用性程度不断提高时，就需要追加对契约的保障，由此出现许多不同的契约规制结构，而"纵向一体化是作为最后手段的组织方式"（本书第 96 页）。

五

在交易费用经济学中，本杰明·克莱因、罗伯特·克劳福德和阿尔曼·阿尔钦的长篇论文《纵向一体化、可占用性租金与竞争性缔约过程》是篇被人引用频率较高的经典之作。该文也是从讨论一体化的存在入手。它赞同科斯提出的必须考虑交易费用的观点，并赞同威廉姆森提出的要考虑契约中的机会主义行为，因为这会产生使用市场机制的一种成本。该文的中心观点是，产生毁约危险的原因在于存在可被有关当事人占用的专用性准租，这种准租使机会主义行为由可能变为现实。

准租，被定义为某项资产最优使用者超过次优使用者的价值。在现实中，有关的当事人（即契约双方）都想尽可能地占用这部分准租。例如，当没有出价次高的次优使用者加入竞价时，最优使用者会出次高价而不是出最高价来使用某项资产，这时，全部准租将被他所占用。为达到占用准租的目的，会出现种种不道德的或机会主义的行为。资产的所有者也有占用全部准租的激励。例如，他会利用竞价过程而将资产的价格定在最高的竞争性价格上甚至在这一价格以上。"可占用准租不是一种垄断租金，而是保护在开发性市场上持有一项资产的价值不受市场进入影响的资产升值。"（本书第 113—114 页）

因此，"由契约界定所有重要的质量因素的成本是随着资产类型的不同而变化的。对这些基本上不可能有效地界定所有质量要素的资产来说，纵向一体化会更适宜"（本书第116页）。这意味着，当市场契约费用大于一体化费用时，资产使用者会进行一体化。换言之，如果一项有准租的资产强烈地依赖于另一些专用性资产时，那么这两项资产将归属于某一方所有，即实现资产的一体化。

在该文中作者们举了一个出版业的例子说明这些理论问题："报纸出版商通常拥有自己的印刷机，而图书出版商则不同。图书出版商很少进行一体化的一个可能原因是因为出版一本书在时间上必须很早就进行计划，从经济上说可以做到按部就班。印刷厂在……各地都可以找到。没有一家印刷机构归属某一出版商，这部分是因为与报纸相比图书的出版与批发在时间上对读者显得不很重要，因此也不会产生可占用性准租。杂志与其他一些周期出版物在出版时间的重要性上可以说是介于图书与报纸之间。此外，由于杂志是散在全国各地许多工厂印刷的，在全国各地印刷厂可能都是某地现存的印刷厂的竞争者。因此，较之报纸出版商，一个印刷厂主根本没有对杂志出版商的市场力量，所以我们发现杂志通常在不属于出版商的印刷厂中印刷。"（本书第140页注⑥）

通过这个有关出版业的例子，我们发现，图书出版商往往通过市场获得印刷服务，报纸出版商则通过自己拥有印刷厂实现印刷服务的自给，而介乎两者之间的定期出版的杂志的印刷可能会使用部分的专用性资产，存在部分的尽管是较少的可占用性准租，因此就杂志的印刷服务会采取一种长期契约安排。这种长期契约是该文接下来讨论的问题。

根据该文的观点，这种长期契约安排既作为一种一体化的选择，也能适应于市场缔约过程。具体的契约解决主要有两种："（1）由政府或其他外部机构通过法律实施的明确的契约保证；（2）由市场机制实施的默认的契约保证。"（本书第118页）这也被简称为明确契约的默认契约。从原则上讲，明确契约能解决机会主义问题，但实施成本高昂；默认契约成本较低，但不能解决机会主义问题，一旦出现机会主义行为就只能取消未来的交易。

虽说该文提供了这两种契约解决，但看起来更强调默认契约，因为它更符合"竞争性缔约过程"这个范畴。为了使默认契约有利于长期关系的维持，该文认为"契约的市场实施机制运行的方式之一是给潜在的欺诈者提供一种未来的'贴水'，……并且使它超过从欺诈中获得的潜在收入。……这种贴水流量可以被认为是企业为防止欺诈活动而支付的保险费用。只要交易双方对由欺诈而获得的潜在的短期收入有相同的估计，这种保险的数额就会达到供求均衡，可以预料机会主义行为就不会发生"。（本书第119页）如果这种贴水过于高昂，特定的交易就不会发生，一体化才会出现。

总之，"可占用性专用准租越低，交易者依赖契约关系而不是共同所有的可能性越大。反之，……一体化的可能性越大，资产所包含的可占用性专用准租就越高"。（本书第121页）不过，市场契约和纵向一体化只是两种极端的例子，现实中大多数商业关系是介于这两者之间，因此科斯有关市场与企业的两分法过于简单了。

六

本杰明·克莱因也算是现代自由主义经济思想中的一个代表性人物。他在许多经济学研究领域均有建树。在20世纪70年代中期他几乎与弗里德里希·哈耶克同时提出了自由铸币，即货币的非国有化学说，克莱因使用的说法是"货币的竞争性供给"，这可以看作是自由主义经济思想的一个极端表现。在后来转向研究市场、契约和交易费用等问题时，他始终崇尚市场力量、契约自由和竞争性缔约（上文就强调竞争性缔约过程）。

在本文选收入的他的第二篇论文《"不公平"契约安排的交易费用

决定》中，他认为，契约自由是与效率这一经济学范式相一致的，所谓的"不公平"契约是市场机制作用的结果，即是交易费用决定的。就契约本身而言无所谓"公平"与"不公平"之分。因此，政府对市场活动的管制和反托拉斯做法并非必要。

该文沿着专用性资产和可占用性准租的逻辑，认为存在着的机会主义行为可能会阻碍契约的实现（或绩效），从而会迫使一方当事人进行纵向一体化。但由于许多契约内容涉及人力资本，因此在人力资本意义上要拥有全部的所有权是不可能的，从而纵向一体化也是不可能的。最终的结果只能是契约解决。在契约解决过程中，由于专用性资产的存在，必然存在着不平等的谈判力量，从而必然出现所谓"不公平"的契约条款，这是交易费用的存在以及契约的不完全性使然。只要交易费用不为零，"我们真正需要说明的是市场决定的契约关系的各种类型，而不是区分对纵向一体化和市场交换的简单选择"。（本书第167页）因为，"在一个竞争性环境中存在着独立去解决一个重要而普遍的问题的努力和尝试"（本书第168页），这就是市场力量。所以不需要政府或法律去干预那些所谓的"不公平"契约。

七

在上两篇论文中，克莱因都提到了为防止契约欺诈而保证契约绩效，市场实践机制会作出一种必要的安排对未来的报酬作出承诺，具体办法是价格贴水。"契约绩效的必要和充分条件是存在足以高出残值生产成本的价格，以至于不履行契约的企业就会失去一系列未来销售的租金贴现流量，而这大于不履行契约的财富增加。一般而言，这意味着市场价格大于完全竞争价格……"（本书第171页）克莱因和基思·莱弗勒的《市场力量在确保契约绩效中的作用》一文就是考察这一问题的。

根据该文的叙述，有关市场交换的传统经济学观点认为是由政府作为第三者来界定产权和实施契约。这种经济学观点背后的法哲学传统是，如果没有政府这个第三者来判定和制裁违约行为，市场交换将是不可能的。但在一些自由主义经济学家如哈克和马歇尔看来，在没有任何第三方参与的情况下，当事人的信誉和名声可以成为激励他们确保契约绩效的因素，只要交易需要重复进行就行。该文坚持了这种自由主义传统，认为组织交易除了第三方保证的明文契约和单方面实现纵向一体化这两种方式外，更重要的是由当事人双方自己实施的默认契约。

例如工资契约。当劳动力供过于求或企业对劳动力的需求下降时，往往意味着单位劳动力价格下降。如果资方以削减工资适应劳动力需求的下降，企业支付的工资价格正好等于出清劳动力市场的价格，这时离开企业一般是劳动者本人自己选择的结果（这也被称作"逆向选择"），但这些离开的劳动者可能是企业最好的、效率最高的劳动者。如果资方保持工资价格不变而以相对降低就业量来适应劳动力需求的下降，就可能将那些企业认为是最好的、效率最高的劳动者留下来。这时资方支付的工资价格实际上比出清劳动力市场的价格高一些。用克莱因和莱弗勒的话来说就是"市场价格大于完全竞争价格"。劳动经济学家（如乔治·阿克洛夫）将资方支付的高于出清市场价格的工资称为"效率工资"，因为在此工资下劳动者会更加努力地工作；而将资方这样做的原因归结为为寻求长期合作关系而必不可少的"忠诚"。这与该文所强调的信誉和名声是一个意思。该文实际上将这种情况推广到了所有市场缔约活动：价格贴水，即支付高于完全竞争水平的价格，能对供给质量起保证作用，即能保证契约绩效。

因此，企业的专用性投资，如牌子的投资、广告的投资以及其他的非残值的不可补偿性的投资都成为达到确保契约绩效条件下的市场均衡的一种手段。作为契约另一方当事人的供给者会视对方投资与否然后再作出是否进行有效率的、质量保证的供给。

八

巴泽尔《考核费用与市场组织》一文从最普通的买卖双方的商品交换来研究同样的问题。它强调了商品考核费用与选择市场组织的关系。

在最一般的意义上，要了解任何商品的品质（attributes）都存在巴泽尔所说的考核费用。有关商品品质的信息是有价值的。掌握这种信息的有关当事人就会对其他当事人进行"欺骗"。从利益最大化假定出发，当对买卖双方来讲考核费用是一样时，"卖主总是将很巧妙地尽可能进行考核，以防止买主进行考核……"。（本书第212页）"如果一种商品没有被彻底（被卖主）挑选过，许多买主将会发现很值得去挑选他们认为价值很高的品质，而不是由卖主挑选的商品品质"。（本书第213—214页）简而言之，卖主对品质不一的商品倾向于通过考核、挑选和归类以使各个商品卖得其应得的价钱。而买主也有这种倾向，愿意付出一定的考核（挑选）费用以获得价值更高的商品。

考核的必要性体现在：卖主是为了确保他并没有付出太多，而买主是为了确保他并没有得到太少。考核是有收益的，考核也存在成本。市场组织的出现是为了降低这种考核费用。市场组织的方式方法有许多种，巴泽尔在文中着重列举了这样几种：（1）质量保证，即卖主对买主就商品质量提供某种保证或承诺。不过，当这种质量保证的费用太高时，卖主或者是让消费者随心所欲地对商品进行挑选，或者是对品牌进行投资。（2）分享契约，即卖主省去了进行市场调研、获取信息这类事情的成本，但不得不让买主分享相应的收益。（3）品牌投资，这类似于质量保证。这种做法在消费者（买主）的考核面临成本高昂时最为适用，因为它使消费者避免付去较高的考核所必需的费用。（4）信息隐瞒，即卖主不让买主进行考核、挑选，使异质的商品和服务变成均质的。这样做当然是为了节约考核费用。但为了使消费者接受，卖辨认所提供的商品和服务应是随机抽取的和"有代表性"挑选的。

九

张五常教授是科斯领取诺贝尔经济学奖时所作演讲中提到的对交易费用经济学作出巨大贡献的三个经济学家之一。在《企业的契约性质》一文中，他力图用自己发现的观点来阐述"企业的性质"，强调了契约的作用。他研究了计件工资契约，认为这种契约提供了一条理解企业和市场的有效途径。计件工资契约的一个最大优点是清晰地显示了工人之间不同的劳动工资率。

尽管科斯提出了企业的交易费用观，但他并没有给企业下定义，而只是将企业视作市场的替代物。前面已经提到阿尔钦和德姆塞茨反对这一说法。他们否认企业与市场之间存在区别，认为企业也是一种市场，企业内部劳资间的关系和市场上它们之间的关系一样也是一种契约关系。张五常在本文中以计件工资契约为例，将科斯的企业观与阿尔钦和德姆塞茨的企业观综合起来，不仅认为企业存在的唯一原因是节约交易费用（如科斯所言），而且认为企业关系是一种市场关系（如阿尔钦和德姆塞茨所言），甚至是一种高级的市场关系——要素市场关系。在科斯那里企业与市场的区别或替代在张五常那里成为产品市场与要素市场的区别或替代。由此，产品市场与要素市场在企业外部和内部的分离的唯一原因就是为了节约交易费用，从而避免了对要素投入进行直接的高成本的计量考核。

张五常教授是位通过讲故事来阐述经济学的高手。在该文的末尾他用一个自己亲历的事情注释论文的中心议题："1969 年在香港，我坐在路旁的一个空木箱上，让一个男孩替我擦皮鞋，讲定价格为 20 分。当他开始擦时，另一个男孩不声不响地开始擦另一只鞋。'多少钱？'我问。'给我们每人 10 分，'一个孩子回答。我惊奇地发现，没有人知道实际定价，这两个孩子也互相完全不认识。这却使我逐渐领悟到，我一只脚穿鞋和另一只脚穿靴子肯定能说明科斯所讲的通过市场把一个交易分成两个不会那么顺利地进行的含义是什么。"（本书第 265 页）

十

以交易费用理论为代表的新制度经济学的兴起之所以被称为一场学术革命，是因为它对主流经济学（包括需求理论、供给理论、消费者行为理论、企业理论和市场理论等）提出了全面的挑战，同时也给现代经济学取得新的进展提供了机会。一方面，对新制度经济学家来说，欲成为现代经济学的主流，就需要使新制度经济学理论在形式化上有所突破；另一方面，对主流经济学家来说，欲继续成为主流，就需要引入交易费用这一制度性因素，放宽原有的初始条件，完善、改造现代经济学。本文选所载的最后两篇论文就体现了经济学家的这种努力。

桑福德·格罗斯曼和奥利弗·哈特《所有权的成本和收益：纵向一体化和横向一体化的理论》一文根据契约成本理论，强调契约性权利有两类：一类是特定权利，另一类是剩余权利。前者指的是那种能事前通过契约加以明确界定的权利，后者指的是那种不能事前明确界定的权利。当契约成本高昂时，当事人一方就会购入剩余权利。这时，所有权就等于剩余权利。在一般情况下，判断企业一体化程度的高低存在这样的难处：如一个企业把其销售人员称为"雇员"，另一个企业则将之称为"独立的、但又是独家经销的代理人"，这两个企业哪一个一体化程度高呢？或许，名义是无关宏旨的，重要的是谁在对资产进行控制。由此，所有权就成为实施控制的权利。控制权具有对称性，即一方购入剩余权利的同时另一方必然相应地失去了这些权利。从而，一体化有助于减轻对机会主义行为的激励，但不能消除这种激励。

格罗斯曼和哈特还对已往的交易费用经济学文献提出批评。这些文献暗含着这样的假定：一体化导致的结果与完全的契约所导致的结果是相同的。他们认为对这两者的结果的比较是没有意义的，有意义的是比较将剩余权利配置给一方当事人的契约与将剩余权利配置给另一方当事人的契约。他们还认为，对资产的剩余控制权的强调同时也可以用来说明行动的剩余权利。例如，"在对行动的剩余控制权进行配置过程中，雇主—雇员关系不同于发包人—承包人关系。雇主—雇员关系的典型特征是：工作岗位的许多具体细节是由雇主擅自决定的，也就是说，雇主拥有许多剩余控制权。在发包人—承包人关系中，工作规定得较为详细，而且承包人一般对未明确规定的行动具有许多剩余控制权"（本书第305—306页）。

十一

格罗斯曼和哈特的《所有权的成本和收益：纵向一体化和横向一体化的理论》一文的分析只从对最高管理层激励的影响的角度考察所有权的成本和收益，因而有局限性。奥利弗·哈特和约翰·摩尔《产权与企业的性质》一文考察资产由数人共同使用，一部分人（雇主）有所有权，另一部分人（雇员）没有所有权，这时发生一体化时，即资产所有权变得较为集中或较不分散时，对雇员的激励会发生怎样的变化。该文用资产最优配置理论来理解企业的界限，与上一篇论文堪为姐妹篇。

十二

本文选的选辑、翻译和校订工作最初始于1988年，全部完成于1991年。由于一些客观上的原因，延至今日才得以出版。时隔数年，中国对企业制度和市场组织的研究已经发生了很大的变化，同时，这方面的改革实践亦已取得了重大进展。令人高兴的是，本文选的内容从学术研究角度看不仅没有过时，而且更加适合时宜。但愿这本文选能给广大的理论研究者、政策研究者以及其他感兴趣的读者带来他们所需要的信息。编辑和翻译中的不当之处，尚祈指正。

从今年的诺贝尔经济学奖说开去……

今年的诺贝尔经济学奖由两位经济史学家罗伯特·福格尔（R. Fogel）和道格拉斯·诺思（D. North）分享。消息传来，既让人意外，又让人鼓舞。

在经济学园地里，耕耘者多以自己从事的是理论经济学而自豪。一般理论被认为是经济学科中档次、规格最高的。诺贝尔经济学奖的得主多为从事这类研究的人。即便有不少贸易、金融以及统计、计量等方面的大家也先后得过这项荣誉，但他们受表彰的工作，不是理论方面的，就是方法方面的，也就是说，相当于（或接近于）一般理论的层次。搞经济史的拿诺贝尔奖，委实让人多少有点感到意外。

但是，这的确是让人欢欣鼓舞的好消息。之所以如是说，倒不是因为本人在几年前就与几位朋友一起翻译了诺思的一本名著并在两年前出版了，而是因为诺贝尔经济学评奖委员会的这次举动至少应该会改变人们，尤其是国人，对经济研究的看法。可不是嘛，不搞所谓的一般理论，不是照样拿诺贝尔奖吗？

---

* 本文载于《经济消息报》1993年11月25日。

据授奖公告称，将本年度的诺贝尔奖授予福氏和诺氏是因为他们两位在经济史的定量研究领域所作的杰出贡献。作为数量经济史（也称为新经济史）的始作俑者，福氏和诺氏的贡献是不待多加赘言的。但他们两位的研究工作在今天学术界所产生的影响恐怕更多地得益于他们在经过对经济史的定量研究后所得出的不同凡响的观点。这样的观点，福氏有：铁路的存在对美国历史上的经济增长并没有产生多大的作用；"南北战争"前美国南方的奴隶制在生产上是有效率的，不然就会自生自灭，用不着通过战争这种超经济力量去打破它；等等。诺氏关心的问题似乎要宏大一些，但结论性观点依然是非常"跳"的，如：在技术不变条件下，制度的创新会对经济增长起着举足轻重的作用；整个西方世界的崛起，其根本原因在于能提高生产效率的制度安排；等等。

我想，如果从理论到理论，从逻辑到逻辑，是怎么也不可能得出这些异乎寻常的观点的。自然，观点的新是一方面（它往往能给人以启迪和深思），新观点需要有强有力的检验和证明是另一方面。"天马行空"，"空穴来风"，这样的观点再新，再有玩味，充其量只能算是一朵火花，一段随想。由此观之，如果国内学人的许多新论、妙语得到数量性的、经验性的支撑，那该多好。尽管不敢奢求拿什么诺贝尔奖，但至少证实或证伪某种定理原理一定比老是在琢磨什么新观点来得强。再退一步而言，即使在一般理论上没什么创意，可这种在一定的理论框架下的数量性的、经验性的东西难道不是有助于知识积累的学术文献吗？——我们目前最缺的就是这样的东西。

前不久，一位在高层从事政策研究的极有名气和地位的朋友来沪，他多有感慨地谈到：我国经济正处于一个历史性的过渡时期，经济制度已经历了巨大的变迁，现在又明确提出了向市场经济转轨，但对十多年来的变迁及其对经济的影响，经济学术界几乎没有什么很有价值的东西可供他们制定有关走向市场经济的政策纲要参考。言下之意是，对过去发生的事情都没讲清楚，未来怎么做、做些什么又从何谈起？

诺氏有句名言：历史在起作用（history matter）。由此引申出的具体涵义是，现在的以及面向未来的选择决定于过去已经作出的选择。经济的、社会的变迁不是骤然发生的，而是许多因素长期累积的结果。要理解现在，展望将来，就要重新认识过去。

在这个意义上讲，如果我们国内有一批人像福氏和诺氏及其追随者那样好好重新分析认识过去的话，可以料想到，他们的辛勤劳动必定能像福氏和诺氏荣获诺贝尔奖那样而得到国内经济学学仁以及其他人士的高度承认。用经济学术语讲，存在对这方面研究工作的需求。国内学者林毅夫先生的研究工作获得今年颁发的孙冶方经济学奖就证明了这一点。本以为林先生的东西恐怕在国内"曲高和寡"，现在看来这种担忧是不必要的。在中国，研究制度变迁的学者已注意到了方方面面的这类变迁及其对人们行为的影响，那也就没有理由回避有关经济学这门分析制度变迁本身的技术所发生的变化和适应这种变化的制度安排及其对学者的影响。

当然，经济学者要对历史进行透视并不是件轻而易举的事。如果没有能力驾御定量分析的方法（像福氏那样能娴熟地运用计量经济方法），如果没有对当代前沿经济理论进行深入的学习和研究（像诺氏那样对产权理论和交易费用理论的了解），一句话，如果没有强有力的、先进的理论武器，就没法去构造有关的模型，就没法去进行有关的计算。

今年的诺贝尔经济学奖的颁发，是对那些研究小问题的学者的激励，一是叫旁人不要轻视这样的研究工作，二是告诫研究者自己宏论来自于细微之处。当然，更多地使人感到有待学习的东西还很多。

大胆假设　小心求证

——记1993年诺贝尔经济学奖获得者罗伯特·福格尔

一、福格尔其人其书

1993年诺贝尔经济学奖颁给了两位经济史学家，其中之一便是罗伯特·福格尔（Robert Fogel）。较之另一位获奖者道格拉斯·诺思，福格尔在中国经济学术界的知名度要小得多。而在欧美，福格尔早在30年前就蜚声学术界。诺贝尔经济学奖评奖委员会有人言，10年前他们就将福格尔列入授奖对象的名单，由此可见一斑。

根据马克·布劳格为凯恩斯之后100位大经济学家写的小传，福格尔1926年出生于纽约，1948年、1960年和1963年分别获得康奈尔大学、哥伦比亚大学和约翰·霍普金斯大学学士、硕士和博士学位，1958—1980年先后任教于约翰·霍普金斯大学、罗切斯特大学、芝加哥大学和哈佛大学。也许留恋于芝加哥大学的学术氛围并能在那里找到更多的知音，1981年福格尔又回到了该校，任人口经济学中心主任一直至

＊ 本文载于《上海经济研究》1994年第1期。

今。福格尔这次获奖已使芝加哥大学连续 4 年（1990—1993 年）有人拿到这项荣誉（前 3 人是默顿·米勒、罗纳德·科斯和加里·贝克尔），可谓是学术界的一桩奇事。

基于在学术界的地位和影响，福格尔还担任过多项荣誉性公职，较有名的就不下 10 个。作为一名学者引以为豪的是，他的许多著述在学术界、思想界产生了极为广泛、深远的反响。当还是一名研究生时，他就有著作出版。纵观他几十年的学术生涯，其代表性著作有 3 本：一本是 1964 年根据博士论文而成的《铁路与美国经济增长：经济计量史论文集》，被认为标志着历史计量经济史或新经济史的诞生。另一本是他与斯坦利·恩格尔曼合编的论文集《美国经济史的重新解释》（1971），该书洋洋大观，几乎包容了新经济史的所有重要论文。还有一本书是他与恩格尔曼合著的《艰难岁月：美国黑人奴隶制经济学》（1974），该书争议较大，但批评家们也不得不承认其价值非同一般。

名著大凡都会被译成多种文字，福格尔的书现已有西班牙文译本、意大利文译本和日文译本，中文译本据说亦在进行之中。有意思的是，那本对美国黑人奴隶制进行经济分析的巨著还有盲文版，经济学家的学术专著有此殊荣，实属罕见。

据诺贝尔奖评奖委员会在颁奖公告中说，1993 年度将诺贝尔经济学奖授予福格尔和诺思，是表彰他们俩在对经济史进行定量研究中作出了先驱性贡献。在笔者看来，较之诺思的工作，福格尔的贡献更多地在经济史定量研究的方法上。用我国大文人胡适之的那句名言就能将其概括一二："大胆假设，小心求证。"

二、"大胆假设"的福格尔

福格尔在方法论上的贡献之一是提出了"反事实假定"法，在研究经济史问题时，可以作出一种违反事实的假定（多么大胆），由此来考察可能发生的种种情况。

　　一般认为，铁路的修建对美国历史上的经济增长起了举足轻重的作用；美国"南北战争"前，南方黑人奴隶制是无效率的，南北战争解放了黑奴的劳动生产率。为了推理的需要，福格尔作出了"反事实假定"：如果铁路没有兴建，美国的经济增长率会有多大？如果没爆发"南北战争"，美国南方黑人奴隶制还能维持多久？经过"小心求证"，福格尔发现，没有铁路，美国经济增长率是多少仍然是多少；没有"南北战争"，美国南方黑人奴隶制不仅能继续长期维持下去，而且生产率会越来越高。这就推翻了传统上有关美国历史的这两个重大问题的观点。

　　"大胆假设"的福格尔创立"反事实假定"法，并不是想随心所欲地解释历史，而是想借助这个方法度量实际上已经发生的事实与在不同的历史条件下可能发生的事情之间有多大距离，以此来探寻历史事件的起源。

　　计量经济史以新经济史自居就在于其方法之"新"。福格尔的"反事实假定"这一方法对历史学者的影响并不仅仅是局部性的和技术性的，而是总体上的。像铁路与美国经济增长以及奴隶制这类问题不仅对经济史学家而且对一般历史学家都是极为重要的，必然会导致对历史进程进行重新解释和评价。而且，福格尔还向唯心主义史学直接提出了挑战。唯心主义史学有个核心论点，即历史学决不可能是"科学的"，历史事件具有独特性，所以不可能对它进行有控制的实验。显然，"反事实假定"理论对此作出了截然相反的回答。在"反事实"假设模式下，经济史学家可以进行"历史实验"了。

　　在福格尔作出了"大胆假设"后，许多学者又作出了一系列的"大胆假设"：如果18世纪70年代之前美国已经独立，英属北美殖民地区状况会是怎样？如果美国对外贸易没有像历史上那样使用轮船运输，或者是当时运输只能使用帆船运输，会给GNP产生什么影响？如果美国历史上不修建运河，会对经济增长产生什么作用，等等。实际上我们已经通晓经济理论中的机会成本概念并能灵活运用，如我们会时常自问：

如果不干这份工作而另谋出路，我们的境况又是怎样呢？那么，为什么不能对重大历史事件也作如是观呢？我们是今天才想到这样的问题，而福格尔早在 30 年前就想到了，这正是他的高明之处。

三、"小心求证"的福格尔

布劳格在替福格尔写小传时就告诫人们，不应把福格尔对经济史学的贡献仅仅说成是以一种挑衅的方式来重新解释过去，其实他著作的大部分内容是修正和补充历史档案中的数据。也就是说，福格尔的工作更多的是在"小心求证"。

为了反驳那种认为铁路在 19 世纪美国经济增长中起着独一无二、无可替代的作用的观点，福格尔开始并完成了一项令当时经济学家都难以置信的工作，他复原了 19 世纪美国主要的工业统计资料，如交通运费、农产品贸易额的地区分布状况以及冶金工业的产出情况等。在此基础上，他认为，扩大铁路网并不是西部开发的必要条件。根据对铁路运费和水路运费的比较，虽说铁路运费较低一些，但只要把水路运输网稍加扩大，能以同样的费用使人们进入 95% 的西部农地。这表明，并不像常人所说的那样没有铁路，西部土地就无法开发。至于因修筑铁路而引起的工业需求，在 1840—1860 年期间，它从来没有超过美国冶金工业生产的 5%。铁路的修筑不足解释那时美国冶金工业的迅猛发展。即使到 19 世纪下半叶，铁路设备的需求也不足以解释美国工业发展的主要原因。只要其他条件不变，即使没有铁路，1890 年美国的 GNP 比实际数字也不会低多少，决不会超过 3%。这点细微差别充其量使美国经济增长达到历史上 1890 年水平往后迟延两年。在历史上这实在是太微不足道了。

在研究奴隶制问题时，福格尔与其合作者根据官方公布 1860—1890 年期间的美国棉花价格、棉花产量、人口变化、价格水平和利息率的统计资料，详细计算出同期棉花价格增长率、棉花产量增长率、奴隶劳动人数增长率、奴隶生活费变化率、利息年变化率，最后得出奴隶价格增长率。在此基础上得出这样的结论：如果不发生南北战争，1860—1890 年期间，尽管奴隶劳动价格有所提高，但其提供的净收入也在逐步增长。奴隶制不但能继续维持下去，而且比以前状况更好。需要一提的是，千万不要以为福格尔在为奴隶制唱赞歌。作为一名经济学家，福格尔在研究奴隶制时，他是以价值中立的态度来处理问题的。他要说的真正含义是：由于奴隶制在经济上能继续维持下去，不会自生自灭，所以要消灭这种万恶的制度，非用超经济的力量不可，"南北战争"对于美国社会进步是不可或缺的。

由于"大胆假设"下的"小心求证"面对的是历史上并不存在的事件，不可能存在有关的数字来直接进行机会成本的比较，福格尔因此创立了"间接度量"法——这可以看作是他方法上的第二个贡献。根据福格尔自己的解释，"间接度量"法是将不能直接相比的数字通过换算而成为可比数字，就是重现过去可能存在但现已佚失的状况。福格尔在研究铁路与经济增长以及奴隶制问题时均采用了这种方法。尽管工作量浩大、艰辛，但这毕竟为"大胆假设"下的"小心求证"开拓出了一条路子，而且也取得了成功。有意思的是，在中国名声较大的另一位获得奖者诺思早年却是"间接度量"法的追随者。诺思第一篇有影响的论文《1600—1850 年海洋船运业生产率变化的源泉》，就是应用"间接度量"法的一项成果。

诺思：将经济学注入历史，从历史中提炼理论

一、其人其书

1993 年与罗伯特·福格尔一起分享诺贝尔经济学奖的道格拉斯·诺思（Douglass North），近些年来在我国学术界是个炙手可热的人物。国内学者说起诺思来，津津乐道，有板有眼。尤其是，一旦将诺思的制度变迁理论与我国目前正在经历的产权改革研究挂起钩来，大有相识恨晚之感。

诺思，1920 年出生于美国马萨诸塞州坎布里奇市，分别于 1942 年和 1952 年获得加州大学伯克利分校学士和博士学位。1946—1982 年先后任教于加州大学伯克利分校、圣路易斯华盛顿大学、赖斯大学和英国剑桥大学。1982 年又重新回到圣路易斯华盛顿大学，现任该校经济系卢斯讲座教授。此外，他还担任过美国经济史协会会长（1972 年）、国民经济研究局理事（1966—1986 年）和斯坦福大学行为科学高级研究中心客座研究员（1987—1988 年）等职。

---

* 本文载于《上海经济研究》1994年第3期。

马克·布劳格在为诺思写的小传中，称他"始终如一地站在近些年来席卷经济史学界的'新浪潮'的最前沿，而这股浪潮试图将新古典经济学和计量经济学的标准研究工具应用于悬而未决的经济史问题"。一点不假，诺思一直是新经济史学的先驱者、开拓者和推广者。在诺思供职多年的圣路易斯华盛顿大学（他任该校经济研究所所长 5 年、经济系主任 12 年和政治经济学研究中心主任 7 年），经过苦心经营，已成为新经济史学派、新制度学派乃至新政治经济学派的学术堡垒。

在当代著名经济学家中，诺思也是位著述甚丰的大家。迄今为止，共发表了 8 本著作和 50 多篇论文。最能代表他学术思想的是《西方世界的兴起》（1973 年，与罗伯特·托巴斯合著）、《经济史中的结构与变迁》（1981）和《制度、制度变迁与经济绩效》（1992）。在第一本书中，他解释了经济随着时间变化而发生变化的整个历史过程；在第二本书中，他探讨了经济的深层制度结构是如何发生变化的；在第三本书中，他研究了政治和经济制度的形成及其对经济绩效的影响。

书如其人。1993 年同时获诺贝尔奖的福格尔和诺思，前者温文尔雅，戴副眼镜；后者粗犷，满脸络腮胡子。前者论证缜密，充满了计量公式、数据图表，多是对某一专题的新的具体研究成果；后者高屋建瓴，挥挥洒洒，纵论几千年，多是试图为经济史学家和经济学家分析历史而建立一个大的理论框架。

二、作为经济史学家的诺思

尽管粗看起来，诺思似乎比福格尔更有学术抱负和远大理想，希望建立一种可用于分析的有关制度变迁的一般理论。但任何一个理论建设者往往都需要得益于对现实的历史的分析研究。

早年，在新经济史学革命的诞生地——美国经济史的研究中，诺思一反传统，引入了凯恩斯主义宏观经济学的方法（包括国民经济核算法、经济增长要素分析法和经济计量法等），首先对 1790—1860 年的美国国际收支状况进行了经验性研究，由此被认为是采用凯恩斯主义宏观经济学方法改写美国经济史的一项杰出成就。

诺思对经济史研究最杰出的贡献之一是力求以制度的变迁来解释历史上的经济增长。在以往各种有关经济增长的模型中，制度因素被视为已知的、既定的"外生变量"，主要是通过各种物质生产要素的变化来说明生产率变化和经济增长与否。其中，经济增长的技术创新论曾风行一时。那么，是不是可以说，当物质生产要素不变时，尤其是技术不变时，生产率就无法提高，经济增长就不能实现了呢？显然不能，因为历史上存在着许多反例。例如，1600—1850 年期间世界海洋运输业中并没发生重大技术进步，但海洋运输的生产率却有了很大提高，这又作何解释呢？诺思发现，由于这一时期船运制度和市场制度发生了变化，从而才降低了海洋运输成本，最终使得海洋运输生产率大有提高。这说明，在技术没有发生变化的情形下，通过制度创新或变迁亦能提高生产率和实现经济增长。

诺思根据自己早期对美国经济史的多方面的定量研究，进一步认为推动制度变迁和技术进步的行为主体都是追求收益最大化的。当然不同的行为主体（如个人、团体或政府）推动制度变迁的动机、行为方式及其产生的结果可能是不同的，可他们都要服从制度变迁的一般原则和过程。制度变迁的成本与收益之比对于促进或推迟制度变迁起着关键作用，只有在预期收益大于预期成本的情形下，行为主体才会去推动直至最终实现制度的变迁，这就是制度变迁的原则。

产权制度是最根本的制度，西方世界的兴起就在于产权制度的变革。用诺思的话来说："有效率的经济组织是经济增长的关键；一个有效率的经济组织在西欧的发展，正是西方兴起的原因所在。"当然，有效率的组织产生需要在制度上作出安排和确立产权以便对人的经济活动造成一个激励效应，根据对交易费用大小的权衡使私人收益接近社会收益。一个社会如果没有实现经济增长，那就是因为该社会没有从制度方面去保证创新活动的行为主体应该得到的最低限度的报偿或好处。因此，我们只能把技术创新、规模经济、教育和资本积累等看作是经济增长的本身，而不是源泉。产业革命不是现代经济增长的原因之所在，而恰恰是其结果。

由于长期以来，经济史的研究工作一直局限于史料的收集、整理和考证，许多经济史的作品往往是材料的堆砌和罗列。诺思的研究新成果和理论新发现令人耳目一新。如果说，任何一门科学的大家、里手都是"哲学家"和"历史学家"，他们都有自己的哲学观和历史观，都从自己的角度和用自己的方法去认识世界和解释历史，那么，经济学家理应用自己的学术武器——经济理论——去认识世界和解释历史，何况在社会科学中，经济学是一种较为严密和有效分析问题的方法。可见，将以诺思为代表的新经济史学这股潮流看作是场学术革命是不为过的。

三、作为经济学家的诺思

虽说《西方世界的兴起》一书的出版，标志着诺思以一种更加宽广的视野来看待历史的开始，但要说作为经济史学家的诺思从历史中走出来而寻求一种解释历史的一般理论乃至成为真正意义上的经济学家，不得不提到其《经济史中的结构与变迁》一书。在该书中，他明确指出产权理论、国家理论和意识形态理论是制度变迁理论的三块基石。

众所周知，自科斯开创了产权理论的先河后，经过阿尔曼·阿尔钦和哈罗德·德姆塞茨等人的努力，产权理论不仅声誉日隆，影响日盛，而且理论本身也愈来愈精细了。它的发展有助于解释人类历史上交易费用的降低和各种经济组织形式的替换。

根据产权理论，在充满稀缺和竞争的世界中，解决问题的成本最小的产权形式将是有效率的。竞争将使有效率的经济组织形式替代无效率的经济组织形式，人类在不断地为降低交易费用而努力着。为此，必须对产权进行明确的界定，以减少未来的不确定性因素并从而降低产生机会主义行为的可能性，不然的话，将导致交易或契约安排的减少。

显然，诺思在制度变迁理论中对产权理论并没有多大发展，可诺思处理问题的独到之处则是将产权理论与国家理论结合起来。因为国家并不是"中立"的，国家决定产权结构，因而最终要对造成经济的增长、衰退或停滞的产权结构的效率负责。所以，在诺思看来，关于制度变迁的国家理论既要解释造成无效率产权的政治或经济组织的内在活动倾向，又要能说明历史上国家本身的不稳定性，即国家的兴衰。而这一点通常为人们所忽视。

国家理论首先要说明国家的性质，关于这一点，政治学中主要有两种学说：掠夺论（或剥削论）和契约论。前者认为国家是统治者掠夺和剥削被统治者的工具；后者认为国家是公民达成契约的结果。诺思倡导有关国家的"暴力潜能"分配论。他认为，若暴力潜能在公民之间进行平等分配，便产生契约性的国家；若这样的分配是不平等的，便产生了掠夺性（或剥削性）的国家。在该理论的导引下，他构造了一个有关国家的新古典理论。他认为国家有三个基本特征：一是，国家为取得收入而以一组"保护"和"公司"的服务作为交换；二是，为使收入最大化而为每一个不同的集团设定不同的产权；三是，面临其他国家或潜在统治者的竞争。所以，国家既要使统治者的租金最大化，又要降低交易费用以使全社会总产出最大化，从而增加国家税收。然而，这两个目的是相互冲突的。也正是因为存在着这样的冲突并导致相互矛盾乃至对抗的行为出现，国家由此兴、由此衰。

诺思的新古典国家理论字里行间处处透露出"经济人"的气息。在一般情况下人们有获得某种好处而逃避付费的行为倾向，总想"搭"上哪趟"便车"。若社会中的每个成员都成为"搭便车者"，那么该社会的效率就可想而知了。该情形的出现显示了产权结构的不完全和无效率，但产权的充分界定和行使以及对行业的考核是要花费成本的，因此，在成本大于收益的情况下，一个社会就需要通过伦理和道德的力量来克服

"搭便车"问题以使社会得到稳定。事实上，成功地克服了"搭便车"问题正说明意识形态对人们行为的约束是强有力的。为此，制度变迁的研究需要一种意识形态理论。在诺思看来，意识形态是一种行为方式，这种方式通过提供给人们一种"世界观"而使行为决策更为经济，同时它不可避免地与人们的公平道德和伦理评判交织在一起。一旦人们发现其经验与它不符，就会试图改变其意识形态。这就是意识形态的本质。成功的意识形态必须是灵活的，这样才能更好地和更有效地克服"搭便车"问题。

　　至此可见，诺思已不满足于以一个经济史学家的身份来讨论问题了，或者说，已不再像早先那样仅仅是用历史上发生过的某一事实来向处于正统地位的主流经济学理论发出挑战，而是直接地与理论经济学家们讨论产权、交易费用、经济组织、经济增长（表现为对国家的讨论）、行为偏好（表现为对意识形态的讨论）等问题。

四、对经济理论的最新贡献

　　目前，新制度经济学积几十年之功，大有成为现代经济学立新主流的趋势。诺思在1986年新制度经济学第三届年度研讨会上认为，新制度经济学要研究制度变迁过程及有关的所有问题。在笔者看来，其中最重要的是经济原动力——人的行为问题。

　　读过现代经济学的人都知道，现代经济学的根基是人的行为假定。新制度经济学要取传统的新古典经济学而代之，重要的是应建立自己的行为假定。

　　诺思在《制度、制度变迁与经济绩效》中将新古典行为假定具体归纳为7大要点：（1）经济会达到均衡；（2）经济行为个体反复面对同一种选择状态或与之非常类似的一系列选择；（3）行为主体具有固定的偏好，由此按照固定的评判标准来评价个人选择的结果；（4）任何行为个体都是同质的，都会抓住改进事物状态后果的任何可能性机会，且在商业性企业中，竞争将消除选择面临的痛苦；（5）在行为个体不能使其偏好最大化时，均衡就不会出现；（6）因为世界只是接近平衡，所以可以假定行为主体追求最大化也只能是近似性的；（7）过程适应的具体细节是复杂的，尽管行为主体和外部环境一定。借助于约束因素，对最优均衡的调节是相对简单的，因此，经济学在认识上的进步是要从理论上说明这些对最优均衡的调节，并与其他观察到的结果作比较。

无可否认，新古典理论有关人类行为的理性选择假定有其成功之处，并奠定了现代经济学发展的基础。但是，理性选择与制度选择是不同的。根据人的理性选择理论，人似乎能预见到制度的未来发展，并能充分考虑到这种发展在未来对其自身的影响。一句话，人能对制度的效用进行预期。制度变迁显然没有这么简单。大量的经验性案例表明，制度的形成具有相当大的复杂性。大多数制度调整的可能范围是十分有限的，尤其是在制度调整过程中的收入分配上的矛盾和冲突会随时发生且无法得到根治。诺思极力推崇这样的观点："预先考虑到特定制度的发展变化将是极为困难的。"

所以他对上面的新古典行为假定逐一进行了修正：（1）基于某些假定，均衡概念是种有用的分析工具，但就大多数问题而言，我们所关心的、所看到的是均衡并不存在。（2）尽管行为个体面对的是许多重复的状态，且在这样的状态下人可以理性地行动，但在信息是不完全的和结果是不确定的地方，人们将面对着的是许多仅此一次和非重复的选择。（3）尽管有人已考虑到个人偏好的可能变化从而导致相对价格的变化，但偏好稳定性问题并不因此被轻易解决。不仅心理学的研究表明，偏好会出现异常现象，而且历史提供的证据也表明，偏好会随时间变化而变化。（4）行为主体总是希望改善事物某一状态的结果，但反馈过来的信息是如此之贫乏，以致他们认识和领悟不到更好的选择。（5）竞争可能是如此之不可言表和信号是如此之接收不到，以致行为调整是缓慢的或会误入歧途以及古典的进化结果在相当长的时期内将实现不了。（6）历史提供的证据充分表明，世界上存在的不合作行为是不能简单化地来看待的。（7）传统经济学家的行为假定可用于解决确定性问题，但他们不恰当地用之来讨论许多社会科学家面临的问题，而对于理解制度的存在、形式及演变来说，根本是块绊脚石。

这里，我们暂且不对诺思这种充满着不确定性的理论说法多加美言，但一个原来从事经济史研究的学者现在也可以大胆地探讨不确定性问题了，这无疑表明他的研究工作已达到经济学的高峰，何况他的见解是完全值得称道的。那些从理论到理论、从逻辑到逻辑的经济学家是可以醒一醒了。

今天，国内许多从事经济研究的学者基本上都言必称"制度结构"、"制度安排"、"制度变迁"这些名词了，那就让我们一起走进历史吧。可以坚信，从历史中走出来时，我们不仅会"伤痕累累"，更主要的是"硕果累累"。

差之毫厘，失之千里

——道格拉斯·诺思来华演讲有感

中国的改革走的是一条渐进性的道路。1993 年度诺贝尔经济学奖得主、美国圣路易斯华盛顿大学教授道格拉斯·诺思（Douglass North）是一位制度变迁的渐进论者。他的理论学说这几年来已受到国内有识之士的广泛关注。无怪乎，今年 3 月上旬当他第一次来到中国时便受到人们的热烈欢迎。

上月我参加北京大学中国经济研究中心的成立大会，其间有幸聆听了他两次有关制度变迁问题的演讲，对他的学说有了更进一步的了解。

在经济学家看来，技术变迁与制度变迁是社会与经济演进的基本核心内容，两者有着相似的特性。诺思将这种特性称为"路径依赖"（path dependence）。通俗地讲，技术变迁和制度变迁长期所历经的过程在很大程度上取决于起初所选择的道路，也就是说，未来的发展、变化依赖于对"路径"的选择。

那天在欢迎诺思的晚宴上见到了吴敬琏教授。吴教授认为，"路径依赖"这个词来源于计算机软件操作。在操作过程中，一旦选择某个

＊本文载于《现代市场经济周刊》1995 年 4 月 17 日，标题有改动。

"路径"，就会被"锁定"（lock-in），后来的演绎就会沿着这个"路径"下去。就像一个人在岔路口，前面有两条道路，可以想象，沿着这两条道路走下去过程肯定不同。人不能同时走两条路，这就意味着"路径"被"锁定"。何况，岔路中还有岔路，最终的结果正所谓："差之毫厘，失之千里。"

发展、变迁过程依赖于所走的道路，道路的选择就很关键了。像有些地方使用宽轨铁路，而有些地方却存在窄轨铁路；有些地方使用蒸汽引擎，而有些地方却使用燃油引擎。最典型的是，一般交通规则规定汽车右驶，而有的国家却规定左驶。有意思的是，这些选择有时是由一些偶然事件决定的。一些不起眼的小事件和偶然事件会使解决问题的方案和做法一旦作出，并获得巩固，就会导致由此之后的一个特定的前进路线。

诺思赞同这种说法，并综合了这种说法，而且还进一步探究了出现偶然事件的原因。所谓的"偶然事件"其实并不偶然。一方面它的出现是因为人们追求收益递增，另一方面诺思强调的是，它的出现是为了节约成本。

众所周知，制度是种对人进行约束的行为规则。如果人的行为可以随心所欲，想怎么着就怎么着的话，社会就不会进步，经济就不会发展，因为任何人的利益或财产都不可能得到保障。人的行为没有规范也意味着人不能把握其行为的结果。像财富创造那样，创造者本人都不知道财富最终流向何方。于是乎，人们为了保护各自的利益，或者说为了保护各自的财富，有时必须付出很大的代价，甚至生命。而制度的功能就在于使这一切不利于社会进步、经济发展的现象不复存在。

显而易见，制度通过对人的行为的规范，实际上就对人的利益形成了一定的格局。制度的变迁必然牵涉利益格局的调整。因此，从使制度变迁顺利进行、减少变迁的成本这个角度看，有时人们的许多偶然做法实际上正是习惯使然。既称之习惯，自然能为人们普遍接受。

诺思非常强调这种在民族习惯导引下的制度变迁。在北京的演讲中他反复说到这个问题。以前，他有时用"意识形态"来谈这个问题：什么样的意识形态决定什么样的道路选择，从而决定什么样的制度变迁。这实际上是一个意思。

在这里我们很容易得出这样的启示：如诺思所言，尽管制度变迁的具体的短期行进路线是无法预期的，但长期的大方向却基本上可以预测，而且是很难逆转的。谁都知道，我们目前经历着的经济改革就属于一种制度变迁；我们时常挂在嘴边的"改革不可逆转"的说法就是一种对诺思演讲的最好的注释和解说。此其一。

其二，诺思曾说到，渐进性的制度变迁中会发生不断的边际调整。边际是个经济学名词。边际调整就是边缘地带的调整。在这里我们不妨将边际调整理解为不影响大方向的和不影响核心内容的调整。这些年来，我国的改革一边在前进，同时也一边在不断地调整。我们没将调整说成"反复"，是因为我们坚信这是一种不影响大方向的边际调整。至少，这是我们的愿望。

由于方向不可逆转，由于过程不断调整，制度变迁的道路选择与其历程的结果就"差之毫厘，失之千里"了。尽管诺思向来注重对这种"差之毫厘，失之千里"现象的解释说明而不轻易对不同的道路选择及其结果作判断和评论，不说谁好谁坏，但在北京演讲时听众却尖锐地提出要他比照中国的渐进性改革预测一下原苏联和东欧激进性改革的前景。如果没记错的话，当时他反问道："你是要我说一两年以后的经济情况还是四十年以后？"耳聪者一听就明白他的想法了。

君子和而不同

——有感于1994年诺贝尔经济学奖

过几天，也就在本月9日，瑞典国王将把经济学的最高荣誉——诺贝尔经济学奖颁给3位研究博弈论（game theory）的学者。

经济学作为一种理论，在商界朋友看来已为歌德的名言"理论是灰色的，而生命之树常青"一语中的。凭心而论，这次拿诺贝尔经济学奖的3位均是数学家出身，翻开博弈论文献，满纸是数学符号、数学公式，专业人员有时也奈何不得。

谁都知道理论"高于生活"，但"源于生活"。博弈论尽管"玄之又玄"，但又是"众妙之门"，不然不会执社会科学之牛耳。

博弈论作为一种专门研究人际间互相作用、行为主体策略选择的理论应用范围极为广泛，其"妙"之处，容细细说来。

例如，为占领国际客机市场，美国和欧洲分别推出波音和空中客车。由于原苏联制造的客机在国际市场所占份额很少，市场就为美国波音公司和欧洲空中客车公司两家垄断。波音公司起步较早，先于空中客车公司占领了很大一片市场。若空中客车硬要挤入市场，通过一个简单

＊ 本文载于《现代市场经济周刊》1994年12月5日，副标题新加。

的博弈模型便可得出只能是两败俱伤的结果。商场中竞争无处不在，博弈论提醒大家注意的是：当你在采取一种竞争策略时，一定要考虑对手相应的策略，以避免两败俱伤的局面。有合作的竞争才是上上之策。

根据博弈论的研究，迫使人们采取合作策略的原因在于，一旦某一方"不合作"，竞争对方都会采取一种针尖对麦芒的策略。例如，在一个由少数几个生产者联合起来，通过制定生产配额，抬高价格，获取高额利润的卡特尔组织中，若某一成员单方面私下增加生产，按卡特尔价格出售，显然可获取更为高额的利润。一旦他"作弊"，其他成员为进行"惩罚"，都会采取削价措施，由此爆发价格战。经济战同军事上的战争一样，只能给有关各方带来损害。博弈论为"一损俱损，一荣俱荣"的各方敲响了警钟。

人都是经济动物。但人都不能肆无忌惮地追求自己的利益。依博弈论之见，人们要抛弃的正是最大限度地实现自我利益这种幻想。从表面上看，人们在遵守博弈规则时实现的利益虽没到"最大化"，但建立在"和为贵"基础之上的利益才是现实的、可获得的。

博弈论不仅注意到了"和为贵"，而且进一步具体研究了在信息不全条件下如何制定行为策略。

例如，在投标过程中，每一个投标者不知道潜在竞争者的具体实力、行为方式、对标体的评价。他只有对对方与自己"不同"的特征进行估计后，才能得出自己的最佳投标策略及叫价。

目前，博弈论应用研究最为成功的行业之一是保险业。一般情况下，承保人对受保人的真实情况并不知道。例如在医疗保险中，保险公司并不知道受保人准确的身体状况，保险公司便利用得到的有关信息资料，如病历卡、年龄等来估计受保人的健康状况。例如在金融保险中，保险公司也不知道受保企业准确的财务状况，但可用企业财务收支表来估计受保企业的财务状况，然后求出保险条件。

对于劳动力市场中的雇佣情况，博弈论也能应用一二。如雇主一般不知道求职者的真实能力，但他可根据求职者受教育的程度、推荐信等来推测其能力，由此作出雇或不雇的决定，以及一旦雇用应给其什么样的条件、待遇。

当然，博弈论作为一种研究策略选择的学问，它不仅能为委托人出谋划策，亦能为代理人出谋划策。换个角度说，它不仅能为上面所说的承保人、雇主所用，亦能为受保人、雇员所用。我们尽管由此不能遑言让大家都来研究学习博弈论，但我们相信：了解它，重视它，只有好处而没坏处。

行文至此，或许有人会担忧：如果大家都研究了博弈论，满肚子"阴谋诡计"，那么人际关系是不是太残酷了呢？我想，这话又回到了前面，回到了博弈论的基本立足点上：要使自己的策略成功就不得不关注一下对方的策略。从我国的改革实践来看，"上有政策，下有对策"这样的局面走向极端对政府和企业都没好处。

人和人不同，经济主体与经济主体也不一样，所以才有了各式各样的行为策略。但要成功，切记："君子和而不同。"

请客吃饭与时间经济学

一、一个有关请客吃饭的消费问题

记得五六年前，在闲聊中，一位朋友对我说：中国人自己掏腰包请客吃饭，喜欢把客人请到家里，弄么弄了一桌子菜，吃么吃不了。而外国人则一般把客人请到高档饭馆，花费较多的钱，请客人吃那么一点昂贵的菜肴。当时觉得情况的确大致如此。但怎么会有这样的差别呢？在常人看来，这件事上中国人与外国人做法不同，或是由于外国人富裕、有钱，中国人拮据、无钱，或是由于不同的民族有着不同的消费习惯。可仔细一琢磨，好像不对，其中之一是：老外并不都那么富裕，有时还要"劈硬柴"（go dutch）。

现在国人的情况却发生了一些变化。别说请客人吃饭了，就是与家人和亲戚聚餐也纷纷步入了一些以前不敢涉足的饭店、餐馆。对此，你当然可以说是由于国人这些年来变得比以前更富有了，或者国人这方面的习惯已发生了变化。问题是：在富有程度相同的人之间为什么还

＊ 本文载于《上海经济研究》1993年第11期。

会有请客吃饭行为上的差异呢——即有人在家请客和有人在外请客？另外；习惯是个相对较稳定的东西，用标准的经济学术语来说是种"制度"（institutions）；它尽管会发生变化，但更多的是渐进性的，短短几年内发生翻天覆地变化的可能性并不大。不信请看，目前到底还是有不少国人在家请客。对此，你可以说某些人的习惯发生了变化而另外一些人没变。可为什么会变（或为什么不变）？原因何在？如何来看待它？

二、作为生产要素的时间

1992 年度诺贝尔经济学奖获得者加里·贝克尔的新消费观和时间经济学可为解释这类问题提供一种新的思路。而对这类生活小事的"穷追猛打"，使我更加领会了贝克尔的学说。

概括说来，传统上认为的消费行为，若以一种新的眼光来看待的话，它实际上是种生产行为。你去电影院看电影，传统上简单地将它看作是种消费活动。而现在看来，它是种生产活动。这种活动的投入品是货币（用来购买电影票的钱）和时间（坐在电影院里的两三个小时），产出品是这一活动给看电影者带来的效用。用来购买电影票的货币支出是种投入品，一般人很容易注意到。难能可贵的是将时间也作为一种生产要素放进看电影的生产函数中去了。

人们常说，从事任何一种生产性活动不仅要计算实实在在所发生的成本，而且要计算可能的机会成本。时间这一维度（dimension）的引入就是要考虑机会成本这一思想的典型体现。时间，稍纵即逝，无法再来。"一寸光阴一寸金。"你做这件事的同时就无法做另一件事。对于究竟做哪一件事的权衡就是对时间的权衡。

有了这种认识后，再回过头来看请客吃饭的问题，并从问题的分析中挖掘出一些较深层的含义。

三、作为生产活动的消费活动

请客吃饭也是种生产活动。它需要投入货币和时间，当然这是为了获得效用享受，如与家人的相聚、与友人的重逢、与恋人的约会等。由于引入了时间这一维度，是选择在家请客（像以前那样）还是选择在外请客就变成对货币与时间不同组合的选择了。一般看来，前者投入时间较多（要"买汰烧"），而投入货币较少（到菜场、集市买同样的有待自己加工、烹饪的食物肯定要便宜）；后者投入时间较少（什么都不要自己动手，是作为"皇帝"的顾客），而投入货币较多（饭店、餐馆的价格相对较高）。

两个人，一个富、一个穷，而且对时间的评价一样或简单地假定为可供支配的时间数量相同，那么一般看来前者可能会在外请客，后者则只能将客人请到家里。但如果对时间的评价不一样，或简单地假定为可自由支配的时间数量不等，富人整天无所事事、百无聊赖，而穷人整天在外为生计奔波，那么情况也可恰相反。富人会将客人请到家里，自己则为上菜场、跑集市、下厨掌勺之类的"买汰烧"事情，认认真真、兢兢业业；而穷人尽管钱不多，可他却会将需要请的客人请到外面的饭店或餐馆好好"搓"一顿（当然是在其收入状况允许的范围内），虽说花了不少钱，但节省下了不少的时间。

看来收入的相对水平在某种程度上并不重要（充其量只是决定了预算线与坐标轴的一个交点），更重要的是时间这一生产要素的相对价格，或者说时间这一资源的相对稀缺性。

有位"白领"说得好："我们工作很忙，时间不能花在消费上。过去的低消费，往往在时间上反而是高消费，自己裁剪缝纫做衣服，自己'买汰烧'请客。虽然省钱，却浪费时间。现代社会有一条原则：时间即金钱。我把时间投入工作挣钱，又把钱投入节省时间的消费，节省下来的时间再投入工作，这就形成了良性循环。"

从这段话中我们可以进一步得出这样的结论：即使对较有钱的人的"大方"举动，我们也似乎要寻找"大方"背后的经济原因，而对时间这一要素的把握正是我们看待这类行为的一把钥匙。实际上，人本无"大方"与"吝啬"之分。

四、习惯及其变化究竟意味着什么

将行为问题归结于习惯问题，往往将在家请客视为"吝啬"，将在外请客做为"大方"；人们之所以这样做，无非是该社会中的有"吝啬"的习惯或"大方"的习惯。这或许是种社会学或文化学的观点。在经济学家看来，吝啬和大方这样的简单两分法太缺乏说服力、太缺乏解释力了。如果将所发生的一切行为归结为习惯使其然，无非是说这种行为之所以如此是因为它就应该如此。这是一种什么逻辑？！这还有什么意义？！

依我们看来，在时间上"大方"的人可能在金钱上"吝啬"（如在家请客的），在金钱上"大方"的人可能在时间上"吝啬"（如在外请客的）。人本身谈不上"大方"或"吝啬"。行为有"大方"与"吝啬"之分，但这也是相对而言的。究竟采用哪种行为完全是作为主体在某一时刻对自己拥有的生产要素的相对价格和相对稀缺性计算的结果。离开了成本收益计算，作为习惯或行为准则就变得空洞无物什么也没有了。与其说行为习惯发生了变化，还不如说是一些有关的成本收益因素发生了变化。在这里，国人越来越多地在外请客无非是因为人们更忙了，时间更少了，而这是因为现在做事的机会更多了，时间更值钱了。

如果说行为习惯也是相对的话，那么这可以意味着各人有各人的行为习惯，因为生产要素的相对价值在各种各样的人之间是不尽相同的；

这时你说消费习惯变了或没变都可以，都可以从生活中找到支持性的佐证（如既有人仍然在家请客，也有人转而在外请客）。但如果说行为习惯是一种社会普遍性的东西，那么只有当社会中绝大多数人的要素价值均上升时，行为习惯才会发生深刻的变化，这得有待时日。

资产的属性与人力资本的投资
——大学学习生活的追忆及启示

一、对大学学习生活的一段追忆

每当看到别人那么熟练地摆弄着电脑，那么流利地操着英语进行交谈，心里老是埋怨自己：大学时为什么不好好上计算机课，为什么不下点功夫攻克英语听和说上的难关。真有点追悔莫及的感觉。现在，一个人会使用电脑，能英语会话，就会更容易找到合意的工作，能挣到更多的钱。用经济学术语来讲，他（或她）的人力资本更有价值，更值钱。大学时的我是不明白这道理呢，还是有其他的考虑？

十多年前上大学那会儿，与几位同学曾就应该学好哪几门课程小议过一番（因为人的时间精力有限而无法对每一门课题都下苦功夫）。作为经济系的学生，学好基本经济学理论、数学和专业英语这是毋需多费口舌的，这可是以后吃饭的"家伙"啊。但对于计算机课和英语口语、听力却远没有重视到像今天这样的程度。

记得系里的老师就说过这样的话：中国学生学英语只要能使自己看

＊ 本文载于《上海经济研究》1993年第12期。

懂英文专业文献就行了，至于听力和口语，除非你到涉外部门工作并有这方面的要求，否则差一些没关系。英语是作为一门公共外语，对非外语专业的学生学校本就不设口语和听力课（当时客观上也没有开这类课的物质条件）。的确，那时英语会话用得着的地方并不像现在这么广泛。对于计算机课程，虽说感到若掌握了这门技术是件好事，但总感到毕业后可能用不上，因为当时国内的电脑普及率极低。

在经济学家眼里，人都是理性的经济人，都在进行成本收益的计算（甚至假定疯子都在计算）。大学生的考虑及其所导致的行为自然都具有经济学的含义。什么样的想法（该词在经济学上就是"计算"）导致什么样的行为，这是毫不奇怪的。

二、资产的两分法：通用性资产与专用性资产

根据人力资本理论，人们上大学受教育、学知识和技术实际上是在对人本身进行投资，所形成的是人力资本。这种凝结在人身上的资本是资产（asset）的一种。凭藉着它，资产所有者可以获取收益。要判断学知识、学技术划算与否就要对形成这种人力资产的成本与使用这种资产的收益进行分析，这是最一般的人力资本投资理论。

近些年来，当我研读了奥利弗·威廉姆森（Oliver Williamson）的交易费用经济学（transaction cost economics）后，对这类问题又有了进一步的认识。

按照威廉姆森的说法，根据资产的属性，各类资产基本上可分为两类：一类是通用性资产（generalized asset），另一类是专用性资产（specialized asset）。顾名思义，前者既然是通用的，那么它的使用范围、场合就非常广泛，也就是说，几乎在任何地方都能派上用处。一旦投资形成这类资产后，即使需要对资产重新配置使用也是很容易的，在转移配置过程中不会蒙受重大的价值损失。而后者既然是专用的，相形之

下，它的使用范围、场合就会受到某种程度上的限定，也就是说，不能指望几乎在任何地方都能派上用处。并且一旦投资形成这类资产后，如果对它重新进行配置使用，往往是很困难的，除非在转移配置过程中不得不蒙受重大的价值损失。

例如，有一家工厂，其产出品是棉布。在众多的投入品中，就运输卡车和织布机这两类资产而言，卡车就属于通用性资产，相形之下，织布机则属于专用性资产。因为，若该厂转产其他产品（如服装），卡车几乎不用经过改装就可以依旧作为运输工具，而织布机不然。随着生产方向的转变，在工厂对资源重新配置的过程中，织布机价值肯定会大受损失，不管你是将它改造也好，还是将它转卖掉也好。

物质资本如此，人力资本亦然。从技术属性上对资产的两分法有助于我们对人力资本投资进行分析。

三、人力资本投资的经济分析

在作了以上分析后，我们不难发现，上大学时对学好英语口语和听力以及计算机技术的看法实际上隐含着这样的观点：由于十多年前国内电脑普及率极低，要求能熟练地进行英语会话的职业也远远不像现在这样普遍，人的这方面的技能就是种专用性资产，对它的投资也就是种专用性投资。既然如上所述，专用性资产及其投资在资源重新配置过程中具有重大价值损失的可能，那么这即意味着毕业工作后若改换职业，大学里学的这方面的知识和技能可能就无用武之地了。除非，在学生时代就一劳永逸、坚定不移地决定要从事要求具有这种技能的工作（包括出国），否则就只能舍弃它而顾及其他的课程了。

谈到出国问题，似乎使人感到像是另一桩事，实际上基于资产的属性而进行的人力资本投资分析仍然是适用的。

为了出国，人力资本投资策略或许会发生一些变化，学生或许会对英语会话和操作电脑的技能进行大量的投资，包括上好所开设的这类课程以及甚至在不开设这类课题的条件下自己到其他有关专业系去旁听、插班，更不用说自学能力都挺强的大学生为掌握这些技能而"自强不息"了。直观地看，他们之所以这样做是因为，出国谋生也好，学习也好，工作也好，具备这方面技能是必不可少的，不然，要么达不到出国的目的，要么为达到目的而在国外进行代价高昂的补课。从理论上看。他们这样做实际上是在对通用性资产进行投资（在国外有对这方面的最一般的要求，"一般"和"通用"在英语中是同一个词）。不过话要说回来，大学生出国风是在近些年来才兴盛起来的，十多年前充其量也不过是处于萌发状况，有这方面打算的人极少，即使出国留学者，绝大多数都是公派。因此，一般忽视英语会话和计算机技术的并不少见。

四、资产属性的可变性及投资策略的相应调整

威廉姆森对资产属性的见解是深刻的，更不用说他由此引申出一整套的理论观点，问题是：如何判断一项资产是通用性的抑或专用性的？只有在正确判断的基础上才有正确的投资方案。联系这里所说的事例，我们发现，资产的属性并不是一成不变的。

首先，从时间上讲（由静态观走向动态观），十多年前作为专用性资产的英语会话和操作电脑的技能现在已变成通用性资产了，几乎到处都需要这方面的人才。也许正是这样的原因才使上大学时没有学好这方面本领的人颇多感叹。

其次，从地域上讲，资产的属性会由于资产所有者在不同的地域而不同。美国人学中文肯定是在进行专用性投资，中国人学中文则理应是在进行通用性投资。中国人和美国人学英语亦可作如是观。进而，资产的属性会随着资产所有者在地域间的流动而发生变化。中国人去美国，美国人来中国，先前对所去国语言进行的投资及其所形成的人力资产的

属性不就发生了变化吗?

　　正是资产的属性具有时间上、地域上的可变性,才说明了经济人不可能作出十全十美、包揽无遗的计算。你能肯定这种变化会发生、什么时候发生以及变化程度多大吗? 还是经济学中的那句老话: 未来是不确定的,理性预期也是不完全的。自然,一旦有确凿的证据表明这种变化发生了,那么或许就要对投资策略作相应的调整了。

图书在版编目(CIP)数据

寻求生产的制度结构:经济学文集/陈郁著.
—上海:格致出版社:上海人民出版社,2015
ISBN 978-7-5432-2510-7

Ⅰ.①寻…　Ⅱ.①陈…　Ⅲ.①经济学-文集
Ⅳ.①F0-53

中国版本图书馆 CIP 数据核字(2015)第 073870 号

责任编辑　王韵霏
美术编辑　路　静

寻求生产的制度结构——经济学文集

陈　郁　著

出　版	世纪出版股份有限公司　格致出版社 世纪出版集团　上海人民出版社 (200001　上海福建中路 193 号　www.ewen.co)	印　刷	苏州望电印刷有限公司	
		开　本	720×1000　1/16	
		印　张	16.5	
	编辑部热线　021-63914988 市场部热线　021-63914081 www.hibooks.cn	印　数	1—1500 册(含精装 100 册)	
		字　数	226,000	
		版　次	2015 年 8 月第 1 版	
发　行	上海世纪出版股份有限公司发行中心	印　次	2015 年 8 月第 1 次印刷	

ISBN 978-7-5432-2510-7/F·829　　　　　　　　　　　　　　定价:45.00 元